中国旅游蓝皮书系列

中国康养旅游发展报告

（2024）

主　编　邹统钎

副主编　王　欣　侯满平　张健康

中国旅游出版社

编写组成员（按姓名音序排列）

毕琳悦　暴锐麟　曹秋香　曹小娟　曹　雪　陈孟良
陈姝敏　崔佳鑫　董洁芳　范文艺　冯　凌　侯满平
晋　迪　李小丽　李剑锋　刘东泽　刘玉才　刘玉玲
吕　宁　庞跃霞　潘　珂　苏　浩　王　欣　王一丁
汪彬彬　肖小雪　谢育宏　徐　凯　杨　阳　叶英洁
张　辰　张健康　张淑雅　张跃西　赵　伊　赵　媛
邹统钎

目　录

总报告篇

要素与业态发展报告篇

地方发展报告篇

案例篇

总报告篇

世界康养旅游发展概况及趋势

邹统钎　王一丁　潘　珂　苏　浩　汪彬彬[①]

一、世界康养旅游发展总体情况

（一）起源及发展历程

世界康养旅游起源于健康旅游（Health Tourism），是将健康与旅游相结合的旅游方式，最早可以追溯于古希腊时期的温泉疗养文化。发展历程按时间顺序可大致分为四个阶段（见图1）。

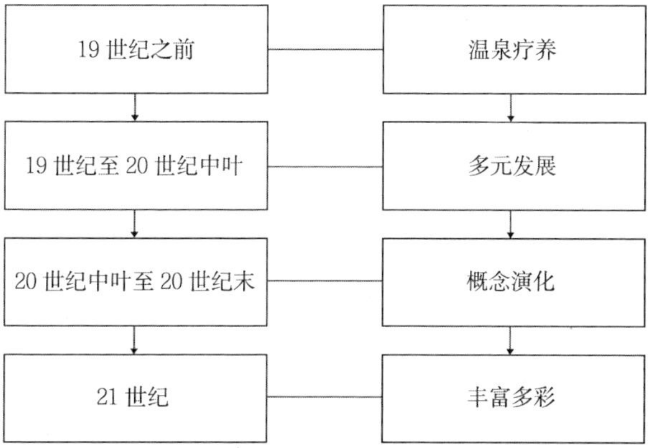

图 1　世界康养旅游发展历程

① 邹统钎，博士，教授，丝绸之路国际旅游与文化遗产大学副校长，中国文化和旅游产业研究院院长，研究方向为文化遗产管理、文化旅游发展政策等；王一丁、潘珂、苏浩、汪彬彬，北京第二外国语学院旅游科学学院硕士研究生，研究方向为旅游目的地管理与旅游规划。

1. 第一阶段——温泉疗养

古埃及时期，水就被用于卫生和美容，据说埃及妇女曾用水蒸气美容。古希腊时代，西方医学之父波克拉提斯发明温泉疗法，借助温泉为病患们治疗。罗马时期，温泉疗法迎来黄金时代，温泉浴被视为一种日常保健方法和社交体验，当地修建了众多公共和私人浴场，这标志着健康旅游的形成。14 世纪初，欧洲温泉疗养地 SPA 的建立成为现代康养旅游的雏形。16 世纪，英国医生威廉特纳提出英格兰、德国和意大利的天然温泉对很多病痛都有疗效，人们纷纷前往洗浴，由此兴起温泉旅行的潮流。18 世纪开始，大量有关温泉疗养论文的发表以及泉水矿物质的发现等多种因素促成了健康旅游前所未有的发展，温泉疗养地演变为度假胜地，如英国的巴斯温泉小镇。

2. 第二阶段——多元发展

19 世纪的工业革命推动了生产力和经济的飞速发展，但同时也给环境带来了前所未有的问题，如气候污染、环境恶化等。人们逐渐地意识到康养的重要性，并产生相应需求。19 世纪 40 年代，德国在巴特·威利斯赫恩小镇创立了世界第一个森林疗养基地，建立了 50 处森林疗养所。1876 年，由法国医生阿尔克荣利用海水、海风等海洋资源进行疾病治疗，提出“海洋疗法”。此阶段，不仅发展了温泉疗养，也开始利用森林、海洋等更丰富的资源开展更多的康养服务项目，逐渐由单一走向多元，为康养旅游的发展奠定了基础。

3. 第三阶段——概念演化

此前，西方国家将以疗养身体、恢复健康为目的的旅游称为健康旅游。20 世纪 50 年代末，美国医生 Halber Dunn 将两个均可表示身心健康的词 wellbeing 和 fitness 拼接创造出组合词“wellness”，表示积极追求健康的目标，演变出现在所说的康养旅游（Wellness Tourism）。这一概念顺应时代发展和社会需求，是对传统健康旅游的继承和拓展。20 世纪后半叶，全球范围内涌现出大批知名康养旅游目的地，如瑞士抗老养生、美国社区养生、日本温泉养生和韩国美容养生等。各国开始加强康养旅游行业的规范化与标准化建设，通过制定相关法规和标准，提高康养旅游服务的质量和水平，保障游客的合法权益。

4. 第四阶段——丰富多彩

21 世纪，康养旅游逐渐发展壮大，世界各地康养旅游更加重视特色化和差异化，根据自身的自然资源和文化特点开发出具有核心竞争力的康养旅游产品，如中国的中医、温泉，埃及的沙浴，芬兰的桑拿，澳大利亚冲浪、瑜伽等，吸引了不同需求的游客前往。据全球康养研究所（GMI）统计，目前，康养旅游支出的增速每年都快于全球旅游总支出，且在整体旅游市场中所占份额持续增长。全球康养旅游人次从 2012 年的 5.24 亿人次增长到 2022 年的 8.19 亿人次，预计到 2027 年将达 1.63 万亿人次，在所有旅游出行中占比从 2012 年的 5.80% 扩大到 2022 年的 7.75%，预计 2027 年将达到 8.3%。全球康养旅游收入从 2012 年的 4390 亿美元增加至 2022 年的 6510 亿美元，预计到 2027 年将继续增至一倍以上，达 1.4 万亿美元。①

（二）康养旅游的服务类型

世界康养旅游服务可以大致总结为温泉水疗服务、医疗服务、自然环境康养服务、文化和精神旅游服务、健康运动和美食服务五大类。

温泉水疗服务通常借助温泉水、矿泉水等资源，凭借温泉设施、酒店，温泉中心、综合体等场所，以及桑拿浴室、蒸汽浴室、游泳池、水疗池等基础设施，提供按摩、美容、护理、水疗等多种服务，经常与健康餐饮和个性化服务相结合。

医疗服务主要包括医疗外科（涉及某种类型的外科手术，例如，整形美容，牙科手术等），医疗治疗（类似于外科手术，但治疗需要重复一段时间或需要更长时间的停留，例如，针对老年人的护理服务）和医疗保健（由专业医务人员提供相关服务，但目的不是治愈特定病症）[1]。

① https://globalwellnessinstitute.org/press-room/press-releases/wellness-policy-toolkit-03-27-24/.

自然环境康养服务主要将农场、乡村、海滨、湖泊、森林、草原、植物园等以自然资源为特色的旅游目的地与康养相结合，如东非野奢营地、瑞士的滑雪和徒步旅行、地中海沿岸、加勒比海沿岸，以及太平洋部分区域的水上运动、海滨疗养等。

文化和精神旅游服务也是受欢迎的康养选择，越来越多的目的地正在开发以当地文化特色为基础的健康旅游产品和服务，如中国的中医药康养旅游、哥斯达黎加推出的“Wellness Pura Vida”旅游活动等。并且，精神层面的康养逐渐多样化，包括开展瑜伽、冥想、自然疗法、能量治疗、心灵研讨会等。

健康运动和美食服务包括提供室内室外体育旅游活动，如运动康复、高尔夫，旨在鼓励游客积极参与。美食服务通过让游客品尝新鲜的健康食品、特产食品等为游客带来健康的美食体验。

（三）康养旅游市场地理划分

按照地理位置划分，世界康养旅游市场可以大致分为北美、欧洲、亚太、南美、中东和非洲六大地区市场。根据认知市场研究，2024 年，全球康养旅游市场规模为 8154.252 亿美元，2024 年至 2031 年将以 7.5% 的复合年增长率（CAGR）扩大。其中，北美康养旅游市场占全球收入的 40%，2024 年，市场规模为 3231.7008 万美元，2024 年至 2031 年将以 5.7% 的复合年增长率（CAGR）增长；欧洲占全球市场份额超过 30%，规模为 2446.2756 万美元，预计年复合年增长率（CAGR）为 6.0%；亚太健康旅游市场占全球收入的 23%，2024 年，市场规模为 1875.4780 亿美元，2024 年至 2031 年将以 9.5% 的复合年增长率（CAGR）增长；拉丁美洲康养旅游市场占全球收入的 5%，2024 年市场规模为 4077126 万美元，并将以 6.9% 的复合年增长率（CAGR）增长；中东和非洲养生旅游市场占全球收入的 2%，2024 年，市场规模为 163.085 亿美元，2024 年至 2031 年将以 7.2% 的复合年增长率（CAGR）增长。①

① https://www.cognitivemarketresearch.com/wellness-tourism-market-report.

地理划分市场的差异也反映出各地不同的康养旅游特色，如北美具有多样的康养活动、先进的医疗设施、专业的康养服务和全球领先的健康疗养地，是康养旅游的热门目的地；欧洲地区丰富的水疗传统、多样的景观以及根深蒂固的健康和福祉文化，使欧洲的康养旅游市场长盛不衰，被定位为寻求放松、恢复活力和探索自我的游客的首选度假目的地；亚太地区拥有众多康养方式和丰富的文化遗产，如瑜伽、阿育吠陀和传统中医，吸引着寻求精神慰藉和想恢复活力的旅行者。飞速发展的医疗技术，不断扩大的康养旅游基础设施和低廉的成本，使亚洲成为大量游客的理想康养胜地；拉丁美洲自然环境多样、文化遗产丰富、对整体福祉日益重视，强调可持续性和健康实践（包括有机食品和传统治疗技术），众多生态友好型疗养胜地为游客提供在翠绿的丛林、美丽的海滩和宁静的山地的康养体验，吸引了大量寻求与自然世界加强联系的康养游客；中东和非洲在豪华水疗设施、沙漠度假胜地和古老的治疗习俗的推动下，康养旅游规模不断扩张，为客人提供奢华的水疗护理、瑜伽静修、传统阿拉伯医学、沙漠或海洋疗养等多种服务。

（四）康养旅游热点地区

根据全球康养研究院（Global Wellness Institute，“GWI”）发布的《2019—2022年全球康养经济研究报告》，2020年以前全球康养市场连续保持多年的强劲增长，并且增速高于全球经济增速。2022年，北美洲、亚太地区和欧洲康养市场规模占全球康养市场规模的90%。2020—2022年全球康养旅游市场恢复最快的是拉丁美洲及加勒比地区，年均增长率为19.8%，其次是中东—北非地区、北美洲地区以及欧洲地区。相较而言，亚太地区的年均增长率偏低，仅为7.5%（见表1）。

表 1　2019—2022 年全球康养市场规模变化

全球康养市场规模变化（万亿美元）					2022 年人均康养支出（美元）	年均增长率（%）	
区域	2019 年	2020 年	2021 年	2022 年		2019—2020 年	2020—2022 年
北美洲	1.5511	1.4631	1.6923	1.9014	5108	-5.70	14.00
亚太地区	1.5898	1.4685	1.6537	1.6981	399	-7.60	7.50
欧洲	1.2939	1.1334	1.3837	1.4697	1596	-12.40	13.90
拉丁美洲及加勒比地区	0.2973	0.219	0.2637	0.3144	476	-26.30	19.80
中东—北非	0.1222	0.1105	0.1260	0.1454	273	-9.60	14.70
撒哈拉以南非洲	0.0776	0.069	0.0739	0.0826	68	-11.00	9.40
全球总和	4.9317	4.4635	5.1933	5.6116	706	-9.50	12.10

资料来源：全球康养研究院（GWI）。

2022 年，按国家排名，全球前五康养市场是：美国、中国、德国、日本和英国（见表 2）。康养经济排名前 10 国家的总和占到全球康养经济的 70%。康养经济复苏最为强劲的国家是英国、荷兰、美国、墨西哥、加拿大、澳大利亚。2022 年，这六个国家的康养市场规模都比 2019 年高出 120%，甚至更多。

表 2　2022 年全球康养经济排名前 5 国家 / 地区（万亿美元）

国家	2019年	2020年	2021年	2022年	2019 年排名	2022 年排名	年均增长率（2020—2022 年）
美国	1.445	1.364	1.577	1.773	1	2	14.0%
中国	0.702	0.667	0.784	0.790	2	2	8.9%
德国	0.245	0.197	0.247	0.269	4	3	16.8%
日本	0.284	0.261	0.262	0.241	3	4	-3.9%
英国	0.171	0.157	0.222	0.224	5	5	19.4%

资料来源：全球康养研究院（GWI）。

1. 亚太地区康养旅游发展情况

亚太地区之所以能成为康养旅游的热点地区，主要得益于该地区日益增强的健康意识、生活水平的提高以及对优质康养体验的需求增加。该地区的康养旅游趋势包括综合健康体验、以健康为核心的度假村和酒店、个性化的康养项目，以及以自然疗法为基础的传统康养方法。例如，泰国被认为是亚太地区的康养旅游热点之一，尤其是在清迈和普吉岛等地。泰国的康养旅游产品包括传统的泰式按摩、瑜伽和整体健康疗程，吸引了大量的国际游客。印度是传统康养旅游的发源地之一，以瑜伽、冥想和阿育吠陀疗法著称。印度的康养旅游吸引了寻求深度健康体验和追寻内心宁静的游客，尤其是在拉贾斯坦邦和喀拉拉邦等地。日本的温泉文化（称为"温泉"），是康养旅游的重要组成部分。日本的温泉度假村和健康疗养中心提供舒适的放松体验和传统的温泉浴，对国内外游客都很有吸引力。越来越多的康养旅游产品关注综合健康，包括心灵的全面健康。许多度假村和疗养中心会提供综合健康方案，结合运动、营养、心理健康和放松技巧。同时，数字化技术和智能设备在康养旅游中的应用也越来越广泛。例如，使用可穿戴的设备跟踪健康数据、通过虚拟现实体验冥想和放松等。尽管市场增长迅速，但亚太地区的康养旅游也面临一些挑战，包括市场竞争激烈、服务标准化不足以及如何平衡追求商业利益与保持传统疗法的正统性。总之，亚太地区的康养旅游正在快速成长，并成为全球康养旅游市场的重要组成部分。通过结合传统文化与现代创新，该地区能够提供独特而全面的康养体验，以满足越来越多消费者对健康和福祉的需求。

2. 北美洲康养旅游发展情况

北美洲的康养旅游市场在近年来经历了强劲的增长，尤其在美国和加拿大。北美洲的康养旅游市场受益于消费者健康意识的提高、生活方式的变化，以及对高质量、个性化健康体验需求的增加。美国是北美洲康养旅游的主要市场，拥有大量高端康养度假村、健康管理中心和水疗设施。美国的康养旅游市场覆盖面广泛，包括加州的健康度假村、亚利桑那州的沙漠疗养中心和佛罗里达州的水疗酒店等。在美国，康养旅游的趋势包括整合式健康体验、奢华水疗和健康饮食项目的结合，以及数字化健康技术的应用。加拿大的康养旅游市场也在迅速发展，尤其在温哥华、多伦多和蒙特利尔等城市。加拿大以其自然景观和环保健康理念吸引着游客。加拿大的康养旅游趋势包括结合自然疗法和生态友好型健康实践，强调自然环境对健康的积极影响。

3. 欧洲康养旅游发展情况

欧洲的康养旅游市场受健康意识提升、老龄化社会、生活方式变化等因素的驱动。市场趋势包括综合健康体验、生态友好型康养产品以及结合传统疗法的现代康养服务。欧洲消费者对健康和福祉的关注持续上升，推动了康养旅游市场的需求。人们对预防医学、整体健康和生活质量的重视使康养旅游成为热门选择。欧洲老龄化社会的到来推动了健康维护和老年人康养服务的需求增长。这促使康养旅游市场提供更多针对老年游客的服务和体验。现代生活节奏加快，导致人们寻求康养和放松的机会。欧洲的康养旅游市场满足了这一需求，通过提供综合的健康体验和与自然环境的结合来吸引游客。许多康养度假村和中心提供综合的健康服务，包括心理健康、身体健康、营养和运动等方面的整合体验。越来越多的康养旅游产品强调可持续性和生态友好型实践，例如，使用自然疗法和环保材料，推广绿色旅游理念。科技在康养旅游中的应用在增加，包括数字健康监测、虚拟康养体验和个性化健康建议等。但是欧洲康养旅游市场竞争激烈，特别是在高端和奢华康养产品领域，同时，经济条件的变化可能影响消费者的旅游支出，进而影响康养旅游市场。

（五）康养旅游机构建设

1. 国际组织与协会

全球有多个组织与协会关注并促进康养旅游的发展，这些组织会举办会议和研讨会，发布行业报告，提供行业内认证和培训，建立标准和指导原则，它们在推动行业标准、促进全球合作以及提供行业资讯方面发挥了关键作用。

世界旅游组织（UNWTO）作为联合国的专门机构，它提供旅游业相关的多方面数据，包括康养旅游的数据统计与趋势分析。全球康养旅游协会（Global Wellness Institute，GWI）是一个非营利性组织，致力于推动全球康养旅游的研究与发展。它会发布关于康养旅游趋势、市场规模和未来预测的报告，提供行业相关的教育资源和培训课程，推动健康政策和行业标准的制定以及举办全球康养大会，聚集行业专家、企业和学者进行交流。国际康养旅游协会（International Wellness Tourism Association，IWTA）是一个致力于促进国际康养旅游的非营利性组织，旨在提升全球康养旅游市场的合作与发展，支持会员的发展并推动行业标准的提高。全球健康旅游委员会（Global Wellness Tourism Council，GWTC）是一个致力于推动全球康养旅游行业的国际性组织，致力于促进康养旅游的标准化和创新，旨在汇聚康养旅游行业的领导者和专业人士，推动全球康养旅游市场的发展。国际医疗旅游协会（Medical Tourism Association，MTA）是一个全球性的非营利性组织，致力于推动医疗旅游行业的发展和规范，促进医疗旅游行业的全球化和标准化，推动医疗服务的跨国交流与合作，它促进全球医疗旅游市场的增长，提升行业的整体水平，同时，制定和推广行业标准，以确保医疗旅游服务的高质量和安全性，并且为医疗旅游从业人员和机构提供教育、培训和市场信息支持。康养旅游网络（Wellness Tourism Worldwide，WTWW）是一个致力于连接全球康养旅游资源的组织，旨在促进全球范围内的康养旅游业务，汇集和推广全球康养旅游资源，提供市场情报和行业分析。国际温泉与水疗组织（International Spa Association，ISPA）成立于1991年，致力于推动全球水疗和温泉行业的发展，推动水疗行业的专业化发展，提高水疗服务的标准，支持会员的业务发展。

2. 国家级机构与研究所

康养旅游领域在不同国家的国家级机构和研究所发挥了重要作用，推动了本国康养旅游的研究、发展和政策制定。全球范围内，越来越多的国家开始重视康养旅游产业的发展，因此，很多国家都设立了相应的机构和研究所来推动康养旅游的发展。中国的康养旅游市场发展迅速，文化和旅游部会定期发布旅游行业报告，为行业发展及康养旅游提供政策支持和市场分析。各地区康养产业协会或联盟成立以推动当地康养旅游的发展，如海南康养旅游协会。美国温泉与水疗协会（Spa & Wellness Association，SWA）是一个服务于美国及全球市场的组织，致力于推广温泉和水疗行业，提升水疗和康养行业的标准和服务质量，推进行业的健康发展。日本温泉协会（Japan Spa Association，JSA）成立于1965年，致力于推广日本温泉和康养旅游，提高日本温泉和康养旅游的标准和服务质量，进行市场研究，推动康养旅游行业的创新和发展，组织行业活动，促进国内外康养旅游的交流与合作。它会发布关于日本温泉行业的研究报告和市场数据，组织温泉行业展览和研讨会，推动行业发展，同时，提供温泉行业的培训和认证服务。欧洲康养旅游协会（European Wellness Association，EWA）是一个专注于欧洲地区康养旅游的组织，致力于促进区域内康养旅游的发展，推动欧洲地区康养旅游的发展，提升行业标准，促进区域内的合作。

二、全球康养旅游的发展趋势

随着全球经济的持续发展和人们健康意识的不断增强，康养旅游产业正在全球范围内迅速扩张，并逐渐呈现出多元化和细分化的趋势。全球康养研究院在2024年发布的《全球康养经济监测报告》（2023 Global Wellness Economy Monitor）显示，新冠疫情给康养产业的长期机遇和发展轨迹带来了巨大的转变，无论是消费者、医疗行业还是政府部门都更为重视疾病的预防和康养。后疫情时期，康养市场呈现“井喷”之势，自2020年以来，康养经济增长27%，至5.6万亿美元，再创历史记录，预计到2027年，将继续增长52%，以每年8.6%的速度增长，届时，市场规模将达到8.5万亿美元。在如此快速发展的背景下，康养旅游呈现出多方面的新兴趋势。

（一）绿色旅游与蓝色旅游的兴起

绿色旅游（Green Tourism）和蓝色旅游（Blue Tourism）作为康养旅游的两个重要分支，近年来受到广泛关注。这两者都强调与自然环境的和谐共存，满足人们对自然的亲近和健康需求。

长期以来，旅游业被视为“无烟绿色产业”，具有低污染、低排放的特点。但实际上，旅游业发展过程中会消耗大量能源并直接或间接地产生大量的二氧化碳，随着旅游消费需求快速增长，旅游规模日益扩大，其排放量也与日俱增。根据世界旅游组织和联合国环境规划署数据，旅游部门在全球气候变化贡献率中占比5%~14%，且每年以2.5%的速度增长。旅游业的绿色转型与可持续发展成为当下旅游业发展亟待解决的重要问题。绿色旅游与蓝色旅游作为康养旅游的重要分支，既能满足消费者寻求生态、疗愈的需求，又可以利用生态资源，保护生态环境，减少碳排放，促进行业可持续发展。

绿色旅游是以可持续性为核心，注重环境保护、减少碳足迹以及生态系统的维护。例如，瑞士的阿尔卑斯山脉地区通过推行可持续旅游政策，将绿色旅游与康养旅游相结合，吸引了大量追求生态平衡和健康生活方式的游客。绿色旅游还包括有机农场体验、生态疗养、森林疗养等形式，推动了旅游业的绿色转型。

蓝色旅游则聚焦于海洋、湖泊等水域环境，强调水疗、海洋疗法和与水相关的海洋康养活动。海洋覆盖了地球表面的70%，是极具发展潜力的生态资源。近年来，海洋经济发展越来越多样化，利用海洋治病和保健的海洋疗法，也在国内外日益盛行，海洋康养作为蓝色旅游的重要环节，其产业规模已经初具雏形。海洋康养以海洋景观、食物等海洋资源为基础，通过对海水、沙滩的开发，建设理疗、运动、科普教育、旅游度假、海洋美食等产业，为各类人群提供了多元的康养体验。典型的案例包括冰岛的蓝湖温泉和马尔代夫的海洋疗养中心，这些旅游目的地结合了独特的自然环境和水疗技术，吸引了全球大量的游客。随着海洋资源和水域健康理念的普及，蓝色旅游将在未来康养旅游市场中占据重要地位。

（二）温泉康养未来增长强劲

温泉康养旅游作为康养旅游的一个细分市场，在全球化浪潮的背景下正经历着快速的发展和变革。2020 年，COVID-19 大流行沉重地打击了全球温泉市场，而由于人们对健康和福祉的日益关注，如今，这一市场正在逐渐复苏，并预计将以超过 4.10% 的复合年增长率增长。健康意识的增强和个人护理需求的增加，使温泉服务成为人们生活中的重要组成部分，这推动了全球温泉行业的扩张。据全球康养旅游协会估算，截至 2022 年，全球 130 个国家和地区中有 31290 家温泉企业在运营。全球康养旅游协会预计，2022—2027 年全球温泉产业年均复合增长率为 14.3%，到 2024 年年底，温泉产业将完全恢复甚至超过疫情前的水平。

在后疫情时代，温泉康养旅游目的地的联合品牌发展过程至关重要。这种联合有利于确保目的地的持续存在及经济效益的稳步增长。例如，在德国巴伐利亚州，五个温泉目的地通过公共所有权结构联合发起了共同的品牌形象发展过程，以应对在高度竞争的国际健康旅游市场中进行定位的需求[2]。

亚太地区和欧洲是温泉产业最集中的区域，市场规模总和占全球的比例高达 94%，温泉机构数量总和占全球温泉机构数量的比例也高达 93%。同时，亚太地区是温泉服务市场增长最快的地区，预计由于该地区工作人群的增加和可支配收入的提高，市场收入交易将显著增长。①

（三）长期康养与社区康养的兴起

随着人们对生活质量和健康的长期关注，以及全球老龄化的加剧，长期康养（Long-term Wellness）和社区康养（Community Wellness）正在成为新的趋势。这些形式不仅关注个体的健康，还延伸到社区和社会层面。

长期康养注重通过持续的健康管理和生活方式调整来实现长期的健康目标。这种趋势在欧美国家尤其明显，例如，在美国和欧洲，越来越多的养老

① https://www.mordorintelligence.com/industry-reports/spa-market.

社区和康养度假村开始提供长期的健康管理计划，包括营养指导、定期健康检查、心理咨询和康复服务。这种趋势不仅满足了老年人口的需求，也为年轻人提供了预防性健康管理的选择。据 Grand View Research 的报告预测，从 2024 年到 2030 年，全球长期护理市场的复合年增长率将达到 6.68%，市场规模将从 2024 年的 1.18 万亿美元增长到 2030 年的 1.74 万亿美元。[①] 这种增长主要受全球老年人口的增加、预期寿命的提高，以及老年人未满足的医疗需求的影响。

社区康养则侧重于在社区内推广健康生活方式，通常包括社区健身活动、心理健康支持、健康教育和环保活动等。这种模式在北欧国家得到了广泛应用，如丹麦和瑞典的社区健康项目，通过鼓励居民参与集体活动和健康管理，提高了整个社区的健康水平。这种以社区为基础的康养模式具有良好的可持续性和社会影响力。此外，联合国国际老龄组织发布的“世界康养城市标准”为全球康养城市建设提供了一份国际化标准，这标志着康养社区的建设成为全球性的趋势。

（四）大数据与智慧康养

大数据和人工智能（AI）随着科技的发展正在深刻地改变康养旅游产业，为个性化健康服务提供了可能。通过分析用户的健康数据、旅游偏好和行为习惯，企业可以为客户提供定制化的康养旅游方案，提升旅游体验的精确度和满意度。数字化转型是提升康养服务效率、提供高品质康养服务的有效手段。

许多康养公司开始利用大数据和 AI 技术来开发个性化健康管理系统。例如，一些高端度假村和疗养中心利用可穿戴设备和健康数据平台，实时监测游客的健康状况，并根据数据调整其康养计划。这种方式不仅提高了康养服务的精准性，还增强了游客的参与感和满意度。在世界范围内，智慧康养已深入很多国家的整体养老体系建设中，并解决了诸多养老难题，如葡萄牙研究者为提高老年人的健康水平及生活舒适性，建立了基于互联网和物联网的环境监

① https://www.grandviewresearch.com/industry-analysis/long-term-care-services-market.

测系统及生活辅助系统；瑞士科学家尝试建立室内传感数据的集群系统，并使用数据挖掘技术为养老检测提供有价值的信息；巴西和美国的科学家讨论了通过互联网监测老年人的图像以识别其情绪的可能，并设计了相应的普适计算平台，康养行业走在了融合创新和产业升级的前列。此外，通过整合大数据、物联网（IoT）和移动技术，一些康养旅游公司推出了智能康养平台，提供从旅行规划到健康管理的一站式服务。这种科技驱动的康养服务有助于提升客户的整体体验，并提高其健康管理能力。

（五）可持续性与社会责任的增强

随着可持续发展理念的普及，康养旅游中的可持续性和社会责任（Sustainability and Social Responsibility）越来越受关注。游客不仅追求个人健康，还希望在旅游中对社会和环境产生积极影响。

联合国环境规划署和联合国世界旅游组织将可持续旅游定义为“充分考虑其当前和未来经济、社会和环境影响的旅游业，满足游客、行业、环境和东道国社区的需求”，并指出“旅游业发展的环境、经济和社会文化方面，必须在这三个方面之间建立适当的平衡，以保证其长期可持续性”。全球可持续旅游协会（Global Sustainable Tourism Council，简称 GSTC）提出了旅行和旅游业可持续性的全球标准——GSTC 标准。其内容主要包含以下几个方面。

可持续发展规划：要求旅游项目或目的地有明确的可持续发展目标和规划，以确保旅游活动与自然、文化和社区环境的和谐共存。

社会经济的可持续性：关注旅游活动对当地社区的经济贡献和社会福利提升，确保旅游收益能够惠及当地居民，促进社区的全面发展，并最小化其负面影响。

文化传承的可持续性：重视旅游活动对当地文化遗产的保护和传承，鼓励游客了解和尊重当地文化，促进文化的多样性和交流，并最小化旅游对当地文化的负面影响。

环境负面影响最小化：采取措施减少旅游活动对环境的负面影响，包括减少污染、保护生态系统和生物多样性等。

可持续康养旅游的发展既有利于自然资源的保护和可持续利用，实现旅游活动与生态环境保护相协调，同时，也有助于传承和发展地方文化，提高当地居民的健康意识和生活质量。通过康养旅游的推动，可以提高社区参与度，促进当地经济发展，提高居民的收入水平，进而实现社会经济的可持续发展。

三、康养旅游国际经验借鉴与建议

（一）秉持因地制宜原则，深耕中国养生文化

“以木为本、以水为源”，康养旅游的开发和发展必须把“因地制宜”奉为圭臬。在德国西南部的巴登—符腾堡州，山区中密布着大片森林，由于黑压压一片称为“黑森林”。德国巴登巴登小镇依傍“黑森林”独特的地理优势和丰富的自然景观设立了全球第一个森林康养基地，开启深度治愈的森林康养胜地。法国依云小镇背靠阿尔卑斯山，面朝莱芒湖，气候宜人，风景优美，其水极负盛名。依云水富含微量元素，对一些基础疾病有较好的疗效，树立了“依云水贵族”的形象，并赋予产品纯粹、健康、时尚的气质，形成了独一无二的特色产品与国际知名的品牌。依云小镇因水而盛，打造以温泉养生功效为主题特色的康养旅游。“顺天时，量地利，则用力少而成功多”，这些康养旅游目的地凭借自然疗法、医疗技术或两者兼之在康养旅游领域脱颖而出的同时，也将这句话描绘得活灵活现。学者将康养旅游的发展模式进行分类，如资本驱动发展模式、资源依托发展模式和健康产业驱动模式，无不深刻地体现了“因地制宜”的原理。

中国养生文化历史悠久，博大精深，是中国同世界其他国家发展康养旅游所特有的“制胜法宝”。“养生”在道德文化中就是老子五千言所提出来的“修之身，其德乃真”的思想和方法，用品德来修持自己身体的内环境，将自己的

心、性、命三大系统，用饱和的“德”加以滋养的过程。中国养生文化以中医药养生观、道教养生观、中华茶文化和太极文化为核心思想，包含纷繁复杂的养生原理与方法。中国康养旅游发展可传承中国古老的养生文化内涵，开启利用茶保健、温泉疗养、有机国药调理、太极养生功等为主要养生手段的全方位养身养心道路。中国康养旅游发展深耕中国本土的养生文化无疑是一把钥匙开一把锁，抓住了精髓，促使中国康养旅游在高手林立的国际大舞台上超群绝伦。

（二）依托数字化技术赋能发展，助力产业插上腾飞的翅膀

随着科技的快速发展，5G 技术、云计算、人工智能、物联网、大数据等新技术层出不穷，改变了康养旅游业的供销模式。数字化赋能康养旅游产业发展就是通过打造数字基础设施、数字资源体系，在康养旅游发展的各要素环节上，充分发挥数字技术的创新驱动作用，建立数字安全屏障，推动康养旅游产业转型升级发展。

第一，利用数字化技术建立有特色的康养体系。通过数字资源创新加快产业平台聚合，推动数字资源跨层级、部门、地区高效配置，对于目的地康养一体化的建设卓有成效。英国康沃尔地区是英国农村数字化实践的典型案例，作为康养度假胜地，康沃尔实施了数字培训、社区数字中心和电子健康等数字化创新措施，探索互联网、机器人技术在健康和社会保健方面的最佳应用。第二，针对用户需求，应用数字化技术提供精准健康体验。通过使用数据信息、技术、基础设施精准定位游客的产品需求，符合需求趋势。在 2023 年举办的第 49 届联合国世界旅游组织中东地区委员会和“康养旅游”会议中提出中东康养旅游业旅游创新的下一件大事将使用新技术，如使用人工智能（AI）和机器学习（ML）来创造个性化的健康体验。第三，新技术、人工智能也广泛应用于医疗卫生领域。它不仅带来了新的诊疗模式，也不断提高健康旅游的服务质量。例如，瑞士推出“IT+ 健康 + 旅游”的模式，实现了健康保障和健康管理的完美结合。

数字化战略也为中国康养旅游发展带来了巨大的机遇。中国拥有庞大的数字产业，在全球数字经济发展指数国家排名中位于前列，是数字化实践的先行者，但康养旅游产业数字化应用仍有很大的提升空间。数字化服务不仅可以提升服务质量，降低服务成本，还成为中国康养旅游产业追赶世界的超车通道。

（三）融合发展中医学，构建全方位康养体系

为什么要构建康养体系？根据联合国世界旅游组织的定义，康养旅游涵盖了那些主要动机是通过医疗和健康活动为身体、心理或精神健康作出贡献的旅游类型。满足游客寻求健康需求是一次完整的康养旅游体验，这要求康养旅游目的地要创建围绕核心康养产品价值配备健全设施设备的综合康养体系。瑞士蒙特勒小镇是著名的羊胎素美容胜地，其活细胞注射疗法吸引了无数名流、名模。蒙特勒小镇建设以美容为主题的集周到的高端定制服务、高科技含量的治疗计划、豪华病房、权威人员（医生、专家、护士、营养师、教练、顾问等）、先进的医疗设备仪器、直升机送客人、随行保镖于一体的医疗康养旅游胜地。

为什么要提倡以中医学为主的康养体系？首先，中医学是中国本土的医学，蕴含“养身”概念，中医学根植中国文化，彰显了与西医的差异，融合发展中医学能够使康养旅游与中医相互促进，共同发展。其次，中医相较于西医，更注重整体，能顾全局，从宏观上把握问题的实质。中医治疗讲究“望闻问切”，相较于西医治疗而言治疗费用低，对身体伤害小，可调理全身，作用持久。中药相较于西药，副作用较小，配伍灵活，可以预防疾病。除了治疗疾病，中医更适合康养旅游游客的偏好。最后，随着中医的发展，中医学越来越受全球欢迎，针灸、拔罐、推拿、草药等中医疗养方法遍布世界各个角落。

（四）出台支持性政策，完善协会监督体系

康养旅游是旅游业的一个日益增长的趋势：出现了“自我”“在生活中寻

找意义 / 找到自己”“精神和整体幸福感”等概念，这些概念也成为个人在生活中寻求的乐趣。中国人口老龄化呈现规模大、速度快等发展趋势，这为康养旅游的发展带来了春天。无论是中国还是国际上的广大康养旅游需求和趋势预测都促使中国康养旅游产业的发展，为了确保中国康养旅游健康可持续发展，需要政府的政策引导和协会的管理监督、保驾护航。一方面，中国康养旅游的发展任重道远，政府政策的出台能够从宏观层面支持和引导中国康养旅游的发展。另一方面，中国康养旅游发展需要仰仗相关协会的管理与监督。无论是从实践上还是从学术上，都需要功能完善的协会对中国康养旅游的发展提供帮助。在中东，约旦是一个著名的医疗旅游目的地，拥有国际高标准的护理和治疗，公共和私人机构拥有先进的医疗保健系统。约旦有自己的医疗保健认证委员会，该委员会由国际医疗保健质量协会（ISQua）认证，以确保该国的医疗保健和患者安全符合国际标准。

（五）贯彻可持续发展理念，提倡多元化个性化发展

康养旅游的发展必须死磕“可持续”原则。2023 年和 2024 年，联合国世界旅游组织将继续领导“一个星球”可持续旅游计划。2023 年，格拉斯哥宣言提出的旅游气候行动获得 11 个国家、800 人签名支持。国际大背景要求旅游产业可持续发展，减少温室气体排放。康养旅游贯彻可持续发展理念须关注以下三点。第一，维护资源开发与保护的平衡。宜人优美的环境是康养旅游目的地建设的必要条件，所以，对于环境资源的开发要牢牢把握住“度”，不能造成生态破坏，而且还能起到保护环境的作用。第二，将环境教育融入健康教育。游客陶冶在康养旅游途中，或多或少能收获健康教育，在培养游客的健康意识的同时顺便增强环境意识，就像沉浸在森林带来的独特享受中感悟人与自然和谐的思想。第三，减少废物和能源消耗。中东的许多水疗中心和健康中心正在采用可持续实践，例如，使用当地来源的有机产品，减少废物和能源消耗，并支持当地社区。

对于中国康养旅游发展，仍需要解决“多元化”和“个性化”两个问题。从

宏观层面，中国康养旅游发展存在"多元化"问题。中国幅员辽阔、资源丰富，有条件发展康养旅游的地区根据自身特色进行开发，整体上能呈现多姿多彩的康养旅游类型。因此，为解决这个问题，要杜绝一味地照抄照搬，要从目的地实际出发进行创新性设计。从微观层面，中国康养旅游发展亟待解决"个性化"问题。一方面，大部分康养旅游目的地的特色化、主题化不突出；另一方面，大部分康养旅游目的地的开发太浅显，仍然停留在单一的观光层面。针对"个性化"问题，康养旅游目的地的规划开发要找准市场定位挖掘主题，围绕核心康养旅游产品整合资源构建康养体系，打造沉浸式的健康体验。

参考文献

[1] Dini M，Pencarelli T. Wellness tourism and the components of its offer system：a holistic perspective[J]. Tourism Review，2021，77（2）：394-412.

[2] Pippirs，C.，& Steckenbauer，G. C.（2022）. Case study–spa destination branding–a strategic realignment process of five Bavarian thermal spas. International Journal of Spa and Wellness，5（3），308-319.

中国康养旅游发展的态势、困境及对策研究

侯满平　毕琳悦　赵　伊　曹　雪　李密鑫　刘昕怡[①]

一、中国康养旅游的现状分析

（一）市场规模与发展趋势

我国康养旅游的初期发展较为缓慢，在进入21世纪后，随着经济社会的发展，康养旅游的发展速度开始逐年加快，尤其在2016年，康养旅游被国家纳入经济发展战略之后，行业进入了飞速发展时期。

据全国旅游标准化技术委员会2022年发布的《康养旅游机构服务指南（征求意见稿）》显示，2015年，我国康养旅游的交易规模约为400亿元，2018年市场规模达到了691亿元，2019年，更是迅猛发展至830亿元，2015年到2019年的年均复合增速高达20%左右。2020年受新冠疫情的冲击，全球旅游行业受到重创，市场规模均有所下降。据数据统计，2020年，我国康养旅游的市场规模小幅下降至813亿元。随着疫情的逐步好转，2021年，旅游行业逐渐恢复增长态势，我国康养旅游的市场规模接近900亿元。根据《中国老龄产业发展报告》的信息，2050年，我国老年人口数量将会达到4.8亿，随着老龄化进程的加速，老年人对生活质量的重视不断提升，这一群体的消费潜力也将迅速

① 侯满平，博士，博导，河北东方学院教授，北京第二外国语学院中国文化和旅游产业研究院特聘研究员，从事文化和旅游产业咨询及三农领域研究；毕琳悦（通讯作者，邮箱：243668040@qq.com），马来西亚管理与科学大学硕士生；赵伊，博士生，河北东方学院副教授；曹雪，硕士，河北东方学院助教；李密鑫，硕士，河北东方学院副教授；刘昕怡，河北东方学院讲师。

增长，康养旅游成为炙手可热的朝阳产业。康养旅游的受众群体不仅包括老年人口、疾病状态人群和亚健康状态人群，同时，也包括追求高品质生活的中产阶级和年轻人群体。“养生”这一关键词在当代年轻人社交中出现的频次越来越高，快节奏的生活和高压的工作环境使年轻人更加重视休闲和身心的放松。根据《中国美好生活大调查》的数据显示，2023 年，18 岁到 35 岁年轻人的消费榜单中占据第一位的就是旅游，保健养生也不甘示弱，占据了榜单的第三位。而作为这两者的完美结合，康养旅游必将成为年轻一代流行的新生活方式。未来，康养旅游产业必将迎来全新发展。预计在 2028 年左右，我国康养旅游的市场规模会发展到 1250 亿元。根据《“健康中国 2030”规划纲要》中确立的目标，我国 2030 年健康产业规模将达到 16 万亿元。作为健康产业中重要的一环，我国康养旅游的市场规模预计在 2030 年可达到 1600 亿元[1]。

（二）地方特色与现状

我国康养旅游产业在不同的地区呈现出多姿多彩的地方特色，地区依托当地独特的自然资源、文化背景和气候条件等，发展出百花齐放的康养旅游项目。海南作为我国著名的旅游胜地，在热带旅游、海滩旅游和避寒旅游中一直占据着重要地位。海南省不仅有着让人心旷神怡的热带雨林资源，还拥有着丰富的医疗资源和文化资源。2002 年，海南三亚是最早拥有康养旅游项目的地区，彼时“康养旅游”概念尚未正式明确，但三亚已经开始推行“疗养＋旅游”的运营模式了。2013 年，海南成立博鳌乐城国际医疗旅游先行区，作为国内首个医疗特区，这里不仅配备有全球顶尖的医疗设备，拥有优美惬意的休闲环境，还有政府推动的创新改革举措助力，自成立以来就创造了许多国内乃至世界首例：如国内首例九价宫颈癌疫苗注射、国内首批钇 90 玻璃微球临床应用、全球体积最小的心脏起搏器植入等。医疗康养旅游正逐步成为推动海南康养旅游产业发展的主要动力。在医疗康养旅游项目之外，海南还开发了更多能够充分利用本地资源的新项目。利用传统黎族、苗族等海南当地少数民族文化打造出的乡村体验旅游、旅居康养社区等，近年来深受许多国内北方居民的青睐[2]；依托海南五指山的自然资源开发出的森林特色康养中心受到了许多亚健康人群与自然爱好者的追捧；作为医疗、保健、养老与度假的集大成者，如恒大养生谷康养中心这样的复合型康养旅游项目更是高质量生活追求者们趋之若鹜的休养目的地，甚至到了“一房难求”的程度。按照自身具备的资源条件、当地政府的支持与扶持，以及合理的未来发展规划路线，可以预见，海南会持续在我国康养旅游行业中继续作为中流砥柱大放光彩[3]。

作为我国著名的温泉度假胜地，被誉为“南国第一温泉”的从化温泉可谓是广东省康养旅游中一面响当当的招牌。从化温泉坐落于广东省广州市从化区，1934年，它被发现并开发，其水质晶莹澄净，无色无味，开发人员经过专业检验后发现，从化温泉中含有氡、钠、钾、钙、镁等多种微量元素与矿物质，特别是作为全国唯一、全球第二的珍稀含氡温泉，从化温泉中的水质被发现对慢性疾病的疗养有着积极作用。随着时代的发展，从化温泉逐渐吸引了越来越多的游客。面对随之而来的消费者的更高需求，各式各样的温泉度假村和产业逐渐在从化温泉沿岸铺展开来。2010年，从化流溪温泉旅游度假区荣获世界温泉及气候养生联合会颁发的“世界珍稀温泉”认证，在吸引国内游客的同时，也打响了海外声誉。近年来，度假区不满足于依赖温泉资源吸引游客，而是在此基础上逐步发展出国际会议论坛、农家乐体验、湿地公园、赛马场等许多丰富多彩的产业资源项目，多个新项目的成功落地使从化流溪温泉旅游度假区焕发出新的光彩：从化马场是国内首个高标准、大规模的赛马场，也是世界级的国际马匹训练基地和香港马会服务中心；从都国际会议中心成功举办了七届具有世界影响力的“从都国际论坛”，是我国与世界深度交流的新型高端平台。在屹立不倒的品质与全面开花的新资源的结合中，相信从化温泉度假区将会向着建设国家级旅游度假区的目标继续进步与发展。

道教对我国古代政治、经济、文化都产生过极其深远的影响。而在道教历史活动中久负盛名、被称为“道教圣地”的是位于福建省北部的武夷山。武夷山为道教第十六洞天，据史书记载，道家思想早在先秦时期就已在武夷山盛行，传说中老子与张天师等道教先贤都曾在此修行。道教中不可忽视的一大修行目标是长生不老，这与现代人追求高质量生活、高质量养老的需求不谋而合。道教养生文化中强调天人合一、阴阳平衡、气血调和，这也是我国当代养生文化中极为重要的文化底蕴。道教强调通过调节身心、顺应自然来达到长寿的目的，这样的理念在如今武夷山的道教文化康养旅游中得到了体现[4]。1999年，武夷山凭借其丰富多样的生态系统、奇秀深幽的天然山水以及理学文化和道教文化的多重优势，被联合国教科文组织世界遗产委员会列入《世界遗产名录》。如今，武夷山内的道教宫观为游客提供了丰富多样的文化体验，游客不仅可以参观古老的道教建筑，了解道教的文化与历史发展，还可以参与道教仪式与活动，亲身感受道教的精神氛围。一些宫观还设立了修行体验活动，如打坐、冥想等，让游客在安静的环境中放松身心，体验顺应自然的道法之力。不仅如此，度假区内还开设了多个道教养生中心，为游客提供专业的道教养生课程，如太极拳、八段锦等传统道教养生功法，游客在参与过程中不仅能见识到道教文化的风采，还能改善身体机能、增强体质。在武夷山的一些康养度假村中，游客还能品尝到药食同源、营养均衡的道教特色养生餐饮。除此之外，俊秀的山水地貌、独一无二的武夷岩茶、丰富多彩的民俗文化、特色温泉理疗、高端清修疗养等，多方面的齐头并进为武夷山的康养旅游发展提供了充足动力，相信未来也会继续推动福建康养旅游产业的繁荣发展。

统观全国，各地的康养旅游呈现出百花齐放的局面，结合各地特色资源而生的项目逐渐丰富着我国康养旅游产业的内容，也不断满足着新时代游客对康养旅游提出的新需求。

（三）主要市场参与者的角色和影响

我国康养旅游产业近年来的快速发展吸引了多方市场参与者的积极参与和合作，参与者们在产业中扮演着不同的角色，对行业的发展产生了深远的影响。

政府机构在我国康养旅游产业发展中起着极为重要的引导方向和保障支

持的作用。自2016年康养旅游被国家纳入经济发展战略之后，该产业就迎来了全面开花的盛况，回看2016年至2023年的发展，康养旅游产业的快速崛起离不开国家与地方各级政府的战略部署和政策扶持[5]。国家层面，国务院、文化和旅游部、林业部等国家机关出台了多份支持康养旅游发展的政策与法规，为行业发展提供大方向与方针；地方层面，各地政府制定了许多针对康养旅游发展的详细指导政策，例如，四川省在全国率先提出"森林康养"的概念，并在之后出台了《森林康养基地建设资源条件》《森林康养基地建设基础设施》等多部相关标准文件，努力推进四川省森林康养基地的发展与标准化建设[6]；海南省在《海南省"十四五"旅游文化广电体育发展规划》中提出，要立足海南自贸港建设，围绕初步建成国际旅游消费中心的发展目标，构建国际知名度假天堂、康养天堂、购物天堂和会展高地；甘肃省文旅厅制订了文旅康养产业发展倍增计划，助推甘肃文旅强省的建设步伐；云南省提出要持续打造"健康生活目的地"品牌，创建国际康养旅游示范区。各级政府不仅担负着各个地区宏观规划与详细区域布局的责任，还提供着财政补贴、税收优惠、土地政策等多方面的支持，以及后续对产业的标准检验和对质量的保障。无论是国家还是地区，这些政策与规划都对我国康养旅游产业的发展有着直接的影响，好的政策会有效推动产业快速发展。同时，政府的监管以及标准的制定也有助于提升服务标准与产品质量，保护消费者的权益，形成优秀口碑，从而在未来吸引更多的游客。

企业是康养旅游市场中的中坚力量。康养旅游相关企业需要负责结合当地资源合理开发旅游项目，建设和运营如温泉度假村和康养中心等康养旅游设施。作为行业中的一线工作者，也是服务的提供者，企业在不断为游客创造和提供多样化的产品与服务，同时也能在与游客的直接接触中最先捕捉到新的需求，继而推陈出新。通过企业的不断创新，越来越多的新型康养产品与服务被开发出来，满足了不同人群对康养旅游的需求，丰富了康养旅游市场的内容。不仅如此，企业的服务水平、品牌形象与产品质量直接影响消费者的体验与满意度，继而影响市场的整体口碑与消费者的信任度。当然，企业中不仅有在一线面对消费者的康养旅游企业，也包含一些对康养旅游产业进行投资的企业，这些投资与建设也同样推动了市场的发展。

科研机构在康养旅游产业中承担着理论研究与提供背书的角色。科研机构在对于康养旅游行业相关的科学研究中总结和归纳出产业发展需要的理论支持与技术创新支持，无论是在养老、医疗、保健等方面，还是在住宿、交通、娱乐、餐饮等方面，科研机构形成的专业化理论与新技术都会为康养旅游产业产生不一样的影响。此外，科研机构也为政府和企业提供专业化的咨询和调查服务，配合对服务质量和产品标准的调研，以及对消费者的走访调查，科研机构可以协助政府与企业制定科学有效的发展规划与产品升级方向。总的来说，科研机构的研究成果可以推动康养旅游产品与服务的升级创新、提高产品竞争力，科研机构的数据分析可以为政府和企业的决策提供科学依据和方向指导，从而促进行业整体的积极发展。

我国康养旅游产业的发展是多方市场参与者共同努力的结果，政府的政策支持为行业指明方向、提供助力，而监管保障则规范了行业的标准，实现未来的可持续发展；康养旅游相关企业的服务与产品推进了市场的繁荣发展，投资与创新也是有效推动市场发展的重要力量；科研机构的研究与数据分析为行业的发展提供了技术与决策方向的支持。无论缺少哪一方，行业的发展都会遭受打击，只有多方共同努力、协同发展、各司其职，才能共同推动我国康养旅游产业的蓬勃发展、创造辉煌。

二、中国康养旅游困境分析

尽管我国康养旅游产业在近年来取得了显著的进展，但在发展中仍然存在着一系列亟待解决的问题，这些问题不仅制约着康养旅游的进一步发展，也影响着消费者的体验和满意度。从资源开发到市场规范，从产品创新到服务质量，各个环节都存在不同程度的困境。通过对这些困境的深入分析，我们能够为中国康养旅游产业的健康发展提供一些有效的经验借鉴和规划思路。

（一）资源开发和利用不足

我国拥有丰富的康养旅游资源，然而，现有的资源并没有得到很好的开发和利用，在资源开发方面仍存在着巨大的发展潜力；有些优质资源地区由于缺乏对当地资源系统的认知和全面的掌握，做出的规划与开发策略没办法展现出资源的价值，导致资源开发的效果大打折扣[7]。目前，我国许多康养旅游资源所在地的基础设施建设还处在相对滞后的状态，无法满足消费者的需求，更无法为当地康养旅游发展提供助推力量。如广西巴马瑶族自治县被称为“世界长寿之乡”，总人口 30 万左右的深山小县，却有 90 多位百岁老人健在，平均每10万人口中有30多位百岁老人，这是世界认定“长寿地区”标准的近5倍之多。巴马坡山中的天然洞穴 “百魔洞”，被人们普遍认为是巴马长寿的秘诀：百魔洞附近空气中的负氧离子含量通常能保持在 40000 个 / 立方厘米，世界卫生组织对清新空气的标准认定为负氧离子达到 1000 个 / 立方厘米，而北上广等一线城市空气中负氧离子含量最低甚至只有 100 个 / 立方厘米左右；百魔洞附近的盘阳河矿物质含量丰富，水质清冽；巴马几个长寿村的磁场都是 0.58 高斯，高于世界大部分地区的 0.25 高斯，而百魔洞内更是高达 0.9 高斯，人们普遍认为在高地磁地区生活可以清洁血液，使血液循环更顺畅，降低心血管发病率，提高人体免疫力。不仅是空气、水质和地磁，巴马本地的物产资源也相当丰富，如被称为“长寿麻”的巴马火麻、复活草、巴马香猪、油鱼等。拥有如此得天独厚的康养资源，可巴马的康养旅游如今的发展仍然相对滞后，相比丰富的资源条件，巴马当地对于康养项目的开发仍较为有限，且当地基础设施建设不足。许多游客因巴马“长寿之乡”的美名慕名前来，发现当地的旅游接待能力和服务水平普遍较低，这有可能导致游客后续不会再选择巴马作为康养旅游目的地。巴马瑶族自治县是国家扶贫开发工作重点县，财力有限、基础设施薄弱等问题是一直制约巴马瑶族自治县发展的重要因素。

（二）产品单一，缺乏特色和创新

在当前的康养旅游市场中，康养旅游产品在种类和内容上依然略显单调，缺乏特色吸引力和产品差异化。许多康养产品开发都集中在养生保健、温泉疗养等较为传统的项目上，没能充分挖掘和展示出当地资源的独特价值。例如，温泉疗养作为一种非常常见的康养旅游产品，虽然受到了消费者的广泛认可，但大多数温泉项目仍然仅限于简单的泡浴体验，缺乏创新的疗养方式和文化内涵；与之相似的是，中草药养生项目虽然以独特的中医药文化为依托，但在康养项目的实际操作中仍然多为单一的药膳或草药汤浴，没能形成创新康养服务体系。以广西桂林为例，桂林不仅拥有“甲天下”的山水自然景观，还蕴藏着丰富的中草药资源以及独特的壮族医药文化。但当地的康养旅游产品目前却依然主要集中在简单的风光游览和较为基础的保健理疗上，桂林本地特色的中草药资源和壮族医药文化未能充分融入康养旅游产品中，这使当地缺乏具有地方特色和文化内涵的康养旅游项目。这不仅限制了游客的选择和康养体验，也减弱了桂林康养旅游的市场竞争力。此外，云南的普洱茶康养旅游项目也面临着产品较为单一的问题。我国品普洱茶的历史源远流长，早在《本草纲目》中就有记载，普洱茶具有清热、消暑、利水、通便、祛痰、祛风解表、止渴生津、延年益寿等功效，现代医学认为普洱茶可以降低胆固醇、保护心脏、抗氧化，独特的保健功效使普洱茶从古至今备受青睐，但云南本地的普洱茶相关康养旅游项目大多还停留在茶园观光和茶艺表演上，缺乏较为深入的茶疗体验和系统的养生服务，普洱茶文化的深厚内涵与历史积淀未能得到充分的展现，难以吸引游客和高端消费群体。

（三）服务质量不高，专业人才短缺

康养旅游服务质量的不足和专业人才的短缺也是产业发展中面临的重大挑战。硬件方面，部分地区的康养设备和设施较为简陋朴素，没办法为游客提供高品质的康养体验；软件方面，部分地区康养项目的服务流程和管理制度

不完善，康养场所内的服务人员服务水平参差不齐，无法为游客提供系统化、专业化的康养服务。以河北省的秦皇岛市为例，秦皇岛拥有优质的海滨资源与温泉资源，具有良好的康养旅游发展基础。然而，当地一些康养项目的服务质量较低，服务人员的专业素质不高，导致游客的体验感较差。一些温泉度假村设施陈旧，服务流程不规范，无法满足高端游客的需求，从而影响了秦皇岛整体的康养旅游形象。

康养旅游产业涉及医疗、养生、保健、旅游服务等多个领域，需要大量的专业人才，市场十分需要既懂旅游服务又具备康养专业知识的综合型人才，但优秀人才资源匮乏，很难满足目前的市场需求。康养服务需要高水平的专业知识和技能，但许多从业人员的专业素质参差不齐，仍缺乏系统的培训和规范的管理。例如，前文提到的广东从化温泉度假区，虽然享有较高的知名度，但在专业人才储备方面存在着明显的不足，当地许多康养项目的服务人员缺乏专业的康养知识和技能，难以为游客提供高质量的康养服务。此外，康养旅游从业人员的流动性大也导致人才短缺问题更为严重，专业人才的稳定性和持续发展也面临着挑战。

（四）市场不规范，缺乏有效监管

康养旅游市场的不规范和监管的缺失严重地影响了行业的健康发展。部分项目和企业盲目追求短期利益，而忽视了服务质量和消费者权益，导致市场秩序混乱、消费者权益受损。部分康养旅游产品缺乏明确的标准和规范，产品质量参差不齐，价格不透明，甚至存在虚假宣传、夸大疗效等问题，严重损害了消费者权益与产品口碑。还有一些无资质的机构和个人也“浑水摸鱼”，趁乱参与到康养旅游市场中，提供低质量的服务与产品，进而影响了整个市场的信誉。康养旅游市场在快速发展中也暴露了某些监管的滞后和不足，一方面，现有的法律法规和监管体系尚不能完全覆盖康养旅游的各个方面，标准的监管力度不够，对标准的执行也不够严格。许多康养旅游项目和企业在运营过程中，缺乏长期有效的监管和约束，导致一些违规行为难以被及时发现和处理，从而造成更大的不良后果。另一方面，一些监管机构的专业性也有待提升，许多监管人员缺乏康养旅游产业的专业知识和经验，因此，难以对整体市场进行全面有效的监管。

（五）产业链不完善，相关产业融合度低

康养旅游产业链的不完善和相关产业的融合度低，制约着康养旅游的全面发展。康养旅游的核心内容是综合利用自然资源、医疗资源和旅游资源，为游客提供全方位的康养服务，但目前许多康养旅游项目在产业链的构建上存在着明显不足。配套基础设施和服务不完善，无法为游客提供良好的康养体验；康养旅游产品较为单一，缺乏文化深度和创新，许多项目仍然仅限于基础的养生保健，未能全面涵盖医疗、娱乐、文化等多方面的内容，导致产业链难以达到良好效果。康养旅游需要多产业的紧密融合，才能实现长久健康的可持续发展，但目前我国康养旅游与相关产业的融合度较低，难以创造协同效应。例如，医疗资源与旅游资源的结合不紧密，导致许多康养旅游项目缺乏专业的医疗支持和保障，一些康养旅游项目虽然宣传有中医养生和医疗保健服务，但在产品的实际操作中难以为消费者提供真正有效的医疗服务。康养旅游与文化产业、农业产业等的融合度也较低，许多地区的康养旅游都未能充分挖掘和利用当地的文化和物产资源。

（六）区域发展不平衡，城乡差距大

我国康养旅游产业虽然发展迅速，但区域发展不平衡，城乡差距大，康养旅游在不同地区的发展水平存在显著差异，而城乡之间的资源和服务也存在着较大差距。一些经济发达地区凭借良好的基础设施和丰富的资源，快速发展起高质量的康养旅游项目，便能吸引大量游客以及后续投资。如一线城市的康养旅游项目不仅可以做到规模大、设备先进，还能够为游客提供多样化丰富的康养服务，形成一条完善的产业链；但在许多经济欠发达地区，虽然这些城市也拥有着丰富的康养旅游资源，但囿于资金、技术和管理等方面的限制，

当地的康养旅游发展水平较低，难以充分发挥当地的资源优势。同时，城乡之间的康养旅游发展也存在显著的差距，城市地区可以凭借良好的基础设施和标准化的服务打造出高端的康养旅游项目，而农村地区则由于基础设施薄弱和服务水平低，难以吸引游客和投资。许多农村地区虽然拥有得天独厚的自然资源和独特的养生文化，但由于来往交通不便、基础设施简陋、服务水平参差不齐，无法形成规模和品牌，因此，康养旅游的发展水平远远落后于城市。

三、中国康养旅游发展的对策

中国康养旅游产业经历过快速发展后，展现出广阔的前景和巨大的潜力。展望未来，在政策支持、市场需求、产品创新、产业链整合、区域协同发展以及国际合作等方面，康养旅游将继续取得突破性进展，为产业发展注入新活力。

（一）加大政策支持，优化发展环境

近年来，国家持续加大对康养旅游的政策支持力度，各级政府相继推出针对性政策措施，这些政策不仅促进了康养旅游资源的开发利用和基础设施的建设，也为产业的持续发展提供了强有力的支持和保障。以云南省腾冲市为例，腾冲市以其丰富的地热资源、温泉资源和优越的自然环境，被评为“全球优选生态旅游目的地”，为了充分利用这一得天独厚的资源，腾冲市政府不断积极推动当地康养旅游产业的发展。近年来，腾冲市政府出台了一系列政策措施，如《腾冲市全域旅游总体规划》《腾冲市健康旅游发展奖励政策》《腾冲市健康运动产业发展扶持政策》等，大力支持温泉疗养、边境风情等多个康养旅游项目的开发和建设，包括简化项目审批程序、提供相应的财政补贴、不断加强基础设施建设等。这些政策措施的出台与实施，有力地促进了腾冲康养旅游产业的发展。单从温泉康养来说，腾冲市政府在政策上给予了企业多方面的支持：在项目用地上，政府通过土地出让金优惠政策降低了企业前期的用地成本；在

项目建设过程中，政府提供了财政补贴和税收优惠政策，减轻了企业建设阶段的资金压力；在基础设施建设上，政府加大投入力度，不断完善道路交通、供水供电等配套设施，提高了旅游服务的便捷性和舒适度。此外，腾冲市政府还积极推动温泉康养旅游与当地特色边境文化、农业等产业的融合发展，打造出极具腾冲特色的康养旅游产品。通过一系列的政策支持和政府推动，腾冲的温泉康养旅游取得了显著成效，温泉度假村、养生基地等康养设施不断增加，并结合边境特色文化、抗战文化、花海、梯田、茶园、森林、户外运动等资源形成了丰富的腾冲特色康养旅游产业，吸引了大量游客前来体验[8]。类似的例子还有上面提到的海南省的博鳌乐城国际医疗旅游先行区，国家和海南省政府通过不断政策创新，为博鳌乐城提供了药品和医疗器械的特殊审批通道，这些政策吸引了众多国际知名医疗机构和康养项目在博鳌乐城落户。博鳌乐城国际医疗旅游先行区的成功发展，充分体现了政策支持在推进康养旅游产业发展中的重要作用。

通过不断加大政策支持力度，我国康养旅游的发展环境将得到显著优化。政府在资源开发利用、基础设施建设、财政税收优惠等方面的大力支持，可以为康养旅游企业的发展提供良好的条件，有效促进我国康养旅游产业的快速发展和持续升级。

（二）持续增长的市场需求推动产业升级

随着人口老龄化的加快和人民健康意识的不断提升，我国康养旅游市场需求也在持续增长，这种需求不仅推动了康养旅游产业的快速发展，也促进了产业的持续升级和创新。浙江省安吉县因其优美的自然环境和丰富的竹资源闻名，被誉为“中国竹乡”。近年来，由于优越的地理位置和迷人的自然生态，安吉县的康养旅游市场需求大幅增长，吸引了大量游客前来体验健康养生之旅。为了满足不断增长的市场需求，安吉县积极推动康养旅游产业的升级与创新。如安吉县重点依托其丰富的竹林资源，打造出多个竹林养生基地和生态度假村。

游客们在安吉竹博园不仅能够看到不同种类的竹子和丰富有趣的竹制品，还能亲自参与到竹林养生项目中来，如竹林瑜伽、竹林步道健身等健康活动。这些丰富的项目获得了游客们的一致好评，这种生态康养旅游模式既满足了游客对健康养生的需求，又提升了当地旅游产品的丰富内涵。不仅如此，安吉县积极引进现代科技手段，努力提升康养旅游的科技含量和服务水平，通过引入智能康养设备，如智能健康检测仪、远程医疗系统等，安吉的康养旅游服务越来越智能化和个性化。游客在度假村内享受美景的同时，可以进行健康体检，实时监测身体状况，并通过远程医疗系统获得医疗专家的健康咨询和养生指导。这种科技创新不仅提高了游客的体验度和满意度，也推动了康养旅游产业的升级。此外，安吉县还注重康养旅游与文化旅游的融合发展，打造出具有地方特色的康养旅游产品。安吉白茶多年蝉联国际名茶评比金奖，并结合本地传统的茶文化，推出了茶疗康养项目，游客可以在云雾缭绕的茶园中品茶、做茶疗，体验茶文化与康养的完美结合。这种文化康养旅游不仅丰富了安吉康养旅游的内涵，也增强了当地旅游产品的独特吸引力。

康养旅游市场需求的持续增长，不仅带动了康养旅游产业的快速发展，还推动了产业项目的不断升级和创新。通过发展生态康养旅游、引入现代科技手段、融合文化旅游等方式，各地康养旅游企业不断提升服务质量和产品附加值，从而满足游客多样化和个性化的新需求。

（三）创新产品与服务，增强竞争力

随着康养旅游市场的快速发展和竞争的加剧，各地纷纷通过产品和服务的创新来提升自身的核心竞争力，这种创新不仅丰富了康养旅游的内涵，也增强了旅游目的地的吸引力和竞争力。以山东省威海市为例，威海拥有优美的海滨景观和丰富的海洋资源，被誉为“中国最适宜人类居住的城市”之一。近年来，威海市通过不断创新康养旅游产品和服务，成功吸引了大量游客，并提升了自身的核心竞争力。首先，威海大力发展海洋康养旅游，利用海洋资源推

出了一系列具有地方特色的康养产品，比如，在海滨度假村推出了海水疗养项目，游客可以体验海水浴、海泥疗法等新型康养方式。威海还开发了海洋温泉项目，创新性地将温泉水引入海滨地区，结合海景打造了独具威海特色的海滨温泉度假村。这些具有创新意识的海洋康养旅游模式不仅满足了游客对健康养生的新需求，还充分利用了威海的特色海洋资源，提升了当地旅游产品的价值与内涵。其次，威海积极引进康养设备和技术，提升本地康养旅游的科技含量和服务水平。比如，威海的许多康养度假村内都配备了智能健康检测仪、远程医疗系统等现代化设备，游客在度假村内享受休闲的同时，还能进行健康体检和远程健康咨询。此外，为了配备健康体征信息检测，威海还开发了智慧康养平台，游客可以通过手机实时监测健康状况、查看健康信息、预订康养服务。这些科技创新大幅提升了游客体验的满意度。最后，威海非常注重康养旅游与当地文化的融合发展，陆续推出了许多具有地方特色的康养文化体验项目，比如，结合本地渔文化推出的"渔家乐"康养项目，游客可以体验捕鱼、品尝海鲜、参加渔文化活动，感受独特的海洋文化与康养旅游的结合，这种文化康养旅游模式不仅丰富了康养旅游的内涵，也增强了旅游产品的吸引力。

通过不断创新产品和服务，各地都逐渐提升了自身的核心竞争力，无论是利用地方特色资源，发展海洋康养、海滨温泉等独特项目，还是引进现代科技手段，提升服务水平，这些创新举措都能够有效地满足游客多样化和个性化的需求。

（四）整合产业链，促进多产业融合

康养旅游的发展不仅依赖于单一的旅游项目和服务，更需要整个产业链的整合与优化。通过促进相关产业的融合，康养旅游可以实现资源的最大化利用，提高整体服务水平和经济效益，推动区域经济的全面发展。以前文提到的福建省武夷山为例，近年来，武夷山市通过整合康养旅游产业链，推动相关产业的融合发展，取得了显著成效。首先，武夷山积极推动康养旅游与茶产业的融合发展。武夷山是中国十大名茶之一的武夷岩茶的产地，茶产业是当地

的重要经济支柱之一。为了提升康养旅游的吸引力和竞争力，武夷山将其结合茶产业推出了多种茶园康养项目，游客不仅可以参观茶园、体验茶叶采摘和制茶过程，还可以参与茶道体验、品茶养生等活动。其次，武夷山十分注重康养旅游与中医药产业的融合。武夷山地区拥有丰富的中草药资源和悠久的中医药文化，通过发展中医药康养旅游，充分利用当地的中草药资源和中医药文化，推出了丰富的中医药养生项目，比如，武夷山康养度假村中提供中医药理疗、中药泡澡、药膳养生等服务，游客可以在享受自然美景的同时，体验传统中医药的养生之道。最后，武夷山还积极推动康养旅游与当地文化的融合发展。武夷山拥有历史悠久的道教文化和理学文化，武夷山以此为契机推出了道教文化康养旅游项目，游客可以参观道教宫观遗址，参与道教养生功法的学习和体验，了解道教文化与康养的结合。

总的来说，通过整合康养旅游产业链，促进各种相关产业的融合共同发展，各地康养旅游企业都能够借此有效提升自身的竞争力和综合服务水平，充分利用地方特色资源，丰富康养旅游的内容与内涵，实现多产业的协同发展。

（五）区域协同发展，缩小城乡差距

康养旅游的发展不仅集中于城市中的高端康养项目，还需要充分挖掘和利用农村地区的自然与文化资源，通过推动城乡区域的协同发展，康养旅游可以逐渐缩小城乡差距，促进乡村振兴，提升整体旅游产业的综合竞争力。以贵州省安顺市为例，安顺不仅拥有黄果树瀑布等知名的自然景观，还拥有丰富的少数民族文化和温泉资源。近年来，安顺通过大力推动城乡区域协同发展，成功地推进了当地康养旅游的发展，并有效缩小了城乡差距。首先，安顺积极推动城市与周边农村地区的协同发展。针对城市中心地区，为游客提供高端康养设施，如五星级康养酒店、专业康复中心等，重点吸引高端游客；而在周边的农村地区，安顺大力发展乡村康养旅游项目，如在离市区不远的屯堡村，游客可以体验600年前传统的屯堡文化，享受安静的乡村环境和价廉物美的农产品。

这种城乡协同发展的模式，不仅满足了不同层次游客的需求，也能带动农村地区的经济发展，提高当地居民的生活水平。其次，安顺十分注重基础设施的完善和服务质量的提升。通过政府和企业的协同努力，安顺加大了对农村地区的基础设施的投入力度，改善了当地的道路交通、水电供应、医疗服务等。比如，在黄果树景区周边的农村地区修建了多条高标准的旅游公路，极大地方便了游客的出行往来。同时，安顺还在农村地区建立了多家康养中心，提供专业的医疗保健服务，提升了当地整体康养旅游的服务质量[9]。对于基础设施的完善和服务质量的提升，不仅增强了农村地区对游客的吸引力，也促进了城乡区域的均衡发展。最后，安顺还通过政策支持和资金投入，努力推动城乡区域的协同发展。安顺政府出台了一系列支持农村康养旅游发展的政策，如减免税收、提供资金补贴、支持创业创新等，鼓励企业和个人在农村地区投资康养旅游项目。这些政策和资金的支持，不仅推动了农村地区康养旅游的发展，而且为当地居民提供了更多的就业机会和收入来源，有效地缩小了城乡差距[10]。

通过推动城乡区域协同发展，各地康养旅游企业能够有效实现对资源的最大化利用，不仅可以提高整体服务水平，还能够促进城乡区域的均衡发展。

（六）国际合作与交流，提升国际影响力

国际合作交流对于提升康养旅游的国际影响力方面有着至关重要的作用，政府和企业通过引进国际先进理念、技术和服务模式，加强与国际市场的互动和交流，不仅能够提升自身的竞争力，还能吸引更多的国际游客，有效扩大市场规模。以海南省三亚市为例，近年来，三亚通过积极开展国际合作与交流，有效地提升了康养旅游的国际影响力。首先，三亚引进了国际知名的康养品牌和服务模式。三亚建立了一系列高端康养度假村和康养中心，引进了国际上先进的技术与康养理念，为游客提供高端个性化的健康管理和康养服务，例如，三亚与瑞士著名的健康管理机构合作，引进了瑞士先进的抗衰老和健康管理技术，提供包括基因检测、营养咨询、康复治疗等在内的全方位高端服务，吸引了大量高端海内外游客。其次，三亚积极参加国际旅游展会和推广活动，加强

与国际市场的互动与交流。通过参加世界旅游博览会、国际健康旅游峰会等重要的国际旅游活动，三亚在国际视野展示了其独特的康养旅游资源和优势，吸引了众多国际旅游机构和海内外游客的关注。这种积极的国际交流与推广，不仅提升了三亚在国际市场的知名度，也为其吸引更多的国际游客打下了基础。最后，三亚还通过建立国际康养旅游合作平台，积极促进各国间的资源共享与合作。如今，三亚与多个国家的康养旅游城市和机构都建立了合作关系，签订了一系列合作协议，协同发展、共同推动康养旅游的发展。这种国际合作平台的建立，不仅能够促进各国间的资源共享与合作，也提升了三亚在国际康养旅游市场的影响力和话语权。

通过国际合作与交流，有效提升了康养旅游产业自身的国际影响力和竞争力，无论是引进国际先进理念和技术、参加国际旅游展会和推广活动，还是建立国际康养旅游合作平台，这些举措都能够为我国康养旅游产业的发展注入新的活力、拓宽市场空间[11]。

总的来说，中国康养旅游产业在政策支持、市场需求、产品创新、产业链整合、区域协同发展和国际合作的共同推动下，正朝着更广阔的方向发展。随着这些因素的进一步优化，康养旅游将迎来新的发展高峰，为社会经济发展做出更大贡献。

四、结论

康养旅游在中国的发展具有重要意义，不仅对提升国民健康水平、应对老龄化社会具有重大作用，还能带动区域经济发展、推动旅游产业转型升级。面对康养旅游在资源开发、产品创新、服务质量、市场规范、产业链完善和区域发展等方面存在的困境，需要政府、企业，以及社会各界携手共同努力，采取综合措施加以解决。我国康养旅游市场的未来发展前景广阔，通过政策引导、科技创新、人才培养和国际合作，可以大力提升康养旅游的产品水平和竞争力。

抓住机遇、创新发展，实现康养旅游的高质量发展，不仅能够满足人民群众对美好生活的向往，还能在全球康养旅游市场中占据重要地位，推动中国康养旅游产业走向新的高度。

参考文献

[1] 范周. 中国文化产业和旅游业发展报告：2022 年总结及 2023 年趋势 [J].《深圳大学学报》（人文社科版），2023，40（2）：47-57.

[2] 王赵. 国际旅游岛：海南要开好康养游这个“方子”[J]. 今日海南，2009（12）：12-12.

[3] 汪文琪，张英璐. 海南省康养旅游发展现状与对策研究 [J]. 产业与科技论坛，2018，17（4）：24-25.

[4] 杨秀成，宋立中，钟姚越等. 福建省康养旅游资源空间分布特征及其影响因素研究 [J]. 福建师范大学学报（自然科学版），2019，35（5）：106-116.

[5] 人民日报康养官方号.“十四五”开局之年：多地发布康养旅游新政策 [OL].（2021-02-24）[2024-07-06].https://m.thepaper.cn/baijiahao_11441076.

[6] 马捷，甘俊伟. 基于 SWOT 分析的四川森林康养旅游发展路径研究 [J]. 四川林业科技，2017，38（2）：132-135，146.

[7] 王兆峰，史伟杰，苏昌贵. 中国康养旅游地空间分布格局及其影响因素 [J]. 经济地理，2020，40（11）：196-207.

[8] 姜太芹，杨积典. 优质旅游发展视阈下温泉旅游品牌建设路径探索——以云南省保山市为例 [J].2019.

[9] 黄志晓. 贵州森林康养旅游产业竞争力研究 [D]. 中南财经政法大学. 2021

[10] 陈纯. 国内外康养旅游研究综述 [J]. 攀枝花学院学报，2019，36（4）：43-47.

[11] 朱冬芳，钟林生，虞虎. 康养旅游研究的国内外对比与展望 [J].World Regional Studies，2023，32（11）.

要素与业态发展报告篇

中国温泉产品的供需演变与发展研究

王　欣　叶英洁　陈姝敏[①]

温泉不仅具备独特的地热资源，还承载着丰富的文化内涵，对促进地方经济发展具有重要意义。中国温泉市场规模已达数千亿元，并呈现出持续增长的趋势。从古至今，温泉产品的供需关系也在不断演变。消费者对温泉体验的需求日益多样化，供给方从提供传统的泡汤到融合养生、康疗、娱乐等多种功能的综合性温泉度假区，供需双方不断跟随时代科技进步与发展。与此同时，供给端也在面临竞争市场加剧、资源有限、环保要求提高等挑战。因此，深入研究中国温泉产品的供需演变及其发展趋势，对温泉行业参与者把握市场机会、提升服务质量、实现可持续发展具有重要的现实意义。

一、温泉市场供给方的演变

中国温泉的利用已有几千年历史，史料记载颇多。《三秦记》载，秦始皇初年在骊山温泉砌石起宇，名“骊山汤”。[②]公元95年，汉代科学家张衡游罢

① 王欣，博士，北京第二外国语学院旅游科学学院教授，中国文化和旅游产业研究院副院长，研究方向为文化旅游和旅游目的地管理；叶英洁，北京第二外国语学院旅游科学学院硕士研究生，研究方向为文化旅游和遗产旅游；陈姝敏，北京第二外国语学院旅游科学学院硕士研究生，研究方向为文化旅游和遗产旅游。

② “骊山汤”位于今陕西西安临潼骊山脚下。

秦始皇陵，在骊山脚下写下了不朽名篇《温泉赋》，文中“温泉汩焉，以流秽兮”便提及温泉的特性及疗效。公元644年，唐太宗在骊山营建宫殿、御汤，赐名“汤泉宫”；唐玄宗又于747年宫周筑罗城，将其改名为“华清宫”。[①]明代李时珍在其所著《本草纲目》中对温泉利用也作了详细记载。可见我国温泉利用历史悠久，西安华清池、北京小汤山、南京汤山等都是历代皇帝光临的温泉，同时，也为皇亲国戚、达官贵人所享用，主要用于洗浴和治病。[②]

我国大规模开发利用温泉是在新中国成立后。这一时期，中央政府及各部委、企事业单位等建立了一大批用于保健、疗养的工人温泉疗养院，这是社会主义计划经济时代的产物，仅有干部、劳动模范、工人等特殊人群可以获得公费或奖励性康疗保健。[③]此时的温泉疗养院具有公益性，仅有疗养的功能，尚不具备温泉旅游的功能。整体产业属于部门垄断，空间布局分散、点式发展。[④]主要代表有辽宁鞍山汤岗子、丹东五龙脊温泉等，集中于北方工业基地。北京小汤山跟随时代的变化，从皇家温泉转为工人疗养场所。

改革开放以后，温泉旅游才正式步入正轨。伴随医疗体制的改革，公费温泉疗养者大幅减少，为谋求出路，部分疗养院向市场开放，在院内设置观光接待部门，开设舞厅、泳池及餐饮服务，或转型为旅馆经营。[⑤]此时，个人及社会资本也开始进驻疗养院，出现温泉集合体，疗养与住宿功能并重。该阶段以室内温泉为主，面向高消费阶层，休闲因素初步融入温泉旅游。主要代表有北京九华山庄、四川峨眉山天颐温泉、海螺沟冰川温泉度假村等。

20世纪90年代末，社会经济迅速发展，一批集疗养保健、观光娱乐、休闲度假、商务会议等功能于一体的大型温泉旅游度假区相继涌现，标志着我国

① 华清宫景区．千年前，唐王朝在这里建造了另一座长安城！距离西安仅半小时[EB/OL].[2018-05-14].https://www.sohu.com/a/231601777_203236.

② 向云波．温泉旅游开发模式构建初步研究[D]. 云南师范大学，2006.

③ 周婷．后现代旅游观视野下的温泉旅游开发模式研究[D]. 江西师范大学，2012.

④ 王玲，曾驰．中国现代温泉产业发展展望——温泉产业4.0[J]. 中国市场，2019（26）：51-53.

⑤ 王艳平，山村顺次．中国温泉资源旅游利用形式的变迁及其开发现状[J]. 地理科学，2002（01）：102-109.

温泉旅游步入新阶段。该阶段露天温泉大规模建设，顾客群体大众化，温泉旅游产品主题化、多元化，能够满足社会各阶层需要。珠三角、香港、台湾等地温泉旅游发展引领全国温泉旅游走向。

21世纪以来，人们意识到健康长寿的重要性，健康、养生、度假成为旅游者重要的消费理念，温泉康养旅游度假区迎来了温泉市场的开发热潮。其特点是将温泉与西方SPA紧密结合，在度假区内提供水疗、按摩等康体服务。此外，"温泉+"的开发模式初露端倪，康养性、文化性、商务性、专业性、休闲度假等功能加强，温泉产业跨越式发展。然而，伴随着矿泉资源开采的限制与减少，以及人们对健康和休闲的需求增加，新型温泉旅游产品（人工温泉、假温泉）层出不穷。过去，古人称温泉为"汤"，如今行业内将假温泉称为"汤泉""城市汤泉"。尽管汤泉并非真正的地热资源，但旅游者对其疗效和享受程度的认可仍然高涨，这一趋势不断加剧。至此，温泉旅游发展迎来新篇章。

中国温泉供给方的演变（见表1）反映了市场消费需求的变化与行业发展的紧密联系，温泉旅游企业必须不断创新和优化服务以保持自身竞争优势。资源的利用限制与可持续发展也促使供给方做出更多努力，开发出切实可行的新型温泉产品。未来，温泉行业将面临更多机遇和挑战，温泉产品将持续推陈出新，为消费者提供新奇而难忘的温泉体验。

表1　中国温泉发展演变历程

开发阶段	开发模式	开发特点	主要功能	案例
古代	温泉浴池	温泉池	洗浴、治病	西安华清池、北京小汤山、南京汤山
新中国成立初期	温泉疗养院	温泉池＋保健	疗养、保健	辽宁鞍山汤岗子、丹东五龙脊温泉
改革开放后	温泉集合体	温泉池＋保健＋住宿	疗养、住宿	北京九华山庄、四川峨眉山天颐温泉、海螺沟冰川温泉度假村

续表

开发阶段	开发模式	开发特点	主要功能	案例
20世纪90年代末	大型温泉旅游度假区	温泉池+保健+主题化/娱乐化/会议/综合性	疗养保健、观光娱乐、休闲度假、商务会议	重庆南温泉、珠海御温泉旅游度假区、海泉湾温泉旅游度假区
21世纪以来	温泉康养旅游度假区	温泉+康养/SPA+文化+主题化/娱乐化/会议/综合性	康养/SPA、文化、商务、休闲度假，温泉+	广东从化碧水湾温泉、重庆融汇温泉
	新型温泉（人工温泉、汤泉）	汤泉+SPA+休闲娱乐	洗浴、SPA、休闲娱乐	水裹汤泉、九号温泉

二、温泉市场消费者需求的转变

几十年来，温泉消费者的需求经历了显著转变，反映出人们对健康和生活品质的日益重视。传统上，温泉主要被视为疗养和放松休闲的场所，但随着国民经济水平的提高和健康意识的增强，消费者开始追求更为丰富和综合的体验。现代消费者不仅希望享受到高品质的泡汤服务，还期望在温泉度假中获得养生、康复、社交及文化体验等多重价值。此外，年轻一代逐渐成为温泉消费的主力军，他们对于个性化、主题化和互动式的体验有着更高的期待。这一趋势不仅是需求的变化，还是人们消费观念的转变，促使温泉旅游企业密切关注消费者需求的动态演变，灵活调整温泉产品与服务策略。只有这样才能在竞争激烈的市场环境中占有一席之地。

（一）从功能性需求向健康与养生综合化转变

中国温泉文化源远流长，早在先秦时期，温泉就得到了广泛的开发利用，秦汉时期已经萌生了温泉旅游活动，以洗浴和治病作为主要功能。北京小汤山温泉水的利用可以追溯到南北朝时期，距今已有1500多年历史。元代把小汤山称为“圣汤”。小汤山温泉用于洗浴，在《大元一统志》上便有记载。清朝时，康熙、乾隆皇帝在小汤山修缮了行宫，并御笔题词“九华兮秀”。到了近代，小汤山及周边地区的温泉，由于其环境优美，空气清新，适合人们休闲和康复，因此在国家和地方政府对职工疗养的支持与资金投入下，小汤山建立了多种疗养设施并逐渐成为一个重要的职工疗养场所。直至改革开放初期，人们对温泉的需求仍是疗养、保健的功能性需求，追求温泉水的疗效以达到养生的目的。

后来，消费者不再仅关注温泉的传统功能，而是追求全面综合的健康管理与心灵放松，还寻求按摩、SPA 等多种养生方式。温泉成为逃离都市、减压、让身心愉悦的重要场所。这得益于消费者对健康的重视以及养生理念的传播和影响。《2024 年健康生活趋势研究报告（小红书平台）》数据显示，2023 年 10 月至 2024 年 3 月，小红书大健康赛道相关种草笔记数同比增长超 100%，笔记类中，医疗养生互动总量位列第一，占比 18.33%。小红书成为大众分享健康生活、获取健康知识的主要聚集地，站内泛健康敏感用户月活达 1.4 亿。艾瑞咨询在其《2021 年中国健康产业市场研究报告》中指出，78% 的受访者表示他们选择温泉的主要目的是健康和放松。可见，国民健康养生意识显著提升，对温泉的需求从过去单一的功能性向健康与养生综合化变化，同时，也反映出人们生活方式的改变。

（二）从传统休闲体验向多元化休闲娱乐转变

在出现大型综合温泉旅游度假区以前，温泉消费者群体主要以老年人为主，其中 50 岁以上的消费者占比超过 60%，这一群体更倾向于追求传统的休闲放松和养生效果，对娱乐性和多元化的服务需求相对较低。此外，早期温泉旅游发展集中于地热资源丰富的远郊地区，温泉体验价格昂贵，在交通不便和物质条件不富裕的情况下，温泉消费者群体有限，进一步限制了温泉体验的内容。相应地，市场上的温泉产品主要以“温泉 + 住宿”的温泉集合体为主，这也决定了其休闲方式仅是泡汤。

伴随着新型休闲项目的兴起，许多温泉旅游度假区配备了水上乐园、餐饮、

SPA、影音、游戏娱乐等设施，为游客提供一站式“温泉 +”的综合服务，以增加游客的停留时间。汗蒸馆、温泉生活馆等场所也备受消费者青睐，特别是一些能提供餐饮、儿童游乐项目、影音设施的温泉场所。美团数据显示，2023年11月，北京汗蒸馆订单量同比增长158%。越来越多的消费者表示，希望获得新奇独特的温泉体验，追求更多元化、高品质的温泉度假产品。途牛发布的《2023温泉游消费趋势报告》显示，配套设施、服务质量、儿童体验等是消费者们关注的焦点，11月北京西山温泉度假村、北京海湾半山温泉度假酒店、珠海御温泉度假村等预订热度排名靠前。温泉主题酒店、温泉度假村、温泉主题乐园等一站式微度假产品热度持续走高，反映出消费者对温泉产品多元化休闲娱乐的需求，单一泡汤的温泉产品已无法适应市场走向。同时，也表明了年轻一代逐渐成为温泉消费的主力军。

（三）从亲友聚会向大众社交与分享需求转变

温泉常作为家庭或亲友聚会的场所，强调的是家庭团圆和亲密关系。如今，温泉成为具有重要社交功能的场所，朋友聚会、情侣约会甚至商务洽谈，温泉场所都是其选择之一。正是温泉产品所提供的多元化服务，设施设备齐全，无论是餐饮水果、影院足道、美发美甲、游戏等休闲娱乐活动，还是阅读区、交流区、休息区等共享空间，几乎都能够满足所有年龄段、不同目的客群的需求。此外，温泉场所还会不定期举办快闪活动、音乐节、亲子活动等，极大地提升了温泉行业的吸引力，同时也促进了消费者间、消费者与经营者之间的互动，使其成为社交聚会的新场所。根据《2023年中国温泉行业发展报告》，参与温泉主题活动的游客数量相比2019年增加了约40%。

温泉场所朝着吃喝玩乐商业综合体方向“进化”，吸引了大批年轻群体、探店达人打卡消费，美团数据显示，20~35岁的消费者占比近七成，较2019年相比，2023年7月，洗浴中心的线上消费规模增长150%。除了消费，近70%的年轻温泉消费者在体验后会在社交媒体（小红书、抖音等）上分享他们的所见所闻和感受，这种行为不仅满足了他们社交分享的欲望，同时，也提升了温泉场所的曝光率，鼓励更多人以社交活动的方式参与温泉消费。可以说，越发年轻的消费群体、一站式的服务体验、广泛的消费认同、社交分享的需求，使温泉洗浴这项传统活动迎来了新机遇和新生机。

（四）从简单洗浴向个性化与定制化需求转变

随着科技的进步和消费者需求的日益多样化，温泉场所使出浑身解数。为在众多温泉中脱颖而出，特色温泉的个性化和定制化发展成为关键，突出自身特色不仅可以吸引更多消费者，还能提升温泉的品牌价值和竞争力。与此同时，消费者也在寻求根据个人健康状态选择专属的套餐和服务，包括私人包间、特定的水疗设施、定制水温、水流强度、泡汤时间、光线和音乐等。若有要求，甚至可以配备专属顾问，定制私人健康服务。健康管理服务在温泉市场上呈现强劲的发展势头，弗若斯特沙利文数据显示，2023 年，我国大健康产业规模已达到 14.48 万亿元，相较于 2021 年实现了显著跃升。且预计在未来几年内持续放大增长态势，到 2025 年，这一规模将达 17.4 万亿元，到 2030 年将达到 29.1 万亿元左右。然而，现市面上的温泉产品以销售套餐为主，即温泉 + 水果、温泉 + 餐饮水果、温泉 + 乐园、温泉 +SPA 按摩（不同类型）、温泉 + 足道等，无法满足部分消费者对健康管理的个性化与定制化需求。这一需求趋势彰显出温泉市场对提供多样化、灵活化服务的迫切需求。

三、新型城市汤泉的兴起与发展

过去的几十年里，温泉旅游景区、温泉旅游度假村、温泉酒店相继开业，形成了一定规模的温泉产业链。新型城市汤泉的兴起和发展则打破了常规的温泉产业链，引入新的运营模式为消费者提供了更为全面的温泉体验。这些新模式紧贴消费需求，不仅在服务内容上更多元化，结合了养生、健康管理、文化体验等元素，还强调个性化与顾客需求的深度挖掘。这一转变有效地提升了温泉的附加值，使城市汤泉不再只是一个泡汤的场所，而是一个休闲度假综合体。这种创新的运营模式不仅吸引了更多的目标群体，也推动了温泉产业的整体升级，为未来的市场发展注入了新的活力和可能性。

（一）新型城市汤泉的兴起

新型城市汤泉兴起的原因有三，为方便读者理解，以北京温泉为具体事例说明。

一是资源有限。伴随温泉旅游热度的持续高涨，有限的温泉资源无法满足庞大的消费需求。根据北京 2022 年泉水资源调查工作成果，全市 1361 个泉点，有水在流泉点 880 个，水温高于 25℃的温泉主要有 7 处。泉水流量大于 10L/s（升 / 秒）的泉点有 43 个，1~1010L/s 的泉点有 134 个。泉水利用类型以生活、生态景观利用为主，生产利用为辅，那么能被商业应用的温泉资源更是少之又少。尽管温泉资源是可再生矿产资源，但当开采超过一定限度，容易对地质稳定性产生影响，造成资源枯竭和水位下降，直接影响温泉的可持续利用。而且开采矿产资源，必须按照国家有关规定缴纳资源税和资源补偿费。[①] 据悉，为保护温泉资源的可持续发展，商业应用的温泉使用权一旦到期，将不再续期，这意味着天然温泉将越来越少。

二是地域限制。众所周知，天然温泉一般都在远郊或山区，对普通人而言很难经常光顾，[②] 人们只有在节假日才能前往。北京市地热资源最早的记载见于南北朝魏人郦道元所著的《水经注》，20 世纪 50 年代中期，北京市地热资源勘查和开发工作开始，发现北京地热田总面积为 2760 平方公里，共 10 个，分别是延庆、小汤山、后沙峪、沙河、天竺、李遂，以及北京的东南城区、双桥、良乡和凤河营地热田。具体到行政区域，辐射了昌平、顺义、东城、西城、丰台、海淀、朝阳、房山，以及大兴、通州、延庆的部分地区。尽管地热资源辐射范围广，但在 21 世纪以前，真正开发为温泉旅游的通常在北京远郊地区，在交通不便的情况下，普通百姓难以到达有天然温泉的地区。

---

① 来源于《中华人民共和国矿产资源法》第一章，总则。

② 朱建伟 . 浅论天然温泉及人工浴盐 [J]. 日用化学品科学，1998（03）：40-41.

三是消费需求。目前，我国有70%的人处于亚健康状态。伴随着人们生活水平的提高和提升身体素质的迫切需求，健康养生观念已被提高到一个空前的高度，温泉产品成为大众养生的重要选择之一。面对持续高涨的温泉消费需求，自然涌出的天然温泉出水量能满足偌大的温泉旅游度假区、温泉酒店等温泉场所的运营吗？显然是不能的。重要的是，人们消费温泉产品的原因不再是简单的康养需求，还有日常休闲与社交需求，追求多元化的休闲方式、个性化和定制化的服务。

因此，温泉旅游企业为了谋求生存与利益，趋近客源地和降低资源消费成本，只能将温泉进行循环利用，或是用人工钻井的方式引出地下热水来充当温泉水，又或是采用温泉勾兑热水的方式，这是人工温泉。另一种方式，以热水替代温泉，在热水中加入对人体有益的矿物质元素，借助科技手段模拟天然温泉体验，被称为汤泉。汤泉由于无须靠近温泉资源点，只要有一方平地，即可开办。因此，汤泉多选择在城市中心开业，故又称城市汤泉，市民平日下班之余即可享受温泉服务。为此，汤泉极大地解决了资源和地域限制的问题。为了增强汤泉的吸引力，同时满足消费者多元化的需求，经营者不仅提供泡汤和按摩SPA服务，还配备多种娱乐设施供消费者自由选择，餐饮水果免费畅吃，吸引了大批忠实粉丝。21世纪初的10年，汤泉一经推广，便在市场上风靡，各大温泉场所纷纷效仿，汤泉在温泉行业中逐渐站稳脚跟。

（二）城市汤泉的特征

一是水质区别。城市汤泉与天然温泉、人工温泉有所不同，一般认为，温泉是指从地下自然涌出且高于或等于25℃的天然泉水，未经任何人工加工处理。人工温泉则是通过打地热井的方式，人工采集泉水。而城市汤泉，则是实实在在的热水，泡汤泉如同在家泡澡。部分温泉旅游企业会在汤泉中添加中药、对人体有益的矿物质等各种成分，以假乱真。令人惊奇的是，即便人们知道汤泉是纯热水，消费者也愿意为此消费买单。城市汤泉的出现并未受市场“排挤”，反而愈加火热。这个现象令人深思，但当了解了我国的温泉史、沐浴习惯、热水资源等，我们发现，这个现象是有章可循的。古时人类将“浴”看作一种宗教行为，人生开始于沐浴。[①] 中国第一部医学典籍《黄帝内经》提及：“中古之治，病之而至之汤液”，[②] “汤”即热水。可见，热水在当时可谓是“宝物”。回顾今日，热水作为祛病暖身的良药形象依然深深刻在中国人的观念中。那么，泡汤泉这一行为也得到了解释。

二是环境设计主题化、颜值化。城市汤泉一般位于城市中心，在这寸土寸金的城市中心，资源、成本有限的情况下，汤泉无法占用太大面积，其环境设计显得尤为重要。城市汤泉为了营造出令人愉悦、放松的氛围，通常通过巧妙的空间布局与景观装置，将有限的面积发挥到极致。例如，使用水景、绿植以及石材等材料，营造出一种亲近自然的感觉，让人们在繁忙的都市生活中能够找到一丝宁静。又或是主题化、颜值化的方式，以 IP 的手段营造其独特的风格和氛围，通过灯光、音乐、装饰、IP 衍生品、色调等元素，打造“网红场景”供消费者打卡，与此同时，创造出温馨、舒适的泡汤体验。

三是提供多元化的休闲娱乐设施和共享空间。城市汤泉的客群主要是年轻群体，大多数是“80 后”“90 后”“00 后”，一个备受青睐的汤泉场所，其提供的设施与服务成为重要关注点。许多城市汤泉配备有泡汤区、按摩 SPA 区、汗蒸区、餐饮水果区、游戏区、观影区、阅读区、休息区及过夜区等，部分大型的城市汤泉还有儿童乐园区，消费者在此可以待上一整天，游玩不重样。共享空间的设计也成为吸引顾客的重要因素。舒适的休息区、茶室、小型餐饮区，鼓励消费者在享受“温泉”之余与亲友、同事交谈，进行社交互动，共享彼此的欢乐时光。此外，不少城市汤泉会不定期举办活动、主题派对，进一步丰富了顾客体验，增强了顾客的黏性和满意度。这样多元化的休闲娱乐设施和共享空间不仅让城市汤泉成为一个休闲场所，更成为人们社交和生活方式的一部分。

四是运营模式。城市汤泉目前常见的四种模式是门票 + 点餐（汤悦温泉

---

① 王艳平．温泉旅游真实性研究 [J]. 旅游学刊，2006（01）：59-63.

② 李兴梅．金黄散外敷治疗类风湿关节炎湿热痹阻证的近期临床观察 [D]. 成都中医药大学，2011.

汗蒸生活馆）、门票＋水果饮料＋点餐（水库假日、水果汤泉）、门票＋水果饮料＋自助餐（九号温泉生活馆）、门票＋海鲜自助餐（曲水兰亭），以套票的方式吸引顾客，按摩、SPA 则为自选消费。有少部分汤泉还会提供门票＋全身 SPA、门票＋肩颈按摩、门票＋背部按摩等模式。这是一般温泉旅游景区、温泉旅游度假区、温泉酒店所没有提供的。

（三）城市汤泉的发展

城市汤泉在中国温泉行业中已经占据了一定的市场规模，考虑数据获取、筛选工作量之大，以北京为例展开说明。根据高德地图 App 开放平台，以“温泉”“汤泉”为关键词搜索，北京共有温泉 / 汤泉场所 396 家，结合人工筛查重复项，最终获取 317 家，其中温泉 115 家，汤泉 202 家。从开业年份来看，从 2020 年起，汤泉开业速度猛增，相比 2019 年增长 137.5%，这一增长趋势在随后的年份持续保持，2021 年、2022 年、2023 年分别增长约 36.8%、30.8%、47.1%。可见城市汤泉的发展速度与规模已经超过了温泉，汤泉市场需求强劲，如图 1 所示。

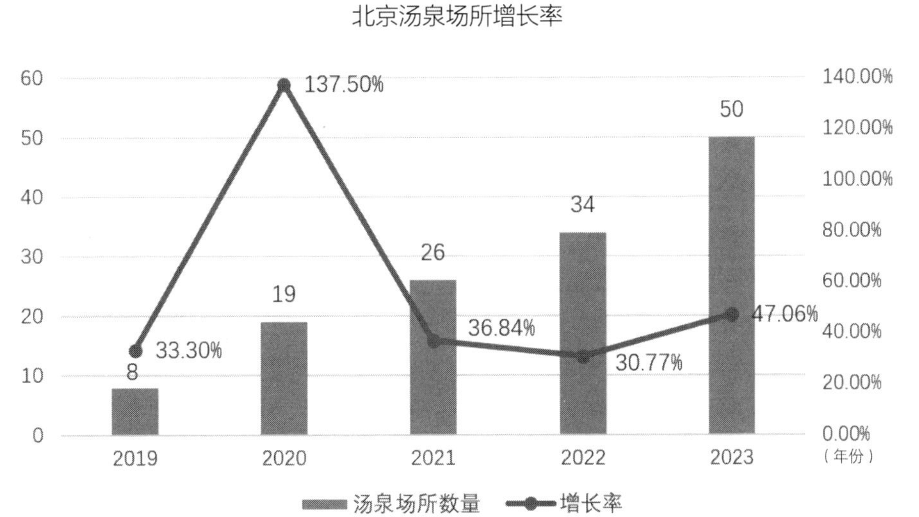

图 1　北京汤泉场所增长率

注：作者自绘。

2023年1月1日至2023年12月31日，北京汤泉关键词的百度搜索指数为123，整体同比上升13%，而温泉搜索指数为182，整体同比上升4%（见图2）。尽管温泉的百度搜索指数略高，但汤泉的同比增长率要高于温泉，表明汤泉的关注度在逐渐提升。从城市分布来看，北京汤泉和温泉的关注度均最高，上海、深圳、杭州的汤泉紧随其后。从北京汤泉分布区域来看，截至2024年6月30日，主要集聚在朝阳区，共有63家汤泉场所，紧接着是丰台区（28家）、大兴区（23家）、通州区（19家）、昌平区（17家）和海淀区（14家）。可以看出，大部分汤泉场所分布在城市中心，这类休闲服务在城市居民的生活中占有重要地位。随着生活水平的提高，人们对健康和休闲的关注度不断增加，城市汤泉作为一种放松和享受的方式，符合现代人的消费心理。若这一趋势继续保持，汤泉市场还有非常大的扩展空间，未来可能会涌现出更多相关的商业模式和创新。

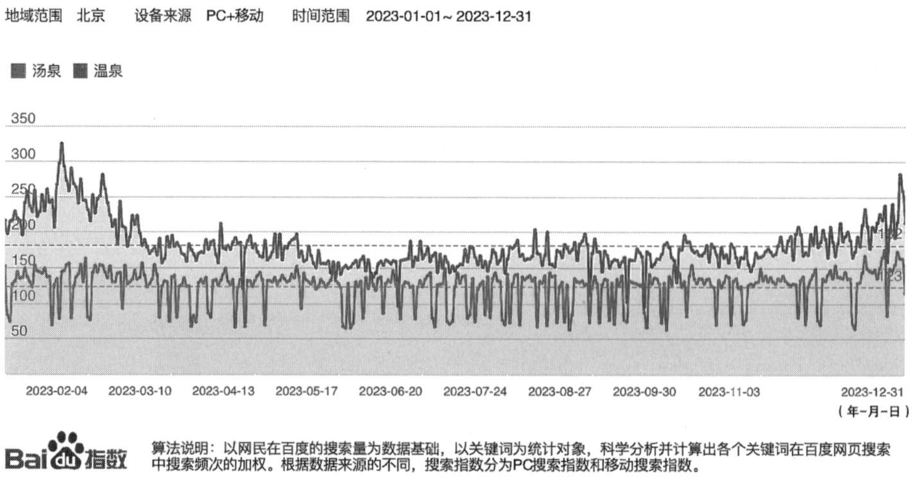

图2 汤泉和温泉关键词百度搜索指数趋势图

四、传统温泉的现状和困境

我国温泉发展历史悠久，早在远古时期，人们就开始利用温泉，甚至将壬夫和丁芊作为“温泉之神”加以崇拜。而到了唐朝，温泉更是达到了新的高峰，华清池是有文字记载、开发利用最早的温泉之一。经历了数千年的发展与演化，温泉的利用方式和文化内涵不断地丰富和拓展。除此以外，中国的温泉资源也十分丰富。据统计，中国地热资源预测总量有36万平方公里，温泉资源点3000余个。根据中国温泉旅游网的数据，截至2023年12月，全国共有五星温泉49家，四星温泉13家，三星温泉9家。[①] 如今，温泉已经成为人们休闲养生、解压放松的重要方式之一，温泉产业也已遍布全国，发展兴旺。同时，在“大健康”观念的影响下，追求健康和享受旅游为一体的健康旅游模式成为旅游业发展的新趋势，包括温泉旅游在内的康养旅游产品大受欢迎。但城市中，现代汤泉产品盛行，传统温泉产品正面临前所未有的巨大冲击。

（一）温泉旅游逐步复苏，但温泉经济增长缓慢

据中投产业研究院的相关数据显示，2021年，我国温泉旅游总收入达到2389亿元，2022年，温泉旅游总收入约2451亿元，而2023年我国温泉旅游总收入达到2487亿元，温泉旅游逐步复苏，已基本恢复到疫情前水平（2019年我国温泉旅游总收入为2492.9亿元）。但从数据中也可以看到，整体温泉旅游经济水平增长较为缓慢，受大环境影响，许多传统温泉企业面临着开房率低、顾客消费水平不高等情况，亟须对温泉产品进行改造升级满足消费者的多样化需求。同时，拓展新市场、新领域。温泉旅游是重资产投入，日常能耗成本较高，资金回报周期较长，使温泉经济相对疲软，增长缓慢。

（二）传统温泉产品同质化严重，缺乏自身特色

虽然我国的温泉历史悠久，但实际的现代温泉产品是在改革开放以后才真正开始发展的，此时，国内外投资者开始涌入中国市场，大量温泉度假村和疗养院相继建设，我国温泉产业进入快速发展期。而伴随着开发热潮，许多开发商盲目开发，温泉旅游的开发模式和产品同质化现象越发严重，导致同类型的传统温泉产品竞争激烈，且温泉产品设计理念停留在单纯泡浴的层面，往往

① 中国温泉旅游网 . http://www.chsta.cn/index.

投入了大量资金却无法满足市场对温泉旅游产业多样化、个性化的需求，缺乏独特性与吸引力。

目前，许多温泉企业也看到了这一困境，正在寻求产品转型升级的方法与途径，但仍未看清温泉旅游者根本的产品需求，一味效仿当下火热成功的温泉产品，如新型的城市温泉，使其再次成为个性化不足、主题不鲜明的温泉产品，甚至有温泉企业没有投入足够的改造成本使其温泉产品“不伦不类”。同时，追逐已成功的温泉产品往往无法第一时间跟上市场的最新需求，大成本的改造却不能创造良好的发展前景，而真正优秀的温泉产品既不是复制他人的成功，其产品核心价值也难以被他人复制。

（三）传统温泉品牌意识薄弱，缺乏新媒体宣传渠道

当前市场上许多温泉产品在市场定位上缺乏明确性，往往只是简单地提供温泉泡浴服务，而没有深入挖掘和突出自身的独特卖点，缺乏差异化定位，使其在消费者心中品牌形象模糊，难以形成深刻的印象，更容易被同质化竞争所淹没。因此，虽然我国拥有丰富的温泉资源，但缺乏具有广泛影响力的温泉旅游品牌。同时，传统温泉企业往往依赖于电视、报纸、杂志等传统媒体渠道，这些渠道虽然具有一定的覆盖面，但成本较高且效果有限。缺乏创新的营销策略和多元化的宣传渠道，如通过私域营销进行个性化营销或利用数据分析在短视频平台、旅游网站等渠道进行精准营销等。除此以外，传统温泉品牌在营销策略上缺乏创新和多样性，往往只是简单地采用打折促销、广告宣传等方式，很难在现代消费者尤其是年轻群体中提升品牌的影响力和美誉度。

（四）传统温泉产品缺乏文化内涵与深度体验

当前许多温泉企业开发了多样化的主题温泉，如鱼疗池、鲜花池、药疗温泉等汤池增添特色，增强吸引力，但未抓住消费者需求的变化，产品缺乏质的变化，仍停留在温泉泡浴的层面。随着社会经济的不断发展，人们对文化与精神的追求也日益增长，但传统温泉在开发过程中往往只重视温泉资源的利用

和硬件设施的建设，却忽视了温泉所在地的历史文化、地域特色以及温泉文化等文化元素的挖掘与传承，使传统温泉产品缺乏文化底蕴，从而在产品的设计上缺乏创新性和多样性，游客难以获得丰富的文化体验。

目前，已有温泉企业开始深度挖掘温泉文化与当地历史文化，如西安华清御汤酒店地处华清宫景区内，深度挖掘唐朝皇家沐浴的历史文化，积极举办如“回到唐朝过大年”“御汤花朝节”等特色活动，打造“唐汤”品牌IP，将非遗文化融入温泉产品，使客人在享受温泉的同时，体验到唐代的深厚文化底蕴。但在业内拥有深厚品牌文化的温泉企业并不多，对于多数温泉企业与产品而言，地方历史文化底蕴相对较浅，如何挖掘温泉产品文化、打造特色深度体验产品成为当下温泉产业需要考虑的严峻问题。

五、传统温泉的破局之道

如今，旅游供给与需求出现了新的转变，在新的消费需求下，传统的温泉旅游产品已经难以满足新的这些需求，温泉旅游迎来了新的历史机遇期，在城市汤泉产品的冲击下，传统温泉亟待进行产品体系重构，探究传统温泉发展的破局之道。

（一）大力推动传统温泉产业节能减排、低碳发展

2020年9月，我国明确提出了要实现2030年“碳达峰”与2060年“碳中和”的“双碳”战略目标。对于传统温泉产业而言，推动产业实现绿色环保和节能减排不仅能够落实国家“双碳”计划，实现社会责任，还帮助温泉企业节约能源，降低成本，有效减轻成本压力。与城市汤泉不同，传统温泉往往采用的是天然温泉水加热等手段，可以实施温泉水阶梯利用技术，将不同温度的温泉水分别用于泡池加热、洗浴用水加热、供暖等，提高能源利用效率，同时，推广温泉水的回灌技术，减少温泉水的浪费，防止地下水位下降。在能源系统改造方面，可采用多能源互补冷热源系统，同时，引入大数据系统，对能源使用情

况进行实时监测和数据分析。除此之外，可以对温泉场馆的建筑进行节能改造，如采用保温隔热材料、通风设计等，并加强设施的日常维护和保养，使设备处于最佳运行状态，减少能耗。

（二）明确市场定位，加强新媒体宣传促销，推动跨界联动合作

传统温泉企业要摆脱对电视、报纸杂志等传统媒体的依赖，加大在新媒体和互联网上的投入，利用社交媒体和短视频平台等渠道进行宣传和推广。目前，已有许多温泉企业开通了社交媒体与短视频平台的官方账号，但大多仍处于“自嗨”状态，未受到市场关注。这是因为过去传统温泉企业与产品缺乏对自身明晰的差异化市场定位，导致消费者难以区分不同品牌之间的差异。如果温泉企业没有明确自身定位，盲目投入新媒体宣传，即使宣传力度再大也是事倍功半。因此，在激烈的温泉市场竞争中，找准市场定位，围绕着定位进行宣传促销才能使品牌形象深入人心。同时，私域流量是社群营销的重要一环，使营销活动精准化，提高营销转化率。

除此以外，传统温泉品牌在营销策略上缺乏创新和多样性，需要创新营销策略，如举办温泉文化节、健康养生讲座、亲子活动等，增加品牌的互动性和趣味性。还可以有选择地进行多领域跨界合作，举办联名活动，在活动中凸显品牌元素，向消费者传递品牌文化和价值观，实现流量叠加与用户嫁接，拓展新市场。

（三）推动传统温泉产品文化挖掘，实现文化赋能，提升游客深度体验

单纯的温泉泡浴产品已无法满足消费者的文化、精神追求，但要如何合理有效地挖掘温泉文化，实现文化赋能是当代温泉企业都需要重视的企业转折点。首先，需要深入研究温泉所在地的地域特色、民俗风情和历史传承，若温泉所在地原有文化相对薄弱则需要深度研判消费者的文化需求，确定文化主题。同时，可在地方文化中融入温泉的休闲文化，将温泉与旅游、健身、商务、会

议等休闲活动相结合，打造一站式休闲度假胜地。在明确温泉产品的主题文化定位后，不仅需要通过建筑风格、景观设计、装饰细节等方面体现主题特色，更需要提供与主题文化紧密结合的定制化服务，如主题浴袍、沉浸式快闪演出等，让游客在享受温泉的同时，深度体验浓厚的文化氛围。通过设置游客参与环节，如DIY手工制作、文化体验课程等，增强游客的参与感和体验感。除此以外，还可以结合重要节日和庆典，推出特色主题活动，如温泉节、文化节等，在淡季吸引游客前来体验。

（四）加速传统温泉数字化转型，实现传统温泉与数字技术融合

在现代科技快速发展的社会中，各个行业都在经历着深刻的数字化转型，云计算、物联网、区块链等技术的应用不仅能够帮助传统温泉企业提高工作效率，还能为消费者提供更便捷、更灵活的服务。首先，利用物联网、人工智能等技术将数字化融入温泉日常运营管理中能够有效提升温泉服务的智能化水平，降低人工成本。例如，通过智能温控系统调节温泉水温，通过大数据分析预测顾客需求等。其次，可以结合现代科技元素，如VR、AR等，引入交互式的体验元素，如虚拟现实技术、互动展览等，让游客在享受温泉的同时，为顾客创造独特的感官体验。最后，引入先进的ERP、CRM等管理系统，完成数据驱动决策、优化资源配置和服务流程，从而提高温泉企业内部运营管理效率。当然，对于传统老牌的温泉企业，引入和培养数字型人才也是为企业注入新生动力的重要方式之一。

（五）延长传统温泉产业链，实现“温泉+N”业态格局

温泉旅游产业延展性强、容纳度高、涉及范围广，不同的方向能衍生出不同的产业链条。传统温泉企业可以结合温泉资源，探索多种产业形态，充分发挥温泉资源的独特优势，推动相关产业的协同发展。其中“温泉+酒店”不同于传统温泉酒店，而是要基于温泉文化对酒店空间进行主题化改造，此时的酒店就不只是为消费者提供住宿服务，更多是为了提供更多休闲度假产品。除

此以外，传统温泉企业可以根据自身情况发展“温泉 + 商业”“温泉 + 游乐”和“温泉 + 住宿”等多种业态，推动温泉赋能，实现“温泉 +N”的产城融合，让消费者实现从“旅游→度假→生活”的深度转变。

女性温泉市场消费特征研究

吕 宁 肖小雪[①]

一、研究背景与意义

自2016年国务院发布《“健康中国2030”规划纲要》提出应积极促进健康与田园、养老、文化、旅游、互联网、健身休闲、食品融合，催生健康新产业、新业态、新模式的升级换代和产业链进化起，各级政府陆续出台政策文件大力鼓励发展康养产业，在政策的大力鼓励下，康养产业实现高速发展，实现了从无到有、从少到多、从量到质、从弱到强的历史性、跨越式发展。其中，颁布的国家级政策有《“十四五”国家老龄事业发展和养老服务体系规划》《“十四五”国民健康规划》《质量强国建设纲要》等，地方政策有《河北省康养产业发展“十四五”规划》《山西省“十四五”文旅会展康养产业发展规划》《上海市老龄事业发展“十四五”规划》《浙江省健康产业发展“十四五”规划》等。[②]

① 吕宁，北京第二外国语学院旅游科学学院教授、院长，北京旅游发展研究基地常务副理事长，主要研究领域为旅游休闲经济与战略管理；肖小雪，北京第二外国语学院旅游科学旅游管理专业硕士研究生，主要研究领域为旅游休闲经济与战略管理。

② GDI战略研究院 . 国家及全国重点省市“十四五”康养产业政策汇编与解读 [EB/OL].（2023-04-06）[2024-08-15].https://mp.weixin.qq.com/s/ha40yAepyBDDpxzS3gQDjw.

近些年来，康养产业不断向气候、森林、温泉、中医药和特色农业等康养资源依附和聚集，其产业发展与产业生态体系现已逐步形成。温泉，作为本身就自带康养属性的载体之一，吸引多数消费者将温泉作为休闲养生的代表目的地。而且近年来，随着中央和地方政府的大力出台政策支持温泉康养产业的发展，温泉产业得以蓬勃发展。其中，代表性的政策有《关于促进健康旅游发展的指导意见》《贵州省人民政府办公厅关于加快温泉旅游产业发展的意见》《江西省人民政府办公厅关于推进康养旅游发展的意见》《山西省人民政府办公厅关于支持康养产业发展的意见》等。现今，温泉产业已逐步发展成为以温泉康养为主，其他多种休闲娱乐服务为辅的综合性康养旅游产业模式。

值得一提的是，近年来，伴随女性群体经济收入和购买力不断提高，"她力量""她经济"成为热度持续上升的热词，女性拥有越来越大的消费决策权，其消费动机更加多元化，并涌现出更多的女性消费意见领袖引领着潮流。例如在2024年中国旅游协会妇女旅游委员会发布的《"她旅游"：新时代女性旅游消费需求和行为特征研究报告》中，指出我国有近4亿年龄在20岁至60岁的女性消费者，她们每年支配着近10万亿元的消费支出，由此可见，我国现已进入"她经济"时代，女性主导的消费力量正显著地影响着各行各业包括温泉行业，其消费选择也深刻影响消费市场结构变革和发展趋势。[①]

温泉产业的核心产品——温泉洗浴，不仅具有改善血液循环、缓解关节和肌肉疼痛、增强免疫力等医疗保健功能，能缓解压力、改善睡眠、提供社交互动，还具有活肤、嫩肤、康体美容等众多美容护肤效果，这尤其吸引了较多爱美的女性消费者的加入。根据途牛旅游网2021年预订数据显示，温泉消费出行中女性占比明显高于男性，达到了55.2%，这说明温泉消费中女性消费者也占大多数，符合当前"她经济"时代女性消费数量庞大的特点，再加上女性消费者的带动与辐射作用，可能带来更多的消费数量，即未来女性市场有望成为温泉消费市场中最具有发展潜力的市场之一，值得引起学界、温泉企业界、政

① 中国旅游协会妇女旅游委员会．"她旅游"：新时代女性旅游消费需求和行为特征研究报告[R/OL].（2024-03-08）[2024-08-15].https://mp.weixin.qq.com/s/ewhaPzyFRbY2LVCFR8WVnw.

府部门等相关利益方重视。然而，关于女性温泉市场尤其是女性温泉消费特征的研究极少，尚不能满足当今的市场指导需求。于是，现进行市场调研并撰写报告，通过采用资料分析法、问卷调查法等综合运用，探寻女性温泉市场消费特征，有以下研究意义。

第一，帮助温泉企业获悉女性消费市场消费特征，开拓女性市场，增加企业市场占有率和竞争力。通过对女性温泉市场和消费特点的调查和研究，一方面，可以帮助温泉度假目的地管理、组织、策划针对新时代女性的营销与宣传方案，进一步吸引女性市场，拓宽市场；另一方面，本研究有助于在企业的文创产品开发、服务提升、休闲娱乐活动项目设计、设施配套优化、温泉项目开发等方面给出以女性需求为基调的建议，帮助企业开拓女性市场，提升企业竞争力和增加企业收入，此外，考虑女性在家庭和社会中日益增长的话语权和决策权，本研究还可以助推家庭出行、亲子出行、情侣出行等群体市场，继续稳固和扩大目的地市场规模，提升企业市场占有率。

第二，满足女性温泉消费需求，提升消费满意度和忠诚度，增进女性福祉。一方面，通过深入了解女性消费者的偏好和需求，温泉企业可以优化服务内容和体验，提供更加贴心和定制化的服务与产品，有利于提升其消费体验和满意度，进而增强再次消费意愿和推荐意愿，从而为温泉企业带来更多收入，企业也会增加投入以提供更好的服务与产品，实现良性循环；另一方面，女性由于身体、心理特征等原因，常常处于弱势地位，了解其消费需求特征，提供其需要的服务与产品，往往可以让其感受到被重视，这可以提升她们的身心健康，增强其幸福感，从而增进女性福祉，同时，也有利于家庭和社会的和谐发展。

通过研究女性消费者在温泉市场中的需求和偏好，能够为政府掌握市场动态、识别供需差距和发展趋势提供理论参考，从而制定并出台针对性政策，例如，税收优惠、补贴政策以及提升行业标准等政策，旨在鼓励企业提升服务水平，开发更多适合女性消费者的产品和项目，从而，维护女性权益与促进女性消费，推动市场高质量发展，提升行业整体水平，促进经济增长。

二、我国温泉分布及旅游市场概况

（一）温泉分布与特点

据资料记载，中国的温泉资源不是平均分布，目前，记录在案的温泉主要集中在东北、华南、西南三大区域，其中，云南、西藏、广东、四川和福建5个省（区），就已经占全国温泉总数的1/2。

这些区域温泉不仅具有各自的特点，而且形成了各具特色的温泉文化。例如，东南沿海靠近环太平洋火山地震带，处处都有以玄武岩柱为代表的火山地质奇观和数量众多、温度怡人的温泉，且这些地区经济发达使其不缺乏市场和资金，从而温泉酒店分布密集。其中，广东省最为密集，拥有以香港桑拿文化、扬州洗浴文化等为代表的温泉文化，使东南温泉产业发展良好；西南温泉类型丰富与文化多元，西南温泉群是温泉数量最多与水温最高的温泉聚集区，西藏、云南、川西的火山温泉温度高且拥有藏族药浴文化，贵州温泉则以非火山温泉为主，剑河温泉被誉为“天下第一汤”；东北的洗浴文化并非形成于天然温泉，而是源于工厂的锅炉房，形成了许多“厂矿浴池”，后来受香港桑拿文化、日本汤泉文化等日益扩大的影响，东北的澡堂开始向温泉转型，丰富的地热资源开始被广泛应用。这就造就东北的温泉风格包括金碧辉煌的正统东北罗马风、大道至简形成“正宗东北北海道风情”等。①

由此可见，泡温泉，是天南海北中国人的共识。温泉背后是多元的民俗文化，是鲜活的生活史，更是对休闲与幸福生活的追寻。

（二）温泉市场概况

根据报告《Spa Market Analysis，Statistics & Forecast Report – 2032》②，2022

① 新浪财经.中国温泉地图，最集中的为什么在南方？[EB/OL].（2023-01-03）[2024-08-15]. https://finance.sina.cn/2023-01-03/detail-imxyxprf5967649.d.html?from=wap.

② Global Market Insights.Spa Market Analysis，Statistics & Forecast Report - 2032[R/OL].（2023-08-01）[2024-08-15].https://www.gminsights.com/industry-analysis/spa-market.

年全球温泉市场估值为546亿美元，预计到2032年将以超过11.5%的年复合增长率持续增长，温泉市场发展态势十分乐观。

然而，当前中国温泉市场存在着供需不平衡现状。例如，携程数据显示，温泉度假的需求端呈现持续增长的趋势，显示出温泉产品正逐渐成为秋冬季节的热门选择，且消费者追求更多元化、个性化、高品质的温泉度假产品。在供应方面，我国已有2700多处温泉可供开发利用，主要集中在北京、辽宁、山东、福建、广东、云南、湖南等地。值得注意的是，虽然温泉资源丰富，但中国温泉旅游的核心功能和主要产品，在20世纪90年代中期以后，连续20多年创新和突破程度较小，且当前较多温泉度假地存在着温泉与其他业态融合不足、设施设备老化、缺乏个性化服务、主题不鲜明、产品同一化等问题①。

这种供需不平衡现状会在一定程度上影响温泉市场的可持续发展。这就需要我们进一步细分需求端消费者群体，调研不同需求端个性化需求，进而在供给端根据其需求来提供独特的产品和服务，并且适当引入新兴技术，如VR、AR、AI等来更好地实现突破与创新。

进一步而言，数据显示，近些年来，随着女性收入和地位的提高，温泉市场中女性消费者占比更高，接近60%，消费欲望比男性消费者强，市场潜力较大。而且，当前温泉市场较少关注女性消费需求，女性温泉企业在国内也极少，代表性的有双莲女人温泉、云澜湾女人温泉等。再加上女性消费者的带动和辐射作用，可以预测，未来女性市场将是市场关注、创新与突破的重点之一。综上所述，本报告选择研究女性温泉市场的消费特征，极具现实意义。

三、我国女性温泉市场调查及分析

（一）研究方法与数据收集

本研究的研究方法主要是问卷调查与分析法，它适用于了解消费者的需

① 智研瞻产业研究院．中国温泉旅游行业开发经营模式与投资战略规划分析报告[R/OL].（2023-12-07）[2024-08-15].https://mp.weixin.qq.com/s/HdZKXk7WtVXV2Us5zwaYkA.

求、偏好和满意度等，现通过该方法来收集相关数据，并进行数据整理，然后用统计软件对数据进行分析，以识别女性消费者在温泉消费中的主要需求特征和行为，为后来的结论与建议提供参考依据。相应地，本次研究以设计结构化问卷并采取线上发放问卷的数据收集方式，线上收集主要集中在问卷星问卷社区、朋友圈、QQ、微博等渠道，一共发放200份，有效回收问卷153份，回收率为76.5%，收集时间是2024年7月8日—8月10日。除此之外，还会通过收集现有的数据库资源，如市场调查与行业统计数据等、利用搜索引擎收集网络上的公开信息如市场分析、政策文件等，以及查阅已有的文献如研究报告、学术论文等以及进行必要的补充访谈，来进行数据与资料收集，为报告分析提供相关支持。

（二）问卷调查结果分析

1. 调查人口统计特征

本次调研群体均为女性消费者，调研群体年龄全覆盖，考虑温泉游预订数据中温泉旅游消费者主要集中在中青年群体①，再加上消费能力评估，这次调研群体主要集中在18~45岁，这也符合当前女性旅游市场主要集中在以大学生为代表的青年女性群体，以及独立自主性强、行动力强、支付能力高等的中年女性群体的消费现状，这有利于得出更加精准的市场调研结论以及为温泉企业做出针对性建议。调研群体职业覆盖广泛，人数占比最多的是学生（25.49%）和公司职员或工人（21.57%），其次是自由职业者、商务管理层和退休人员等，月收入主要集中在15000元及以下（总共占比90%以上），人数占比依次是5001~10000元（占比33.33%），5000元及以下（占比31.37%），10001~15000元（占比25.49%）等。

① 搜狐网．途牛《2021温泉游消费报告》：江苏、广东游客最爱泡温泉，“花式”泡汤更能打动女性游客[R/OL].（2021-12-30）[2024-08-15].https://www.sohu.com/a/700223018_121687414.

2. 女性温泉市场消费需求与偏好一般特征分析

（1）兴趣较高，消费意愿水平有待提高。

大部分女性消费者对温泉度假的兴趣是比较高的，比较感兴趣和非常感兴趣人数占比 75% 以上，其他兴趣占比较少，这表明女性消费者对温泉市场具有高度兴趣，为该市场的发展提供了良好的潜力和机会（见图 1）；消费意愿水平中，绝大部分消费者一次性总共消费集中在 500~3000 元，首先最高的是 1001~3000 元（占比 41.18%）和 501~1000 元（占比 35.29%），其次，是 3001~5000 元（占比 11.76%）和 500 元及以下（占比 9.8%），最后，是 5000 元以上，这说明女性温泉消费者整体消费意愿水平属于中低水平，有待提高，亟须进一步扩宽高端消费市场（见图 2）。综上所述，女性温泉消费者兴趣程度较高，即市场潜力较大，但消费意愿水平有待提高，须进一步扩宽高端消费市场。

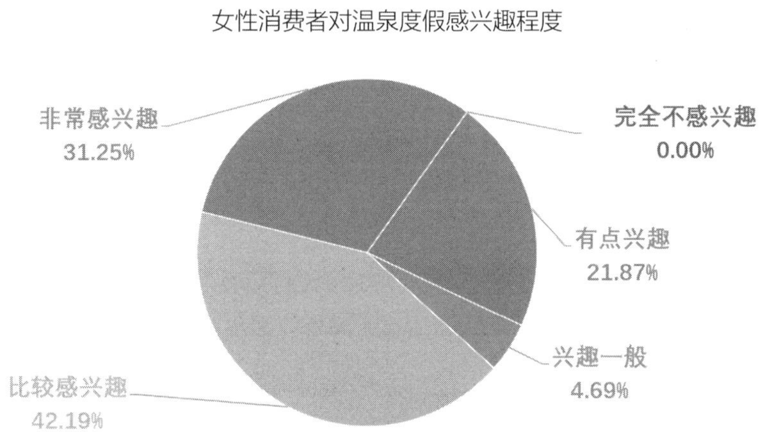

图 1　女性消费者对温泉度假感兴趣程度

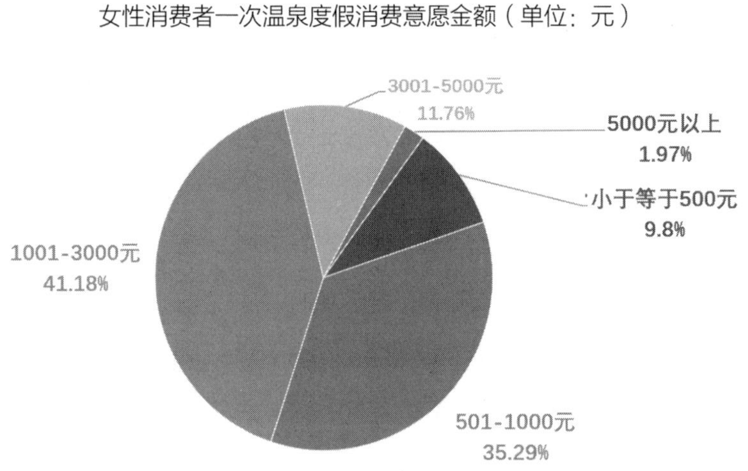

图 2　女性消费者一次温泉度假消费意愿金额

（2）温泉消费频率处于中低水平，且存在着季节差异。

关于消费频率，首先，接近一半的女性消费者平均每年进行温泉消费 4~6 次，占比最高；其次，平均每年消费 1~3 次（占比 25.49%），仍有接近 20% 的消费者表示不确定，这说明消费者消费频率属于中等偏下水平，仍有较大空间，需要刺激消费。这启发企业需要进一步扩大宣传与营销，以及打造特色产品等来刺激消费（见图 3）；在消费时段中，90% 以上的消费者会选择每年冬季进行温泉消费，其次就是春季（22.83%），夏季和秋季的消费者较少（见图 4）。这说明温泉消费存在季节性，且主要集中在冬季和春季，这大多是由于季节温度差异，冬春季节温度较低、夏秋季节温度较高，再加上冬春季节中有春节、除夕、腊八等传统节日，人们聚在一起的机会更多，故冬春季节温泉游占比更高。

综上所述，女性温泉消费者消费频率处于中低水平，有较高比例消费频率不确定，且消费时段存在季节差异，主要集中在冬春季节，这启发企业扩大营销和宣传，开发具有吸引力的夏秋季产品等，进一步刺激消费。

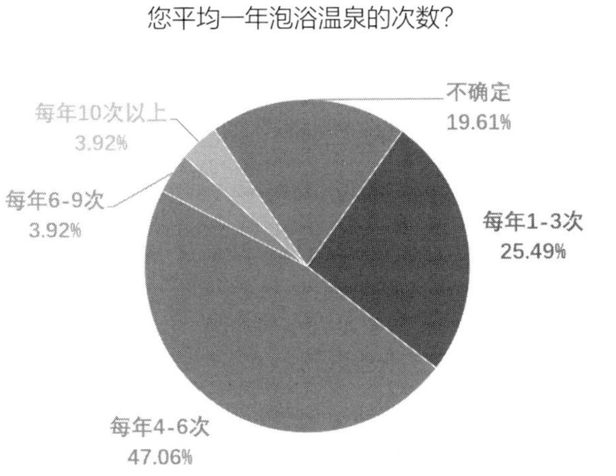

图 3　女性消费者温泉消费频率（单位：次 / 年）

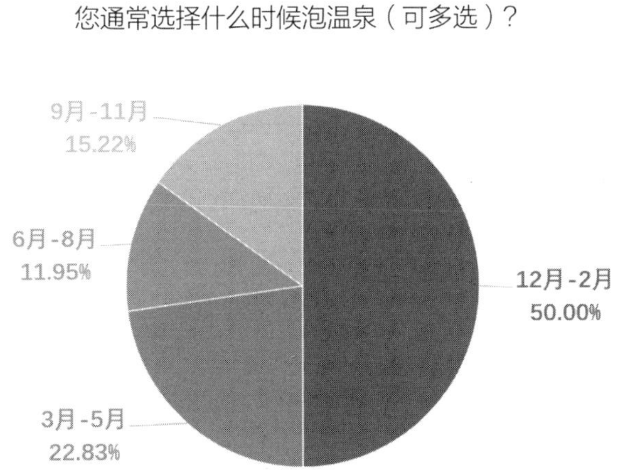

图 4　女性消费者选择温泉消费时段

（3）以自驾出行为主，且偏好短程近郊游。

在前往温泉旅游目的地时，约 61% 的女性消费者通行时长为 1~2 小时，然后依次是小于或等于 1 小时（占比约 17%）、2~4 小时（占比约 16%）和 4 小时以上（占比约 6%），且出行工具中， 56.25% 的消费者会选择自驾车，其次是公交地铁（占比约 28.75%），有 7.5% 左右会选择火车、高铁，选择团队包车或大巴（占比约 6.25%），极少数会选择飞机，这说明女性消费者偏向选择近短程温泉目的地出行，且更多是选择自驾出行，启发温泉开发商在开发与营销定位时，以近郊女性群体为重点目标客户（见图5、图6）。

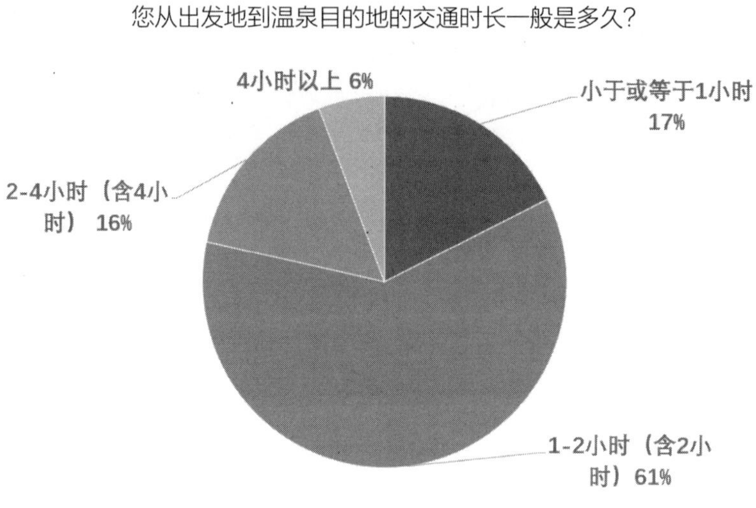

图5　女性消费者温泉消费出行交通时长

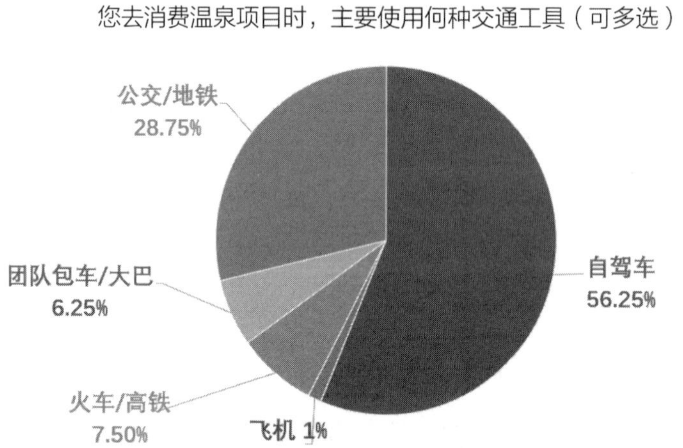

图6　女性消费者温泉消费出行方式选择

（4）偏好有度假氛围的温泉康养场所，且更在乎温泉的品质、安全与服务等。

在选择温泉度假目的地类型时，女性消费者依次更偏向温泉度假村（占比92.16%）、温泉酒店（占比74.51%）、温泉康养中心（占比56.86%）、温泉水乐园（占比52.94%），有小部分选择温泉洗浴中心和温泉医院，这说明女性消费者更加偏向选择具有度假氛围的温泉康养场所，较少选择纯医疗康养或纯洗浴的温泉目的地场所（见图7）。

在选择温泉目的地的考虑因素中，女性消费者认为首先是服务质量（占比92.16%）、卫生和安全状况（占比90.2%）是最重要的因素，其次是温泉水质（占比80.39%）、颜值打卡（占比70.59%）、休闲娱乐设施和服务（占比68.63%）、评价和口碑、价格、基础及配套设施、品牌效应、餐厅美食和地理位置，最后是主题文化氛围（17.65%）、通信网络设施、温泉种类和数量和其他等，这表明女性消费者更关注的是温泉度假地的服务、安全、卫生、水质、场景颜值、休闲娱乐设施、评价和口碑，而不是最关注价格、基础设施及地理位置等，最不关注主题文化氛围、温泉种类和数量等，这打破常规认为价格是最重要的认知，说明其更在乎的是温泉度假的品质、安全、服务与颜值等，相对来说，很少在乎品牌与价格，这启发温泉企业要针对以上因素打造具有吸引力的产品，注重安全、卫生与颜值场景打造等（见图8）。

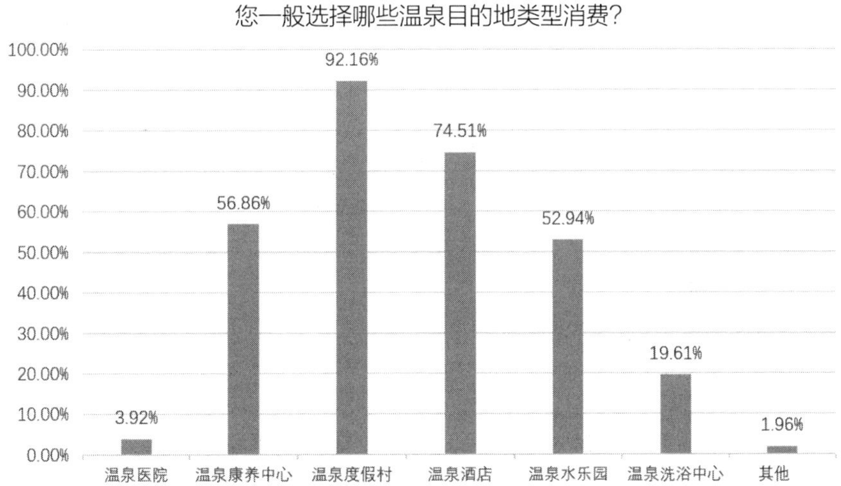

图7　女性消费者偏好的温泉目的地类型

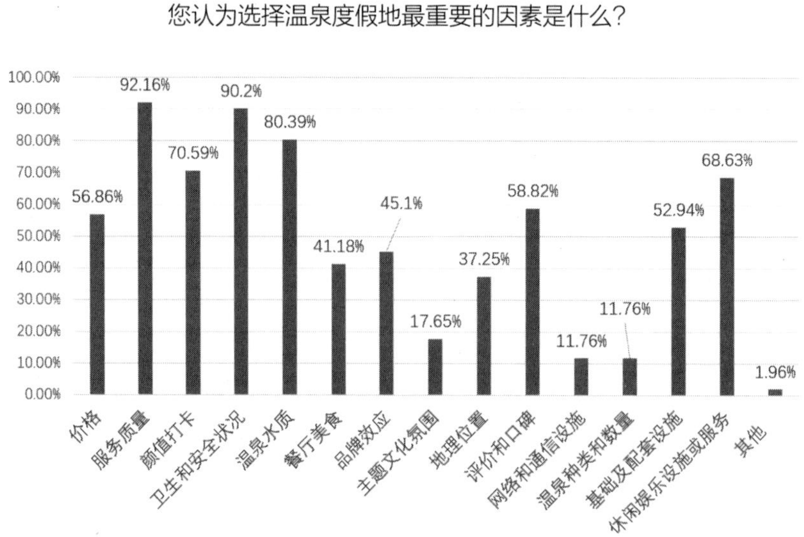

图 8　女性消费者关于温泉消费目的地的重要性因素选择

（5）出行时以放松和美容目标为主，也比较重视社交、颜值与康养。

调查结果显示，女性消费者进行温泉度假，首先是为了放松身心（占比96.08%）和美容护肤（80.39%），其次是友谊聚会（74.51%）、时尚打卡（68.63%）、康养医疗（52.94%）、亲子陪伴（49.02%），最后是文化体验和商务出行。这说明放松和美容是女性温泉消费的主要目标，这与女性爱美的天性相关，同时，女性又重视社交、颜值与康养等，启发温泉企业应注重提升美容护肤功能、打造时尚微打卡场景和安全与私密的休闲社交场所、完善亲子配套等（见图 9）。

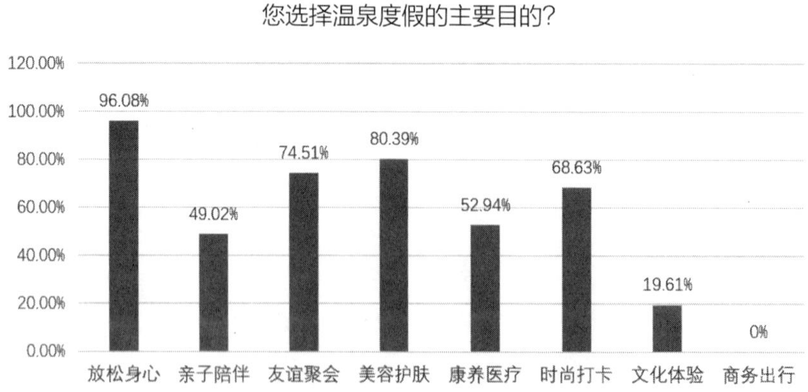

图 9　女性消费者温泉度假出行目的

（6）更加偏好私汤温泉，以及特色或带娱乐休闲性质的温泉产品。

在选择的温泉类型中，与公共汤相比，女性消费者更加偏向私汤（共占比 60.78%），其中，普通私汤占比最高，为 43.14%，其次是露天公共汤（占比 25.49%）、主题私汤（占比 17.65%）和室内公共汤（占比 13.72%），如图 10 所示。温泉产品方面，其更加偏好特色加料池（加中药 / 花瓣 / 茶 / 酒 / 牛奶等）（占比 80.39%）、温泉泳池（占比 70.59%）和鱼疗池（占比 62.75%），其次是温泉水乐园（占比 50.98%）、温泉石板浴、温泉泥矿浴、死海漂浮、水疗池及其他，如图 11 所示。

综上所述，女性消费者更喜爱私汤，更喜欢特色加料池、泳池、鱼疗池以及水乐园的特色或带娱乐休闲性质的温泉产品。这启发企业者需注重打造适量私汤，由之前以公共汤为主的市场适量转向私汤市场，尤其是普通私汤，此外，可以侧重打造加料温泉池、泳池和水乐园等温泉产品。

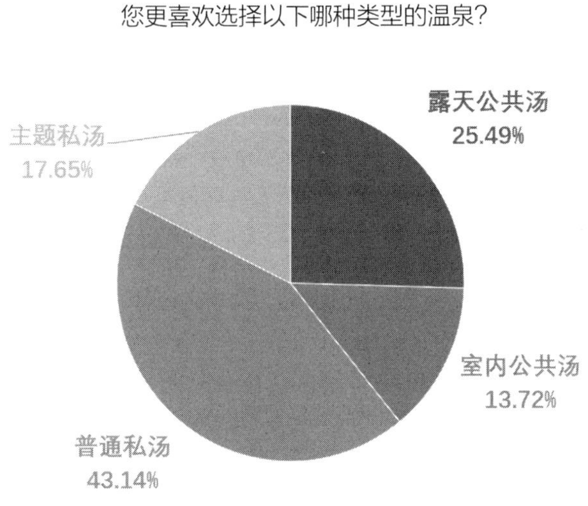

图 10　女性消费者偏好的温泉类型

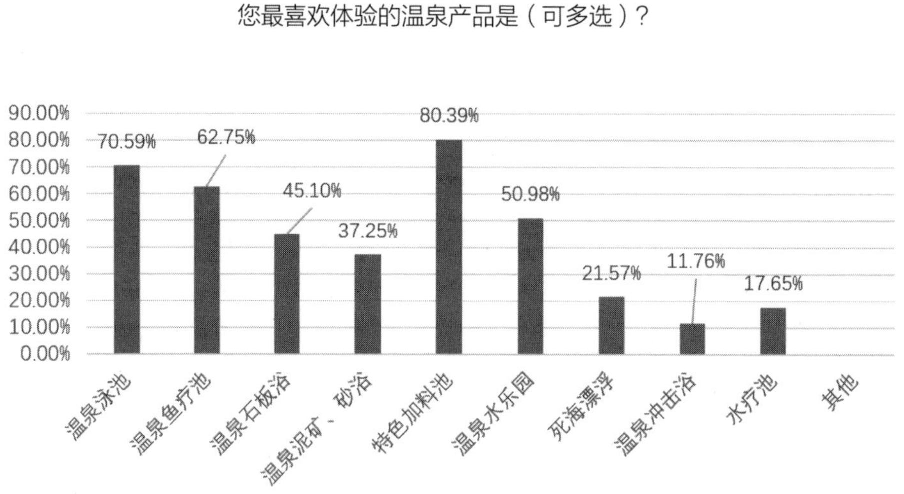

图 11　女性消费者偏好的温泉产品类型

（7）以社交媒体等为主要预订信息来源，且偏好“门票 + 水果饮料自助”购物方式。

女性消费者预订温泉产品的信息来源，绝大部分是源于社交媒体（如QQ、微信、小红书等）（占比 90.20%）、App 团购（如美团、抖音、携程等）（占比 88.24%）以及朋友推荐（占比 62.75%），还有部分来源于公众号推送（占比 45.10%），较少来源于旅行社咨询、户外广告以及其他渠道（见图 12）；购物形式方面，消费者首先且最多选择“门票 + 水果饮料自助”，占比 60.78%，其次是“门票 + 水果饮料自助 + 自助餐”，占比 21.57%，最后是“门票 + 水果饮料自助 + 自助餐 + 其他付费项目”“温泉门票”，如图 13 所示。

综上所述，女性消费者主要通过社交媒体、App 团购、朋友推荐以及公众号推送渠道来接收温泉产品信息，企业在营销时，重点从该类渠道进行营销，同时，加入微短剧、节事活动等新兴手段进行营销，如图 12 所示。此外，购物方式方面，重点打造“门票 + 水果饮料自助”的产品，并依企业具体情况决定是否开设自助餐。

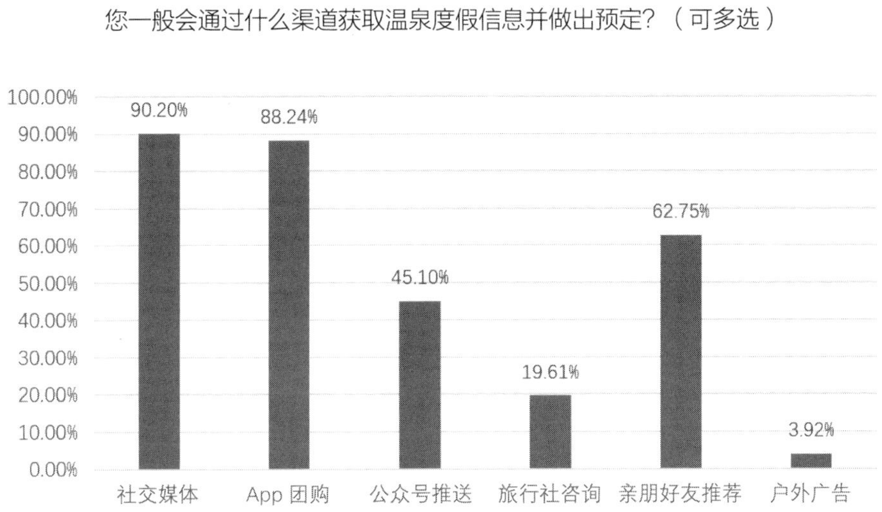

图 12　女性消费者温泉消费预订信息来源渠道

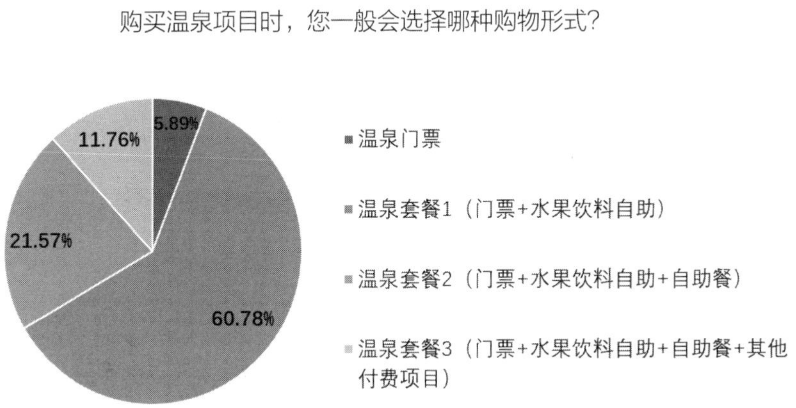

图 13　女性消费者在温泉消费时偏好的购物方式

（8）常与亲朋好友一起出行，且停留时间较短。

在温泉消费出行时，首先是 80% 以上女性消费者会选择与朋友、家人一起，分别占比 90.20% 和 84.31%，其次是情侣出行（占比 39.22%）、跟同事领导一起以及其他（见图 14）；在停留时间方面，60% 以上的女性消费者会选择两天温泉游，其次是三天（占比 17.65%）和一天（占比 13.73%），极少选择四天及以上。

这说明女性消费者在进行温泉游时，出于安全感和松弛感考虑，大多会选择跟亲近的人一起出行，如朋友、家人和伴侣，且出游时长一般是一至两天，其余时间较少，这大概率与假期时长和温泉项目有关（见图 15）。这启发温泉企业创造轻松、自由与松弛的环境、开发更长期且有趣的项目与活动或打造更多短而精的项目等，提升女性消费欲望，为企业增收。

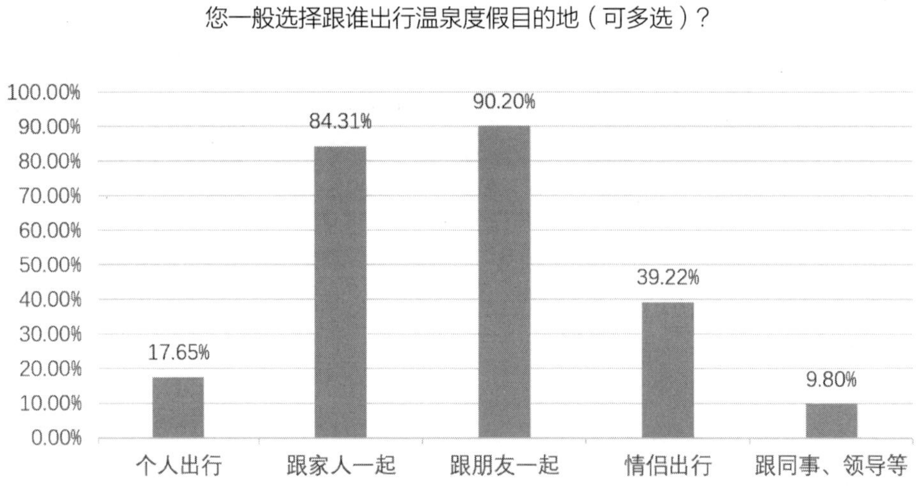

图 14　女性消费者温泉消费出行陪同方式选择

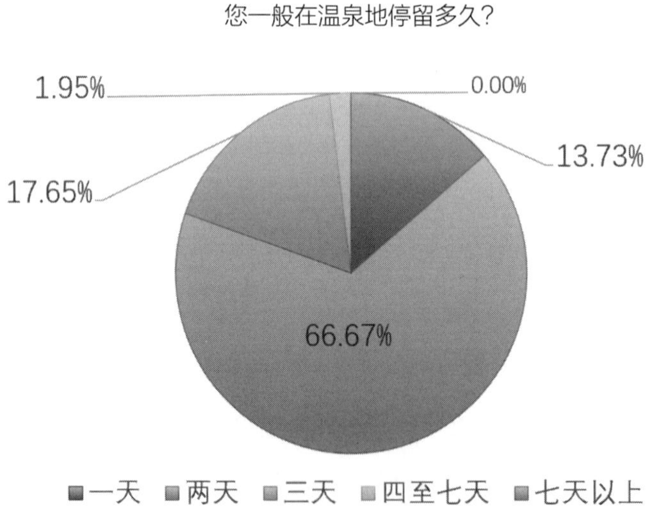

图 15　女性消费者温泉地消费停留时长

（9）女性温泉消费者偏好美食、手工以及瑜伽等休闲娱乐体验。

在女性温泉消费者期待的娱乐项目或设施配套中，排名前五的依次是按摩 SPA 和足浴（占比 90.20%）、美食体验（占比 82.35%）、棋牌桌游（占比 74.51%）、手工体验活动（占比 62.75%）和瑜伽课程（占比 58.82%），然后是儿童乐园（占比 43.14%）、咖啡馆（占比 35.29%）、电影院（29.41%）和文化讲座（占比 25.49%）等（见图 16）。

以上说明女性消费者除了喜爱按摩 SPA 以及棋牌桌游等传统休闲娱乐体验，还拥有美食体验、手工体验活动以及瑜伽课程等独特偏好。这启发温泉企业者根据企业现状与能力，除了做好传统休闲娱乐配套外，还应关注美食、手工以及瑜伽等女性独特的偏好需求，提升女性消费者娱乐休闲体验。

图 16　女性消费者期待配备的具体休闲娱乐服务或活动

3. 女性温泉市场细分消费偏好和需求特征分析

（1）温泉餐饮消费需求与体验。

在温泉餐饮消费特征调查中，70% 以上的女性消费者在温泉目的地餐饮人均消费为 100~300 元 / 天，其他消费区段比较少，说明餐饮消费属于一般水平；在选择餐厅时，绝大部分女性消费者会优先考虑卫生状况（占比

92.16%）、口碑评价（占比 84.31%）、环境氛围（占比 82.35%）和餐饮品牌（占比 70.59%），其次就是食物味道（占比 60.78%）和食材质量（58.82%），较少会考虑餐饮价格、文化调性和其他（见图 17）；关于餐厅包厢，绝大部分女性消费者认为应该设立包厢，且 70% 以上消费者期待设立 6~10 人规格的包厢；在就餐种类中，多数女性消费者更加偏向传统便餐（占比 66.67%）、主题菜宴（占比 66.67%）、多地特色菜宴（占比 60.78%）、温泉餐（占比 54.90%），也有部分消费者会选择普通自助（占比 45.10%）、异国料理（占比 45.10%）和海鲜自助（占比 43.14%），较少会选择烤肉火锅、西餐和其他等。关于就餐体验整体满意度，满分 5 分，平均得分 4.19 分，说明消费者餐饮体验整体比较满意（见图 18）。

综上所述，以上说明女性消费者整体比较满意餐饮体验，但消费意愿水平有待提高，且启发温泉企业应更加关注餐厅的卫生、口碑、环境氛围和品牌等，也要适当设立包厢，重点打造 6~10 人规格的包厢，此外，餐饮种类方面需更加重视主题菜宴、多地特色菜宴以及温泉餐的配备等，来提升顾客餐饮体验和顾客消费意愿水平。

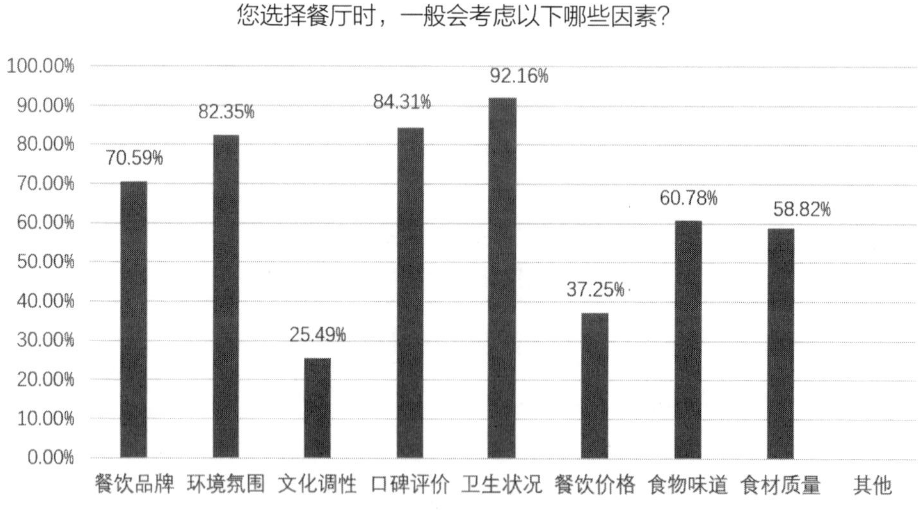

图 17　女性消费者挑选餐厅所考虑的因素

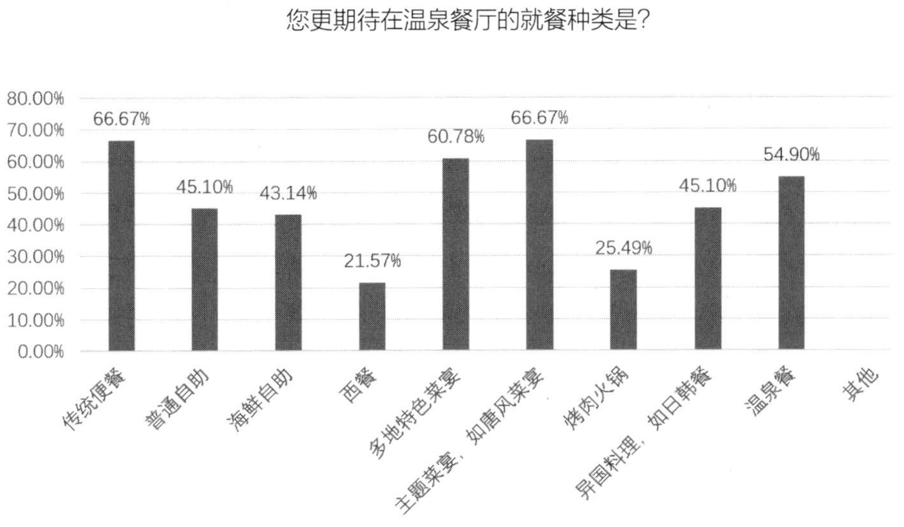

图 18　女性消费者期待在温泉餐厅的就餐种类

（2）温泉住宿消费需求与体验。

在温泉住宿类型选择中，大部分女性消费者会选择度假型酒店（占比 68.63%）、特色主题温泉酒店（占比 68.63%）、温泉民宿（占比 66.67%）和小众设计性温泉酒店（56.86%），较少会选择温泉公寓（占比 27.45%）、温泉别墅（占比 68.63%）或其他（见图 19）；住宿消费意愿水平中，56.87% 以上的女性消费者会选择 301~500 元 / 天，其次是 300 元 / 天及以下（占比 37.25%），最后是 501~800 元 / 天和 801 元 / 天及以上；在住宿体验满意度测评中，平均得分 4.35 分（满分 5 分），即比较满意水平。

综上所述，女性消费者比较满意住宿体验，胜过餐饮体验，且其更偏爱度假、主题型、小众设计型和民宿型住宿，但整体住宿消费意愿水平一般，启发企业可以开发特色且性价比较高的住宿产品，如图 20 所示。

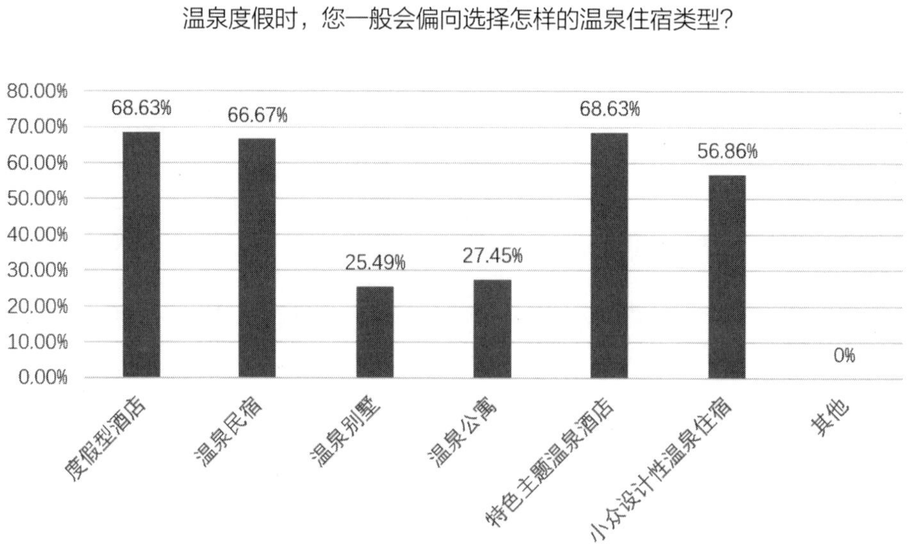

图 19　温泉消费出行偏好的温泉住宿类型

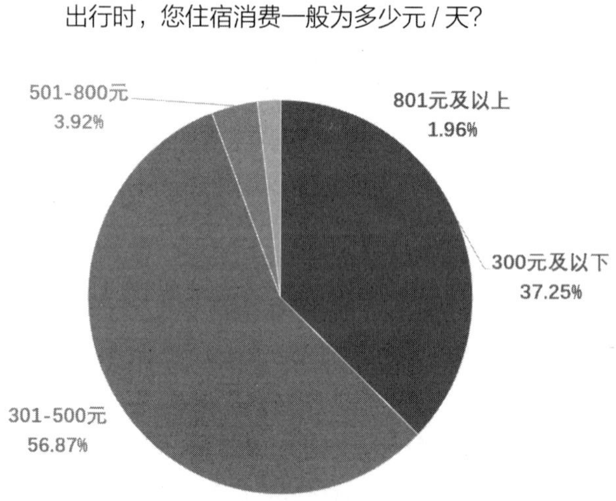

图 20　温泉消费出行时住宿消费意愿金额

（3）温泉购物消费需求与体验。

在温泉购物的主要产品类型（文创产品）调查中，80% 以上女性消费者会购买温泉护肤产品，温泉主题纪念品（占比 68.63%）、当地特色手工艺品（占比 52.94%）、当地精美点心（占比 50.98%），较少会购买品牌联名产品、洗护用品、茶具套装、IP 文创小礼品等（见图 21）；在消费意愿水平中，90% 以上会选择消费 101–500 元，其中，选择占比最高的是 201–300 元，占比 35.29%，其次是 101–200 元（占比 31.37%）和 301–500 元（占比 23.53%）；在购物体验满意度测评中，平均得分 4.19 分（满分 5 分），满意度大于餐饮且小于住宿，属于比较满意水平（见图 22）。

综上所述，以上说明女性消费者整体比较满意购物体验，满意水平介于餐饮和住宿之间，且消费意愿水平分布较为广泛，更加喜爱主题类、手工艺、点心类购物产品，这启发相关企业应注重关注女性的以上购物偏好来开发相应产品。

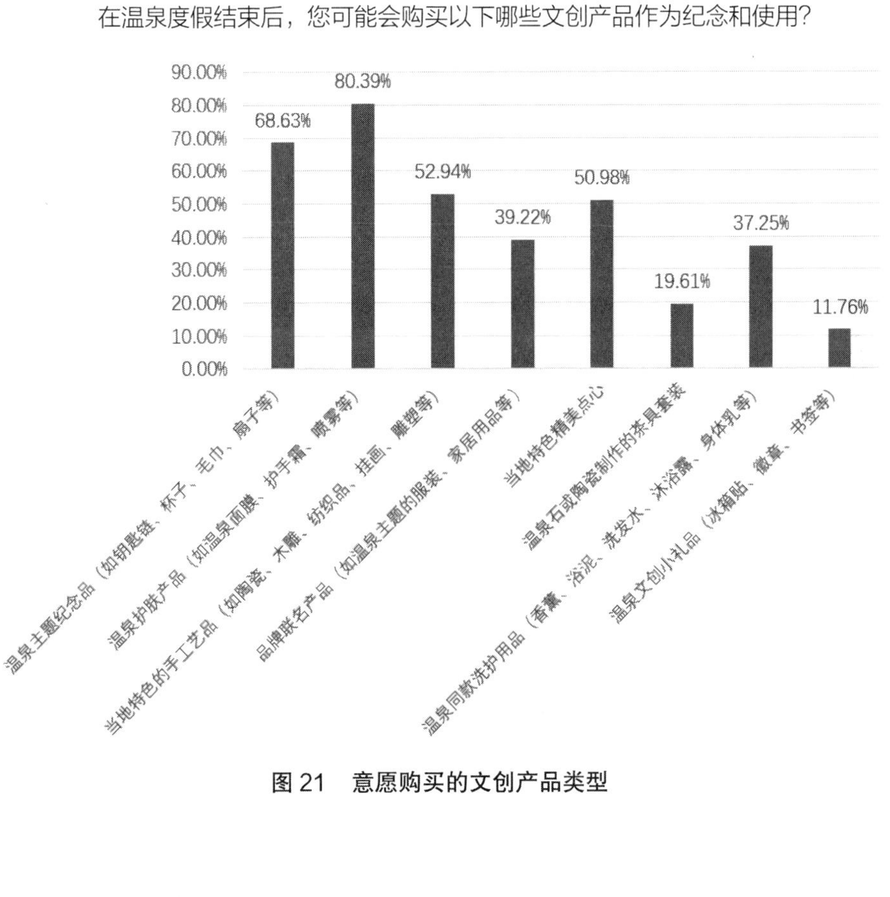

图 21　意愿购买的文创产品类型

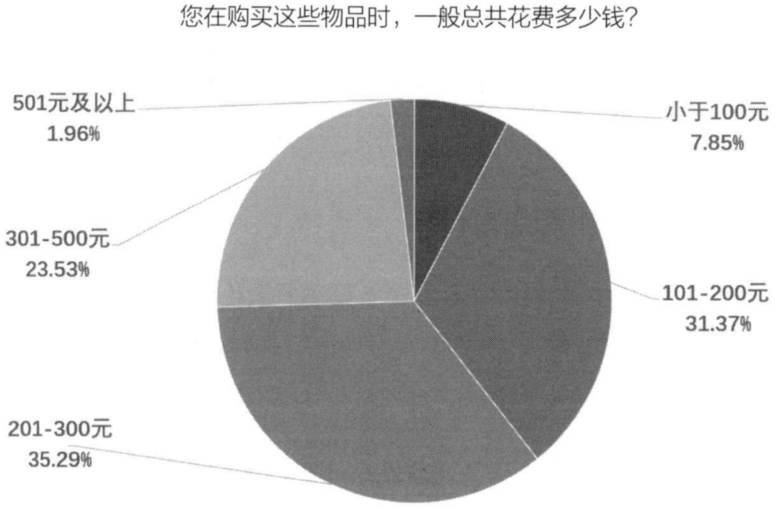

图 22　文创产品购物意愿金额（单位：元）

4. 女性消费者对温泉消费态度和行为评价

（1）温泉目的地属性的重要性评价。

本研究调研女性消费者的温泉目的地属性的重要性评价（打分制，满分5分），结果显示，其认为的重要性排名前四的是安全和私密性（4.82分）、放松身心（4.75分）、促进健康（4.63分）和休闲娱乐活动丰富（4.51分），均超过4.5分，说明这些属性十分重要，即女性消费者极度重视，值得企业在开发女性产品方面重点打造；其次是缓解疲劳和病痛（4.31分）、亲近自然（4.1分），大于4分且小于4.5分，说明比较重要，值得企业给予一定重视；最后是装修豪华与显示尊贵（3.84分）和温泉本身及周边的历史文化（3.78分），小于4分且大于3分，说明重要程度一般，无须企业过度重视。

（2）满意、推荐与再次消费意愿水平综合评价。

现调研女性消费者的最近一次温泉消费中的整体体验感知价值、满意度、推荐和再次消费意愿，结果显示，女性消费者最满意的首先是价格合理（4.31分），其次是服务（4.25分）、温泉品质（4.25分）、综合配套设施（4.12分），最后是装修环境和氛围（3.94分）、交通便利性（3.86分）。满意度平均分为4.12分，说明女性消费者对最近一次温泉消费整体是比较满意的。

首先，考虑女性消费者在到温泉目的地旅行时会考虑场景颜值打卡，但又不太重视装修豪华程度，且装修环境和氛围满意度较低，说明消费者重视场景氛围和颜值，需要企业更加重视颜值微场景打造，不一定要装修豪华，可营造氛围感场景；其次，企业需继续维持价格、服务、温泉品质满意度优势，适度完善综合配套设施与项目，提升消费者满意度；最后，关于消费者最不满意温泉目的地的交通便利度，企业可以考虑联系交通部门开通旅游交通专线、联系旅行社开发景点串联多日游产品、开设度假地重要站点摆渡车等，来完善交通配套，提升满意度。

此外，推荐意愿得分为4.29分，再次消费意愿得分为4.57分，即再次消费意愿强于推荐意愿，且两种意愿水平均较高。且在补充访谈中表示，首先女性消费者常常通过发朋友圈或在家人朋友的微信群中来分享与推荐温泉目的地，其次就是在短视频平台如抖音、快手、视频号等上分享，小红书、微博也是比较重要的分享与推荐渠道，也有小部分会在在线预订平台（如携程、去哪儿、美团等）以及专业游记分享平台（如马蜂窝等）上分享。分享形式上，消费者会选择口头推荐或者在线推荐，其中，在线推荐一般是“文字＋图片”或者“文字＋视频”的表达方式。

综上所述，以上说明女性消费者的再次消费与推荐意愿强烈，乐于分享自己的消费经历，且分享渠道和形式多样，例如，喜欢在社交媒体、短视频等平台上以文字、图片、视频等形式分享，这启发企业经营者在选择营销渠道时，要优先考虑社交媒体、视频号等新媒体平台，同时，可以通过节庆或活动来促进线上线下经营。

四、优化升级女性温泉消费的对策建议

（一）地方政府层面

1. 政策支持与引导，促进女性温泉产业发展

一是制定专门政策，鼓励与扶持女性温泉产业发展。政府可以出台专门针对女性温泉产业的扶持政策，推动这一市场的规范化和高质量发展。比如，制定支持女性温泉产品创新和服务提升的专项基金，提供研发费用补贴，促进企业开发更多适合女性的温泉产品和服务。此外，鼓励地方政府根据实际情况，制定区域性政策，支持当地女性温泉旅游的发展，特别是在温泉资源丰富的地区，通过区域特色打造，推动形成特色温泉旅游品牌。

二是实施税收优惠与补贴，降低企业开发与运营女性产品与服务成本。政府可以对符合条件的温泉企业，尤其是女性温泉服务企业，提供税收减免政策。比如，对提供女性专属服务的温泉企业，给予增值税或企业所得税减免，降低企业运营成本。此外，可以对女性温泉设施的建设和运营提供财政补贴，鼓励企业在基础设施和服务设施方面加大投入力度，提升女性消费者的体验。

2. 标准化建设与质量监督，推动女性温泉市场规范化发展

一是推动标准化建设，建立女性温泉服务标杆。政府制定并推广女性温泉服务的国家或行业标准，覆盖服务流程、卫生条件、设施设计、安全保障等方面。标准化建设可以帮助规范市场秩序，提高整体服务水平，增强消费者对行业的信任感。此外，还需要鼓励温泉企业根据标准化要求，进行自我评估和整改，提升服务质量。政府可以组织行业协会和专家团队，提供技术指导和支持，帮助企业达标。

二是进行质量监督与检查，确保行业健康运营。政府应定期或不定期组织对温泉企业的服务质量、卫生条件和设施安全进行监督检查，确保行业健康发展。对不符合标准的企业进行整改，并在必要时采取处罚措施。还可以构

建消费者满意度评价体系，定期发布温泉服务质量报告，推动企业提升服务质量，同时，也为消费者提供权威的消费参考。

3. 借助政府平台推广，提升国内女性温泉市场知名度

在政府旅游推广平台上，增设女性温泉旅游专栏，发布相关资讯、旅游线路和优惠信息，便于消费者了解和选择适合的温泉旅游产品。此外，可以通过国际旅游博览会和国内旅游推广活动，向国内外游客宣传中国女性温泉旅游的独特优势，吸引更多女性游客，提升国内女性温泉市场知名度。

4. 加大维权机制建设和监管执法力度，提升女性消费安全感与满意度

一是健全女性温泉消费者投诉与维权机制，提升其消费安全感。首先，政府应设立专门的女性温泉消费投诉平台，便于消费者在遇到问题时能够快速、便捷地进行投诉和反馈；其次，投诉平台应当设立专人负责处理投诉，并在规定时间内给予反馈和解决；最后，建立温泉消费维权热线，24小时提供咨询和帮助，确保女性消费者在消费过程中能够得到及时有效的维权支持，提升其消费安全感。

二是强化女性温泉市场监管与执法，保障女性合法权益并提升其满意度。政府应对温泉企业的广告宣传进行严格审查，防止虚假宣传和误导性广告，确保女性消费者获得真实、准确的信息。还应该加强对温泉服务中涉及的隐私保护、安全防护措施的监管，确保女性消费者在使用温泉设施时的安全与隐私不受侵犯，保障其合法权益，提升其消费安全感和满意度。

5. 完善温泉目的地交通建设，提升女性游客出游便利性

一是发展交通连接，提升女性消费者的出行便利性。政府可以加大公共交通网络的建设力度，特别是在温泉目的地和主要城市之间开通专线巴士或直达班车服务、增设公交地铁等。这些公共交通工具应考虑女性游客的需求，创造舒适、卫生、安全与高颜值的车厢环境，并设立合理的发车频次，以方便不同时间段的游客出行。

二是结合现代科技，推动智慧交通建设。政府可以在温泉目的地推广智慧交通系统，提供实时交通信息、导航服务和电子支付等便捷功能。通过手机应用程序或在线平台，女性消费者可以轻松获取到达温泉目的地的最佳路线、交通工具选择以及实时路况信息，从而提高出行效率，减少交通不便带来的烦恼。

（二）企业层面

“她经济”时代已经来临，温泉消费产品与服务供给的持续优化离不开市场主体的努力。作为供应商，以企业为代表的市场主体应该积极开拓，抢占市场新蓝海，重视“她体验”，全方位多方面回应女性消费者的多元需求。

1. 以重视女性消费者市场为导向，助力企业实现可持续发展

在当今消费市场中，女性消费者的地位日益重要，她们不仅是家庭消费的主要决策者，也是各类休闲与健康产品的重要消费群体。对于温泉行业而言，研究结果表明，女性市场的潜力巨大，且女性温泉市场消费的满意度、推荐意愿与重游意愿均较高。

因此，关注女性消费者的需求，以重视女性消费者市场为导向，将女性消费者作为市场营销与产品开发的核心目标群体，深入研究她们的需求、偏好和消费行为，提供其期待的产品和服务，不仅能够增加企业的市场份额，而且能推动产品与服务的创新。这是企业应对市场竞争的有效策略，即通过吸引更多忠实的女性客户，且通过她们的口碑传播来进一步拓展市场、增加市场活力以及实现企业可持续发展。

2. 打造多元化产品，满足女性消费者的多维需求

当前女性越来越注重消费多维体验①，存在多元需求，更加偏好主题化、体验化、定制化、安全与私密以及兼具氛围感与颜值的产品。这就启发企业若

① 刘溪辰．基于女性消费心理的旅游市场营销策略探究 [J]. 辽宁师专学报（社会科学版），2018（03）：3-5.

要在当今竞争激烈的市场环境中脱颖而出，必须注重产品的多元化价值和女性消费者的独特体验。

第一，产品体验化是增强女性消费黏性的关键。企业应提供沉浸式的温泉体验，通过引入香薰、音乐、灯光、装饰、VR等元素，打造舒适、放松、浪漫与沉浸的消费新场景，使女性消费者身心都能得到全面的放松。同时，设计时也应注重私密性和安全性，满足女性消费者对个人空间的需求，提升她们的消费体验。

第二，产品定制化是满足女性多元化需求的另一重要手段。企业可以根据女性消费者的不同喜好，提供个性化的温泉产品和套餐，例如，可以设计美容养颜、舒缓压力、放松身心、温泉美食体验等主题，也可以为女性消费者设计专属的温泉套票和会员服务，增强她们的归属感和忠诚度。

第三，产品主题化也是吸引女性消费者的重要策略。企业可以根据不同的季节、节日、动植物、电影文化或其他文化背景等，设计出富有特色和主题鲜明的温泉、餐饮、购物和住宿产品，如樱花温泉节、古风汉服体验日、生肖文化体验日、不同地区沐浴文化节等，让女性消费者在享受温泉的同时，感受独特的主题文化氛围，提升产品吸引力。

此外，还需注重消费产品和场景的艺术感、氛围感和颜值。通过精美的消费场景设计、高颜值的产品包装、住宿设计的主题化与小众化等，提升女性消费者的关注度和钟情度。可以推出与温泉体验相关的文创产品，如温泉主题纪念品、温泉美容护肤品、当地特色手工艺品、温泉美食等，打造全方位的温泉消费体验。通过这些策略，企业不仅能满足女性消费者的多样化需求，还能提升品牌的市场竞争力和影响力，增强女性消费者的忠诚度，为企业带来长期稳定的发展。

3. 营销策略多样化，提升品牌知名度和影响力

企业应在品牌宣传和市场推广中采取多元化的营销策略，特别针对女性消费者，提升品牌在这一市场的竞争力。具体如下：

一是利用多渠道营销，定制化广告推荐。利用社交媒体平台（如微信、QQ、微博、小红书等）、短视频平台（如抖音、快手、视频号等）、团购App（如美团、携程、去哪儿等）以及搜索引擎（如百度、360）等渠道进行精准营销，通过大数据技术分析锁定女性消费群体，并定制个性化广告内容，如健康美肤、舒适度假、放松身心、网红颜值打卡等主题，吸引女性用户的关注。此外，企业还可以策划并推出微短剧这种新型营销方式，以故事化的方式展示温泉产品和服务，结合女性生活场景，强化品牌与消费者的情感联系。这不仅能够提高品牌曝光度，还能通过生动的情节和人物设置，引起观众的兴趣与共鸣，从而提升品牌在女性群体中的认同感。

二是实行品牌联名，提高品牌的知名度与附加值。与其他行业包括美容护理行业、餐饮行业等行业品牌进行跨界合作，推出联名产品或服务，如限量版女性专属产品或套餐，打造女性专属的温泉体验，且结合时下流行的元素，增强话题性和市场关注度，扩大市场覆盖面，提升品牌形象与消费者的忠诚度。

三是利用节庆或活动营销，提升品牌曝光度。企业可以在特定节日，如国际妇女节、母亲节、七夕节或夏冬季假期等，策划专门面向女性的温泉节庆活动。这些活动可以包括主题温泉体验、网红场景打卡、美容护理体验、美食制作与体验以及瑜伽与冥想课程等，旨在满足女性消费者在健康、美容、时尚、美食等方面的多样化需求。此外，企业还可以策划并举办女性专属的温泉主题活动，如女性健康沙龙、瑜伽养生、汉服温泉体验等，通过这些活动直接接触女性消费者，加强品牌与女性消费者之间的情感连接，增强互动性和参与感。在活动期间，企业还可以推出限时优惠或专属套餐，激发女性消费者的购买欲望，提升营业收入。

综上所述，通过这种多元化的营销策略，不仅能够提升品牌在女性市场中的知名度和美誉度，还能有效地增强女性消费者的品牌忠诚度，确保企业在女性温泉消费市场中保持领先地位。

4. 服务标准化与个性化相结合，满足女性消费者高品质服务需求

与异性相比，女性往往思虑周详、感性、细腻，更关注细节，重表达，重安全感，重联系，往往会要求高品质的产品和服务①。因此，企业在提供服务时，应充分体现人文关怀，综合考虑女性角色，把握好服务尺度，注重服务细节。在消费过程中要进行必要的主客互动，且要做好售后合理关怀。在服务标准化的基础上，增加增值服务内容，注重个性化服务，提高服务质量，满足女性消费者高品质的服务需求，以贴心的服务、放心的环境、满心的真情，让客户开心地游览、舒心地体验、安心地消费。

其中，代表性的个性化细致服务有：设置女性专属的温泉池或私密区域，保障私密性和安全性；在温泉项目中增加美容护理、芳香疗法、皮肤护理等项目，满足女性对美容养生的需求，且护理服务应根据个人皮肤类型和健康状况进行定制，提供专属的护理方案；配备符合女性需求的设施，如独立梳妆台、镜子、化妆用品等；考虑女性消费者自驾出行较多，企业应设立女性专属停车位；增设手工体验活动、瑜伽课程、美食体验、民俗文化演绎等女性感兴趣的休闲娱乐项目，提升客户的娱乐体验；建立会员制度与客户反馈机制，保障女性消费者权益，收集客户意见，完善服务体验等；设立儿童亲子乐园，满足成年女性亲子出行时的休闲娱乐活动需求等。

5. 推动持续创新，赋能企业发展持续释放活力

创新不仅是温泉企业应对当前市场竞争的有效手段，更是企业实现长久发展、打造核心竞争力的必要条件。通过不断推进产品、技术、营销和服务创新，温泉企业能够在满足消费者多元化需求的同时，逐步提升自身的市场地位，确保在未来激烈的市场竞争中占据一席之地，并实现可持续增长和发展。

温泉企业要在充分了解女性市场的基础上，围绕产品和服务创新迭代升级，通过引入新兴信息与科技如 AR、VR、大数据技术、系统模型等来深挖文化内涵、丰富表现形式、打造动静态结合场景等，以此来打造顾客沉浸式体验，

① 谢青 . 旅游者消费心理与营销策略研究 [J]. 商场现代化，2022（12）：41-45.

同时，注重推动技术在产品生产、消费、营销等各环节的应用，更好地为女性消费者提供个性化、品质化、多元化的温泉产品和服务。

（三）女性温泉消费者个人层面

1. 重视自我需求与内心追求，增强生活的满足感和幸福感

对于现代女性而言，生活节奏快、压力大，日常生活中容易忽略对自身需求的关注。研究表明，在游玩时，很多女性表示“并未真正放松”，女性渴望追求自我却又囿于照料伦理，自我意识与传统角色观念、文化观念相互冲突，加上社会化照料不足，这些成为较多女性游玩体验的制约因素[①]。

然而，通过温泉疗养，女性不仅可以释放压力，缓解身心疲劳，提升身体健康水平，同时，许多温泉项目提供的美容养生疗程和天然矿物质浸泡，也能够帮助女性保持身体健康、提升肌肤质量，满足了女性追求美丽的愿望，从而增强自信心和内在的满足感。

此外，将温泉体验作为一种自我犒赏的方式，能够帮助女性肯定自己的努力，形成积极的生活态度。这不仅有助于增强心理韧性，还能提高整体的生活质量与幸福感。更重要的是，这能帮助女性在繁忙的生活中找到片刻的宁静和自我反思的机会，可以更好地平衡工作与生活，找到属于自己的幸福源泉，在日常生活中保持更积极的心态，从而对于提升女性整体生活质量和幸福感至关重要。

2. 增强自我保护和维权意识，提升自我应对风险的能力

研究报告发现，女性旅游者对旅行中的各类不确定情况存在一定的畏惧[②]，这可能在一定程度上抑制了女性消费者的温泉出游与消费，这就要求女性消费者：

---

① 陈英杰，吴泰岳，时少华等．女性视角下的家庭旅游——家庭建设的途径与实现 [J]. 旅游学刊，2022，37（12）：124-138.

② 中国旅游协会妇女旅游委员会．“她旅游”：新时代女性旅游消费需求和行为特征研究报告 [R/OL].（2024-03-08）[2024-08-15].https://mp.weixin.qq.com/s/ewhaPzyFRbY2LVCFR8WVnw.

首先，在享受温泉消费的同时，应具备基本的安全意识和权利认知，了解相关的法律法规以及消费者权益保护机制。这种意识不仅包括在消费过程中遇到问题时如何有效维权，还包括在选择温泉场所时如何识别安全隐患，例如，温泉项目的水质、设施是否达标，服务人员是否经过专业培训等。

其次，女性应培养勇敢面对未知的心态，在尝试新体验时保持开放的心态，但要确保个人安全始终处于首位。例如，参加某些可能具有挑战性的温泉活动或疗程时，应事先了解相关信息，并根据自己的身体状况进行评估，避免盲目跟风。

最后，积极向相关部门及目的地当地政府反映或者通过微博、视频号、抖音、小红书等渠道及时披露在消费过程中遇到的不安全、违法乱纪等事件和行为，以及时进行维权，同时，也为其他女性树立维权典范。此外，还可以通过加入相关的消费者群体或组织，增强自身的维权力量，集体应对可能存在的消费风险。

在日益复杂的消费环境中，女性应主动学习和掌握更多维权技巧，以确保可以应对在消费过程中受到的不公平对待。通过不断提升自我保护意识和维权能力，女性不仅能够提升自我应对风险的能力，还能够更加自信、从容地享受温泉带来的身心愉悦，提升整体的生活幸福感。

中国传统文化中的康养旅游渊源

王 欣 张淑雅 庞跃霞[①]

中国传统文化源远流长，健康和长寿是人们终其一生的追求目标，古人对保健、养生的研究颇为丰富，所形成的理论和方法是中国传统养生文化中的魅力瑰宝。在西方发达国家，工业革命之后，康养保健才逐步发展起来，且局限于中产阶级，而在我国，养生文化最早可以追溯到商代，延续至今，融合了诸子百家的学术精华，有着几千年的实践经验。博大精深的养生文化不仅是中华民族宝贵的精神财富，也为各行各业的蓬勃发展贡献了巨大的力量。

一、传统哲学思想体现的康养文化

（一）道学文化奠定了康养旅游的基本理念

古代文人墨客热衷于漫游名山大川，徜徉在山水之间，陶醉于田园风光之中，也凭此寻找精神的慰藉和心灵的寄托。尤其是诸多被贬官员，在被贬过程

① 王欣，博士，北京第二外国语学院旅游科学学院教授，中国文化和旅游产业研究院副院长，研究方向为文化旅游和旅游目的地管理；张淑雅，北京第二外国语学院旅游科学学院硕士研究生，研究方向为旅游目的地管理与旅游规划；庞跃霞，硕士，北京第二外国语学院中国文化和旅游产业研究院助理员。

中常常被道家思想所吸引，道家思想中的“天人合一”“顺应自然”，这种思想能够给予他们一种心灵上的安慰和行动上的指引。在面对逆境时，提供一种超脱世俗、回归自然的心态，让人自然而然也增加了对养生之道的关注。后来，人们将康养理念融入诗词中，通过描绘山水之美、田园之乐以及养生之道，表达了对健康生活的追求和对自然的敬畏之情。

1. 道法自然，顺应规律

道家的养生文化总结概括起来即遵循自然规律，强调“道法自然”，老子首次将人的养生融入周边环境当中进行综合考虑[1]，养生思想构成了黄老道家思想的核心基调，自黄老思想萌芽之初这一理念便深深扎根，并贯穿其整个发展历程，包括其兴起、繁荣以及转型阶段[2]。老子主张“人法地，地法天，天法道，道法自然”，认为人应该顺应自然的规律生活，与自然和谐共处。

2. 清心寡欲，知足常乐

清心寡欲是老子养生思想的重要组成部分。人要清除心中的杂念，要抱持简单的态度，养生忌思虑过多，思虑过度可能会损伤脾胃、心脏、肝脏等身体部位。老子说：“居善地，心善渊”，人要选择一个环境好的地方，让自己的内心得到平静。《管子·内业》中指出：“凡人之生也，必以平正，所以失之必以喜怒忧患。是故止怒莫若诗，去忧莫若乐，节乐莫若礼”“凡人之生也，必以其欢”。人要保持心情愉悦，心态平和、知足常乐是养生养心的重要内容。庄子同样也强调“心能通则性命长久，心能解则病乃不生”，通过修炼心性，保持内心的宁静与明晰，延年益寿，并远离疾病的侵袭。

3. 返璞归真，注重养神

“精也者，气之精者也”“凡物之精，此则为生。下生五谷，上为列星。流于天地之间，谓之鬼神；藏于胸中，谓之圣人。”“心术者，无为制窍者也。”心静则九窍自然各司其职，心乱则会产生耳聋目盲。这些是管子所提倡的“精”“气”“神”在中国传统哲学和养生中是极为重要的概念，精、气、神是中医的三宝，精可化气，气可化精，精气生神，精气养神，而神则统驭精与气；

在管仲的学说中，精气是人本身内在的精神本源，三者具有互相化生的特点，后世的诸多养生学家正是在此理论基础上形成自己独到的见解。这种思想更在中医学中得到了进一步的发展和完善，成为中医学重要的理论基础之一。

4. 游山玩水的道教妙趣

道教中关于居处圣地有"三十六洞天，七十二福地"的说法，人们在对自己的住所及所到之处的选择中，体现着道教的风水实践与相关理论。道教作为中国的传统宗教，道门中人和百姓都关心风水问题，同时，遵照易学八卦的模式，选择出游目的地，遵循卦意达到心神宁静的状态，有利于自己延年益寿。

5. 丹道修炼在康养中的贯通

道学中的丹道部分通过"道"的理念和"丹"的炼法进行丹道修炼以实现延年益寿。道家认为，食用"仙药"可以延年轻身、千害不伤，也认为通过修炼内丹能达到"飞升成仙"的目的。炼丹道士一般将丹房设在深山老林中，并伴有一套神秘仪式，炼丹术、炼丹图都吸引着众人前往，陈撄宁在《论白虎首经》中提及："余根据四十年之阅历，耳闻目见，各省学道诸君，用五千四八采大药者……"可见众人在寻丹的过程中本质上也涉及了旅游，为保障自身身体素质，他们在饮食、生活作息等方面颇有讲究，所以，丹术的修炼不仅为矿物学、医药学做出了巨大的贡献，一定程度上也促进了旅游的发展。丹道修炼曾在武当山盛极一时（战国两尹盛修、汉代两生丹岩、隋唐吕洞宾和陈抟、元明清张三丰）并多次再度兴起。修炼丹道自然不能飞升成仙，但确实能达到祛病延年的目的，魏伯阳《周易参同契》、陈致虚《金丹大要》、张三丰《论大道》等书中内丹修炼的理论和方法均有所论述。武当丹道理法科学、传承有序，如今，武当文化渗透进道教历史、道教音乐、山水文学、朝山进香民俗、内家武术、道教养生术、道教医药等多个领域，武当山旅游经济特区借助武当文化的独特优势打造康养产业高地。

道学强调"道法自然"的宇宙观，崇尚自然本真、回归自然的生活状态。这为康养旅游创造原生态的自然环境、强调人与自然和谐共生提供了强有力的理论依据。良好的自然物候条件是康养旅游发展的基础，康养旅游强调调养身心、静修养性，使身心和精神层面都得到极大的改善与满足，与道家以静养心，“清净”“守一”，让心灵处于恬淡宁静的状态相契合。

（二）儒家文化拓展了康养旅游的理论内涵

1. 仁德必寿，修身养性

据史料记载，儒家学派的创始人孔子享年73岁，远高于当时鲁国人的平均寿命，他主张“仁德润身”“知者乐，仁者寿”[①]仁者寿是孔子养生思想的核心。孔子认为人有三死，即“疾病死，服刑死，争战死”，而这些都与道德密不可分，道德修养是养生的基础，所谓“修身、齐家、治国、平天下”，意思是要从个人的道德修养做起，以德育人。孔子的“坐忘”，颜回的“心斋”，意指要达到心灵的清静。孟子也讲过养生的道理，他主张性善论，认为可以通过践行仁爱，不断提升自我修养，同时推动社会和谐，这对养生以及创造养生的环境都有重要意义。“养浩然之气，修君子之身”，浩然之气是指人内在的一种刚健、正大、温厚的精神力量，养浩然之气能够增强体魄，调和情志，达到身心合一的养生境界；修君子之身是养生的基础，一个品德高尚、行为端正的君子，能够自觉地遵循道德规范，保持内心的平和。孟子的思想体系中还强调内外兼修，注重精神层面的提升。“养浩然之气”思想，体现了其性善论的深层内涵，强调了人性修养、身心健康、社会和谐等层面的养生智慧。“养心莫善于寡欲”，他认为，过多的欲望会扰乱人的心神，影响健康。孟子还重视人所处的环境与人际交往，强调要与人为善，将“仁爱”思想推己及人，后又有“仁政”“民本”的思想，以仁爱之心带动社会的道德实践，创造一个良好的环境。

董仲舒认为“仁人之所以多寿者，外无贪而内清净，心平和而不失中正，取天地之美以养其身”，“仁德必寿”作为儒家文化的核心价值观之一，强调要注重人际关系的和谐，以仁德为基础的康养旅游不仅能美化整体的旅途，更能

---

① 《论语·雍也》，第69页。

凸显一定的社会责任，实现旅游的可持续发展，“将身有节，动静以义，喜怒以时，无害其性”（《孔子家语·五仪解第七》）正是旅游者希望通过康养旅游，实现内心的滋养和个人修养的提升。

2. 中庸平和，宽松泰和

儒家所提倡的“心和平而不失中正”，要保持心理的平静与和谐，培养宽容、善良的品质，从而促进身心健康。“中庸”也体现了阴阳平衡的养生精髓。孟子主张减少对外物的追求和依赖，保持内心的平静与满足，节制约束自己，本身便已暗含中庸之道。这种清心寡欲的生活态度，有助于维持身心的和谐与平衡。荀子提出“万物各得其和以生”，强调和善、祥和、中和，暗含着和衷共济及内和外顺的哲学思想和养生之道。“循天之道，以养其身”“……中者，天地之所终始也；而和者，天地之所生成也。能以中和理天下者，其德大盛；能以中和养其身者，其寿极命。”董仲舒将中庸思想和养生相结合，以中和之道养身健体。

“平人者不病”，旅游，尤其是康养旅游，究其本质而言，蕴含着儒家”中和”的思想理念。“中和”为折中调和之意，旅游者通过康养旅游舒缓身心，保持生活与心灵的平衡，以儒家中庸思想的“执用两中”观念来指导康养旅游中所要达到的平衡调和，更能抓住康养旅游中养生健康的目标。

3. 强健体魄，陶冶性情

孔子本人不仅精通诗书礼乐，还喜欢运动。“已而去鲁，斥乎齐，逐乎朱、卫，困于陈、蔡之间”（《史记·孔子世家》）孔子周游列国，狩猎骑射、驾驭马车、登高望远都不在话下，他主张通过运动锻炼来达到身心健康的目的。在其教学思想中，主张学习生活要张弛有度，《论语·述而》中记载：“子曰：志于道，据于德，依于仁，游于艺。”人应该树立正确的人生目标和价值观，不仅要脚踏实地的修养德行，以仁作为行事的准则，也要追求精神与形体的和谐，提升对艺术的修养和欣赏，陶冶情操。明代《泰山志》评价“泰山胜迹，孔子称首”，孟子曾评价孔子“登东山而小鲁，登泰山而小天下”，不仅体现了儒家文化中仁者乐山、智者乐水的思想，也反映了孔子讲究劳逸结合，这些都是他健康长寿的原因。

儒家的乐文化即诗歌、音乐、舞蹈的和谐统一。在古代，音与乐是相通的，而五音（宫商角徵羽）通五乐，可调七情，使人身心和，五音又与五行五脏相匹配，“角为木音通于肝，徵为火音通于心，宫为土音通于脾，商为金音通于肺，羽为水音通于肾”（《黄帝内经》），儒家强调“乐”对心理的感化作用，有助于稳定情感，自得其乐。同时，古人也通过传统的音乐疗法来健身治病，司马迁在《史记·乐书》中便提到过音乐疗法，认为音乐可以“动荡血脉，通流精神而和正心也”。康养旅游中会经常借助轻音乐、慢音乐来改善旅游者的情绪、心境；以达到放松身心、增强体验感的目的。

儒家文化的养生理念涵盖性善论、浩然之气、仁爱实践等，强调身心修养和社会和谐。儒家重视自然环境与人的和谐共生，此为康养旅游的理想境界，为相关活动的开展提供了良好条件。儒家崇尚“中庸”之美，秉持“和为贵”思想，倡导清心寡欲，既不过度劳累，也不过度放纵，以达平衡之态。“喜怒哀乐之未发，谓之中；发而皆中节，谓之和”，旨在教导人们在情绪管理上追求中和，这对康养旅游中的心态调整具有指导意义。

（三）佛家文化对康养旅游观的发展有重要影响

1. 慈悲为怀，养神静气

佛家认为广行善事，帮助他人，也是养生的一种方式，佛教的慈悲心要求人们对自己和他人都怀有同情、关爱之心，保持积极乐观的心态，增进心理健康。佛教讲究“因果律”，人们一切行为都会随之产生相应的果报。善因善果、恶因恶果，因果律倡导人们培养善良的品德，践行善良的行为。良好的因果关系是养生的基础，有助于人们身心和谐、预防疾病等。佛教“无常法则”认为，世间万物都是无常变迁的，没有任何永恒不变的事物，无常法则要求人们不要执着于外在的物质形式，要注重内心的修养，达到心理健康和内在平衡，《金刚经》中“应无所住，而生其心”则强调超越执着，保持内心的自在安定。“万物皆有自性，本自如是”佛家主张人应当与自然和谐共生，顺应宇宙间的自然规律。佛教从身、心、境这三方面的整体性思想对待养生[3]。通过修炼禅定，打坐念咒，平静内心达到身心合一的状态。

2. 素食文化，规律作息

佛家主张清淡、素食，避免刺激性或肉类食物，《大乘入楞伽经》中提到："一切诸肉，有无量缘，菩萨于中，当生悲愍，不应啖食"，尊重生命，让所有众生能身心安乐、无所怖畏以达到身心清净；还强调起居有常，保持作息规律，以调理身心，有规律的生活是僧人长寿的根本。

“身心如一，无二无别”佛教强调通过内心的修炼和觉悟来实现真正的养生，认为身心合一是养生的关键，与康养旅游追求身心健康的目标高度契合。主张清淡饮食有助于身心清净，强调起居有常，良好的作息节奏有益于养生，为康养旅游的膳食观、时间观提供了重要参考。

二、中医文化康养

（一）四时节气康养法

古代天文、气象、地理学、历法等内容构成了中医运气学说的重要依据，古人也很早认识到四季中万物生长的规律，《素问·四气调神大论》中提出了春三月“春气之应，养生之道”、夏三月“夏气之应，养长之道”、秋三月“秋气之应，养收之道”、冬三月“冬气之应，养藏之道”的四时养生之道；《张子语录·下》中提到“大率五行之气，分王四时”。因此，四时养生即顺应春夏秋冬四季阴阳变化规律的养生保健活动[4]。《黄帝内经》有言“故智者之养生也，必顺四时而适寒暑”，古人将四时又细化为二十四节气，并照此来安排生产劳作，古代名医也认为，节气与人体养生息息相关，养生也要讲究顺应天时，根据四时的阴阳变化规律和特点进行休养、调养，达到延年益寿的效果。古代中医有“春夏养阳，秋冬养阴”的说法，四时寒凉温热的变化与阴阳消长息息相关，这就要求人们在日常活动、起居作息、饮食、精神上都遵循一定的规律。《周礼·天官·冢宰》云：“春时有痟首疾，夏时有痒疥疾，秋时有疟寒疾，冬时有嗽上气疾。”[①]周朝时医官便发现某些疾病的发生呈现季节性规律，因此，疾病治疗和服药方法都该顺应时序。

《素问·宝命全形论》中说道：“人以天地之气生，四时之法成。”如此，历代养生家都主张养生要因人、因时、因地制宜。古人还总结出春养肝、夏养心、长夏养脾、秋养肺、冬养肾的五脏调养法。立春时节要注意养肝，做到乐观开朗、心境平和，春捂防寒养好人体的阳气，尽快适应春天的气候；惊蛰时节春暖花开，要注意预防疾病，省酸多食甘味食物。《黄帝内经》说道：“春三月，此谓发陈，天地俱生，万物以荣。夜卧早起，广步于庭，被发缓行，以使志生……”，调养饮食起居可以使精神愉悦；春分时节须保持心平气和，加强运动；清明时节人们应当消除异常的情绪反应，多到河边、森林散步；雨生百谷，谷雨节气雨水较多，要注意预防神经痛，防胃病，应多润养肝脏加强锻炼；立夏处于春夏之交，要为安度酷暑做准备，多补充营养物质，戒骄戒躁；小满小满，江满水满，闷热潮湿的天气逐渐到来，要注意清爽饮食，避免做多汗的项目；从芒种开始雨水较多，北方多雷阵雨天气，南方多梅雨期，人会感到四肢困倦，虽热但也要小心防寒，气温升高，人们会举行一些庆祝活动，端午节的划龙舟，白族的栽秧会，西藏的逛林卡等；从中医上讲，夏至是阳气最旺盛的时节，要保持神清气和，夏至时节民间有许多习俗，如吃夏至面，将新麦做成饼馍，天气炎热也是“三浴”（即空气浴、日光浴、水浴）锻炼的好时机；一年中最热的时节为大暑，人气血比较旺，要保持充足的睡眠，早晚多进行一些适当的健身锻炼；立秋的气候是由热转凉的交替节气，天气渐凉，阳气渐收，阴气渐长，要早睡早起，静心安神；处暑是真正的收获季节，人们喜欢举行隆重的仪式来答谢神灵，也表达自己的喜悦心情，但人们容易“秋乏”，在这个阳

① 陈戍国：《周礼·仪礼·礼记》[M]，长沙：岳麓书社，1989.

消阴长的过渡时段，要保持适当的锻炼；寒露节气菊始黄华，在此时节，人们赏菊登山，注重精神情志、饮食起居、运动导引方面的调节；立冬是个大节气，东北地区大地冰封，低气温易诱发多种疾病，要注意潜藏阳气去寒就温；“瑞雪兆丰年”，大小雪节气要多做运动，如跳舞、画饼、打球，缓解冬季烦闷；中医认为“气始于冬至”，要冬令进补，保持心情畅达乐观。

春季自然界呈万物复苏之势，人也一样，各器官功能都处于比较低的状态，应以较为柔和的运动、慢游为主，如慢跑、登山，农家乐、采摘等乡村康养旅游备受欢迎；夏季炎热多雨，有众多避暑旅游地，避暑胜地常结合当地特色，提供各种养生活动，增强人体各个系统功能，达到健康保养的目的，夏季闷热潮湿易让人心生烦躁，避暑胜地通常环境优美、设施完善，为游客提供全方位的休养服务。秋季气候宜人，节假日也比较集中，人们前往热门旅游地的同时，不少游客选择反向旅游，去一些小众的康养旅游地，避免人多拥挤，更悠闲自在，让心灵放松。冬季气候寒冷，但南北差异大，北方人躲避寒冷的冬季，到温暖的南方享受阳光和海滩，而南方人游赏冬季雪景，在雪中漫步、滑雪等，享受难得的冬日乐趣，放松身心。此外，冬日也是温泉康养的黄金时段，温泉水富含多种矿物质和微量元素，能促进血液循环，提升免疫力，结合温泉养生项目，如泥浆敷、SPA 等，能达到养生保健的效果，尤其受女性的欢迎。

（二）中草药康养法

李时珍在《本草纲目》中曰：“天造地化，而草木生焉，刚交于柔而成根蔓，柔交于刚而成枝干。”草是中药主要的配置原料，可以直接煎熬服用，也可以直接加工成成品。木植物居五行之一，树上的果实可以食用，本身也具有药用功能。具有康养益寿的药品有很多，历代本草及医家著述中多有记载，中医药中有补益药物、解表药物、清热药物、泻下药物、祛风湿药物、芳香化湿药物、利水渗湿药物、温里药物等，古人通过认识中草药，采用中医草本养生的方式来调理自身，使身体阴阳平衡，气血畅通达到身体健康、延年益寿的效果。《神农本草经》将中草药分为上、中、下三品，上品药补虚养命、中品药补虚治病、下品药功专祛病。医圣张仲景在古代养生保健医学发展方面做出了重大贡献，特别是在《伤寒杂病论》中对抗衰老中草药的研究有重大发现。药王孙思邈在《备急千金要方》和《千金翼方》两部著作中，记录并总结了大量延年益寿的中草药和配方。李时珍在《本草纲目》中记录了四五百种具有养生补益作用的药物，还提供了多种养生方法，包括一些以中、草药为基础的药膳、药茶、药浴等奇效良方和本草治病养生的八大 方法等。

此外，还有刮痧、火疗、针灸等养生方法。针灸是具有中医特色的传统养生方法之一，通过针刺、艾灸来调整活络气血，以增强体质，防病治病。“无用砭石，欲以微针，通其经脉，调其血气”（《灵枢·九针十二原》）说明在几千年前，针刺已经成为防病治病的重要手段。在特定穴位上施灸来益寿延年。《扁鹊全书》记载道“人于无病时，常灸关元、气海、命关、中脘……虽未得长生，亦可保百余年寿矣”，灸法也多用艾灸；艾，祛湿寒，疗百病，养容颜。

2016年，国务院印发的《中医药发展战略规划纲要（2016—2030年）》（以下简称《纲要》）提出要大力促进中医药与健康养老、旅游产业等融合发展，进一步健全中医药服务体系，提高中医药传承创新能力，大力弘扬中医药文化。以中医药为基础发展的中医药康养旅游、森林康养旅游势头正热。森林里中医药资源丰富，部分森林公园中有中草药养生基地，如广东省揭西县大北山国家森林公园拥有丰富的中药资源，充分利用这一优势，成立了大北山中药养生基地，以林下中药种植为依托，开展中药种植、养生体验等森林养生活动，为游客提供了独特的体验。森林中富含负氧离子，可以改善大脑皮质的功能，从而振奋人的精神，消除疲劳。“世界长寿之乡”巴马空气中负氧离子极高，依托独特的生态资源和传统中医药文化元素，融入民族和地方特色，进一步提升了休闲旅游和康养度假的品质和内涵。“无药不过玉林，寻香必至玉州”，桂林依托“药香”文化，打造有影响力特色康养文旅 IP。“李时珍中医药文化”的发源地蓟春县，《本草纲目》所列的1932种药物，这里就有1000余种。截至2023年，蕲春县在谈康养旅游项目 127 个，康养旅游项目丰富[5]。陶弘景在《名医别录中提及》“艾叶，味苦，微温，无毒，主灸百病”。“中国艾都”的称号让蕲春县艾灸健康养生职业化，更拉长了康养旅游产业链和价值链。海南保亭用黎药文化打造“世外桃源”，每个村民或多或少都懂得一些草药常识，以黎族草医文化为灵魂，发挥黎药资源优势吸引远方来客。内蒙古以中草药带动大旅游，内蒙古巴彦淖尔市乌拉特前旗有1.2万亩“仿野生中药材种植基地”，在乌拉特后旗建成的蒙医药文化展厅，游客在这里学到康养知识，同时，又可以切身体验康养文化，达到“旅游为健康”的目的，赋予了旅游新的内涵。

（三）警惕六淫“寒”邪

病从寒起，寒邪会导致诸多疾病，《黄帝内经》中“今夫热病者，皆伤寒之类也”，《伤寒杂病论》中强调了寒邪对人体健康的危害，寒气容易进胃、脾、肌肉、关节等身体部位，一旦侵入并达到一定程度后便会影响气血，这就是中医常说的虚亏，一旦虚亏则会诱发许多反复并难以根治的疾病。尤其是寒气同其他病因结合起来，会诱发更多疾病，如寒气若同湿邪结合，便会形成湿寒，有些疾病表面看似上火，内里却是怕冰凉，如果被表象所迷惑，只会清热泻火却不除寒气，甚至会留下沉疴宿疾。人在一年四季中都有受寒的可能，三九隆冬、春寒料峭时节都会引导寒气入体，像现代人多有空调综合征、长期熬夜的人会感到手脚冰凉、脑子不听使唤，这也是耗损气血的结果。女性体质偏冷，手脚易凉，《黄帝内经·素问·调经论》中认为：“寒湿之中人也，皮肤不收，肌肉坚紧，荣血泣，卫气去，故曰虚。”女性在意美容养颜，而中医认为虚证的本质就是衰老，所以，更要注重驱寒祛湿。

自古以来，便有以温泉养生、驱寒祛湿的传统，温泉是我国数千年养生文化的重要组成部分，中医认为温泉水性温润，能滋养元气，调理阴阳，故有“液体黄金”的美称，古代名医孙思邈等都推崇温泉的保健功效。早在山海经中就有关于温泉的记载，在魏晋南北朝时期，贵族将温泉作为游乐场所，尤其热爱借助温泉疗疾，郦道元《水经注》中，提到温泉可以“治百病”，“鲁山皇女汤，可以熟米，饮之愈百病，道士清身沐浴，一日三次，多么自在，四十日后，身中百病愈”，真实记载了温泉的保健作用。李时珍在《本草纲目》中提到：“矿泉分为热泉、冷泉、甘泉、苦泉”。矿物质和微量元素使温泉水拥有独特的功效，能给人体带来多方面的养生保健利益。现今，温泉康养旅游发展态势良好，大中型温泉旅游地主要集中在广州等地和京津冀城市群等区域，大多数温泉以“温泉养生化”作为开发前景，吸引老年人养生保健、中年人调理身体，青年人缓解压力及时放松。同时，温泉康养市场也着重以美容养颜抗衰老的养生基调吸引女性消费群体，依托温泉资源开发出一系列旅游产品，也进一步深耕了养生文化。

游客通过泡温泉来祛湿驱寒以强身健体，美容美颜。海南、云南、广东等避寒旅游地，以及吉林、山东、贵州等避暑旅游地也依托气候优势，开展了一系列康养活动吸引游客前来。

三、日常生活中的康养观

（一）传统体育养生术

《素问·四气调神论》篇提到：“是故圣人不治已病治未病，不治已乱治未乱，此之谓也。夫病已成而后药之，乱已成而后治之、譬犹渴而穿井，斗而铸锥（指兵器），不亦晚乎”，这句话首次提到“未病”一词，强调治疗未病的重要性。如今的亚健康就类似于中医里的“未病”。古人通过一系列运动活络筋骨，调养“精气神”，《吕氏春秋·适音》中谈到“筋骨瑟缩不达，故作为舞以宣导之”，说明古人在劳作疲惫之时，做跳跃伸展运动以宣导气血、预防疾病。

运动养生是传统养生文化中重要的一环，古引导术易筋经通过脊柱的旋转屈伸来带动四肢、内脏的运动，在神形合一中达到健身、防病、延年、益智的目的。东汉时期，华佗创编的五禽戏通过模仿五种动物的动作来达到形神兼备、益气健身的养生效果。起于宋代的引导功法八段锦，可行气活血、周流营卫、神形共调，尤适用于年老体弱者。集众家之长、刚柔并济、阴阳开合、身手合一的太极拳，以意领气、以气运身，可以疏通筋骨，促进血液循环，平衡健脑。“百练不如一走”“徐徐步庭院散气”，持之以恒的散步健身是康养防病、延年益寿的有效措施，散步并非只是一味地踱步，古人更经常把散步与其他内容结合，最常见的就是旅游了，一则提高雅兴，二则锻炼身体，一举两得，漫步赏花游览山川名胜，结伴同行饱眼福而广见闻。运动养生还包括按摩推拿的养生方法，古人在狩猎、采摘等劳作过程中，常有酸楚疼痛之感，通过拍打、按摩来减轻不适，孙思邈在《备急千金要方·养性》中提到：“按摩日三遍，一月后百病并除”来推崇按摩导引，通过对身体的局部刺激来舒筋通络，止痛缓急，扶正祛邪，促进新陈代谢。

《“健康中国2030”规划纲要》指出，要依托山地、峡谷、水体等地形地貌及资源，发展山地运动、养生运动、极限运动、传统体育运动、徒步旅行、探险等户外康体养生产品，推动体育、旅游、康养等业态的深度融合发展。当前大众的健康观念已从单纯的治疗转向预防为主，大家越来越重视身心健康，对健康管理和养生方式产生了更多需求，加上全民健身、户外运动等潮流不断涌现，为基于体育运动的康养旅游提供了良好的市场基础。同程旅行联合咕咚App发布了《2024体育休闲消费报告》，分析体育户外休闲旅游消费新趋势，体育旅游消费市场快速增长，成为旅游业发展的亮点之一。2024年1月至7月，体育旅游的搜索热度增长87%，户外运动参与人数同比增长19%。广西贺州市借助优越的生态环境和康养资源，吸引全国各地的职业运动员和体校学生来此训练。当地结合壮族传统医疗和运动康复方法，为有需要的运动员提供专业的康复理疗服务，这不仅带动了体育、养生、旅游等多产业的发展，也为贺州市营造了良好的康养文旅氛围。以武术、太极等传统运动为特色的旅游目的地，不仅吸引老年人到此增强体质，也吸引年轻群体体验传统文化，培养更加健康积极的生活方式。现代的体育赛事也丰富了体育旅游产品和服务供给，激发了体育旅游消费。

（二）食疗文化康养

“惜气存精更养神，少思寡欲勿劳心。食惟半饱无兼味，酒止三分莫过频。”龚廷贤强调敛气保精、食勿过饱、少量饮酒以及保持乐观开朗的心态，《孔子家语·五仪解》曰“夫寝处不时，饮食不节，逸劳过度者，疾共杀之”，这指出不良的生活习惯对健康和生命的潜在威胁，《素问·上古天真论》中也认为，唯“饮食有节，起居有常，不妄作劳，故能形与神俱，而尽终其天年，度百岁乃去”。这些都是古代日常养生的重要理念。

1. 日常饮食

《备急千金要方》强调“安身之本，必资于食”。俗话说，药补不如食补，食养食补不仅能够补充营养，还能够提升人的精气神，起到益寿、康养、抗衰、预防的作用。早在周代，人们就已经通过饮食进行养生，认识到饮食对健康的重要性。周代设有专职的食医，为周王室提供合理的饮食和营养搭配建议。《素问·脏气法时论》说：“毒药攻邪，五谷为养，五果为助，五畜为益，五菜为充，气味合而服之，以补精益气”，说明当时人们已经认识到要充分利用谷、肉、果、菜等食物以营养身体、补益精气、提高抗病能力。唐代孙思邈在《千金要方·食治篇》提出“食能排邪而安脏腑，悦神爽志以资血气”的“食治”理论，强调了食物在治疗和预防疾病中的作用。良好的饮食习惯讲究饮食有节，进食有时，合理搭配、因人制宜。以五谷为养，五果为助，五畜为益，五菜为充，气味合而服之，以补精益气，通过饮食养生利用食物的营养预防疾病，益寿延年，要舒畅心情，进食的环境也要有所讲究，要明净宜乐，“脾好音声，闻声即动而磨食”（《寿世保元》），提升人的食欲。

我国素食文化的发展源远流长，儒家“孝”之道的推崇，素食被举国上下以礼奉行；魏晋至宋时期，素食文化逐渐发展起来。魏晋时期，素食作为一种饮食习惯开始受到重视，到了宋朝，素食文化更是达到了一个新的高度，举国信奉道教之人，皆自主吃素助益长寿养生，甚至出现专营素食的素食店，成为当时饮食文化的重要组成部分。素食中含有大量的钾和钙等矿物质，而且营养更容易被吸收，可以改善肠道环境，相比肉类食物胆固醇含量少，有效降低疾病发生的风险。此外，素食还能改善皮肤状态、减少色素沉着，起到美容养颜的作用。近年来，寺庙康养游受到年轻人的追捧，祈福许愿成为很多人的选择。本质上还是，现在年轻人生活压力太大，寺庙环境本身就宁静肃穆，其开展的禅修和义工活动恰恰可以让年轻人放下疲惫，短暂修行，身体和精神上得到极大的支撑和满足。我国现存第一部较为系统的营养学专著——《饮膳正要》强调“治未病，不治已病，故重食轻货，盖有所取也”的同时，告诫众人“若贪爽口而忘避忌，则疾病潜生”，这一理念与康养旅游中的膳食观如出一辙。

2. 养生酒文化

人们最初饮酒的目的并不是出于养生，最初的酒大多是水果在自然条件下发酵而成，本身就含有保健的功效。酒性温而味辛，温者能驱寒、疏导，辛能发散，行气活血，所以，酒能通经活络、温阳驱寒，能疏肝解郁，谷物酿造的酒还能补养肠胃。古人很早就认识到酒有滋补、强身的作用，《诗经》中“为此春酒，以介眉寿”意为用酒来帮助长寿。《汉书·食贸志》中说：“酒者，天之美禄，帝王所以颐养天下，享祀祈福，扶衰养疾。百礼之会，非酒不行。”把酒与帝王的享乐、养生联系在一起。后来，酒与药物的结合是酒文化养生的一大进步，酒“善行药势而达于脏腑、四肢百骸之性”，酒成了食与药的统一体，故《汉书·食货志》中有“酒为百药之长”的说法，李时珍在《本草纲目》中认为酒有通血脉、润皮肤、散湿气等作用，《备急千金要方》《五十二病方》《圣济总录》等医药巨著中都记载了大量关于药酒补酒的配方和制作方法。酒与美食的搭配，还会提升菜的品质，增加人的食欲。

《神农本草经》中记载，葡萄“味甘，平。主筋骨湿痹，益气，倍力，强志，令人肥健，耐饥，忍风寒。久食，轻身不老延年。可做酒。”讲述了葡萄的功效。葡萄酒中含有多种氨基酸和维生素等物质，《本草纲目》中提到：“葡萄久贮，亦自成酒，芳甘酷烈，此真葡萄酒也。”葡萄酒有“驻颜色、耐寒”的作用。晚辈向长辈们敬桂花酒以祝愿长辈健康长寿，菊花经霜不凋，因此，用其制作的酒有明目、清热等功效。

3. 千年养生茶道

我国茶文化已有几千年的历史，至少在唐代或唐代以前，中国就将茶饮作为一种修身养性之道。“茶兴于唐而盛于宋”，唐代《封氏闻见记》中有记载：“……于是茶道大行，王公朝士无不饮者。”陆羽的《茶经》中翔实记录了饮茶的不同方式，茶道讲究“和、静、怡、真”，注重精神内涵，“和”讲究中庸之道；“静”则明，得静便可道通天地，洞察明澈；“怡”即愉悦，可与三五好友快意畅谈，托物寄怀；“真”是茶道的终极追求，不仅器具真、环境真还要诚意真，人心真。通过品茗来修身养性达到精神上的享受。

唐代《本草拾遗》中记载：“诸药为各病之药，茶为万病之药”，虽然表述夸张，但也确实体现了茶所具有的康养功效。《神农本草经》中记述：“茶，味苦，饮之使人益思、少卧、轻身、明目”，可见茶有消除胀气、清热解火、消除疲劳等功效。此外，以茶入药制作成药草茶，唐代的《外台秘要》中便记载有药茶的制作。其功效虽多，但也要按照个人体质、对象、季节选择合适的茶饮：茶有温凉之分，适宜不同体质的人，热性体质的人适饮绿茶和乌龙茶，寒性体质的人适饮红茶、黄茶，平和体质的人群则大部分茶均可饮用。不同季节的饮茶也有讲究：春季宜饮花茶，茶香浓烈，可驱寒邪、理郁，促进机体阳气生发，消除春困；夏季宜饮绿茶，清热消暑，提神醒脑，生津止渴；秋季宜饮铁观音等乌龙茶，清口解腻，缓解秋季燥热之气；冬季宜饮红茶，味甘性温、祛寒暖胃，降低血脂、预防消化道和心血管类疾病发生。

康养旅游不仅要依托良好的自然资源，完美的基础设施，提供健康的饮食也是至关重要的，因此，依托膳食、茶、酒文化资源为特色康养旅游目的地相较于一般旅游目的地，蕴含着养生理念。这些康养目的地要合理设计营养均衡、清淡养胃的特色健康餐饮，利用茶叶、酒类的营养成分、药理作用和养生茶饮、酒疗项目，如改善睡眠、增强抵抗力等为游客提供专业的养生服务，打造鲜明的地域特色。

四、结论

《神农经》曰：“食谷者智慧聪明，食石者肥泽不老（谓炼五石也），食芝者延年不死，食元气者地不能埋，天不能杀。是故食药者，与天地相弊，日月并列。”从神农氏开始，古人便有了关于“延年长寿”祖训，这也是人们美好向往和追求，内外兼修以强身健体，提升自我。我国传统养生文化历史悠久，融汇了儒、道、佛以及诸子百家等流派的思想精华。内涵丰富的养生术滋养着传统的养生文化，导引术、药养、食疗、针灸、拳法等养生术和功法在人们的日常生活中就可便捷应用，可应用到旅游中，使旅行不仅成为放松身心的方式，更是一次身心的深度滋养、康养之旅。通过儒家的中庸之道、道家的自然无为、佛家的禅定修行这些古老而智慧的哲学思想理解世界和人生，深入探索中医药养生的奥秘；品尝药膳的美味，得到滋养；亲身体验针灸、拔罐等传统疗法的独特魅力；在太极拳的动静之间找到身心的平衡点，增强内在的力量与耐力；感受茶文化的深厚底蕴和独特韵味……让人们在旅途中不仅能欣赏美景、体验文化，还能在身心层面获得更深层次的放松、恢复与成长，让旅游成为一次真正的康养之行。

参考文献

[1] 范铜钢 . 养生典籍功法技术挖掘整理研究 [D]. 上海体育学院，2016

[2] 曹峰 . 黄老道家研究的几个基本问题 [J]. 四川大学学报（哲学社会科学版），2021（05）：28-37.

[3] 李金菊 . 汉传佛教养生的历史研究 [D]. 中国中医科学院，2007.

[4] 谢双峥 . 古代四时养生思想的历史发展及文献研究 [D]. 江西中医药大学，2020. DOI：10.27180/d.cnki.gjxzc.2020.000021.

[5] 张思怡，刘伊琳，王佳怡，等 . 蕲春县中医药康养旅游创新发展路径研究 [J]. 农村经济与科技，2024，35（01）：115-117+145.

地方发展报告篇

北京市温泉康养旅游发展研究报告

冯　凌　崔佳鑫[①]

温泉康养旅游是以温泉资源为基础，结合健康养生、疗养和休闲度假的一种综合性旅游形式。其特征包括以温泉水的疗养功能为核心，融合现代医学、传统中医保健等康养方式，并与旅游、度假、文化等产业深度融合。温泉康养旅游在现代旅游业中具有重要地位，不仅满足了消费者对健康与放松的需求，还促进了温泉地区的经济发展，成为许多地区提升旅游竞争力的重点方向。

北京市温泉资源分布广泛，主要集中在昌平、顺义、房山、海淀等区。其中，以昌平小汤山、九华山庄温泉和顺义温泉为代表的多个温泉项目已发展成熟。北京的温泉资源类型多样，以碳酸钙型和氯化钠型为主，水质优良，具有丰富的矿物质成分，具备较强的疗养保健功能。北京市政府近年来大力推动温泉康养旅游发展，出台了一系列政策文件。北京市旅游委、卫生健康委等相关部门联合出台了《北京市温泉旅游发展规划》，明确了发展目标与实施路径，旨在将温泉旅游与健康、文化、养老等产业深度融合，推动北京市温泉康养旅游的可持续发展。同时，政府鼓励企业创新经营模式，加大对温泉康养项目的投

① 冯凌，博士，北京第二外国语学院旅游科学学院教授，国家全域旅游示范区验收标准课题组专家，主要研究方向为旅游规划与政策，旅游影响与可持续旅游；崔佳鑫，北京第二外国语学院旅游科学学院硕士研究生，研究方向为乡村旅游。

入与扶持力度。温泉旅游在北京的历史悠久，早在明清时期，北京的皇族和贵族就已开始利用温泉进行养生，为现代温泉康养旅游奠定了深厚的文化基础。

一、市场现状分析

（一）温泉康养旅游发展现状

北京市的温泉康养旅游市场规模近年来稳步增长，尤其是在“健康中国”战略的推动下，康养旅游需求逐渐增加。当前，市场的核心企业包括九华山庄温泉度假村、小汤山温泉度假村和顺义温泉等，它们为游客提供了涵盖健康养生、温泉泡浴、疗养康复等综合性服务。北京市温泉康养旅游的发展已初步形成以温泉度假、健康养生和医疗康养为主的产业链，各大温泉项目也在不断升级设施，优化服务体验。

（二）游客需求分析

根据调研数据，北京市温泉康养旅游的主要消费者为中高收入群体，年龄层以30岁至50岁为主。他们在旅游中不仅追求身心放松，更注重通过温泉和康养服务改善健康状况。调查显示，游客对水质的要求极高，且更加重视健康理疗服务的质量和个性化体验。大多数消费者倾向于选择能提供中医保健、健康咨询、养生食疗等多元服务的温泉度假村。

（三）市场竞争格局

在全国范围内，温泉康养旅游市场竞争激烈。江西、海南等地凭借其丰富的自然温泉资源和良好的政策支持，形成了独具特色的康养旅游模式。相比之下，北京市虽然地处政治文化中心，但在温泉资源的丰富度和整体品牌影响力上仍有一定差距。借鉴其他城市成功的康养旅游模式，北京市应更加注重产品的创新和差异化竞争，提升品牌影响力。

二、优势与挑战

（一）资源优势

北京市拥有优越的地理位置，且温泉资源丰富，是全国重要的温泉康养旅游目的地之一。此外，政府对温泉康养旅游的大力支持，也为行业发展提供了良好的政策环境。北京市集中了全国最多的医疗资源和高端消费群体，温泉康养旅游可以与当地的医疗资源、文化资源深度结合，形成独特的康养旅游产业体系。

（二）挑战与瓶颈

尽管市场潜力巨大，北京市温泉康养旅游仍面临诸多挑战。首先，部分温泉项目的设施老化，亟须进行升级改造。其次，品牌建设不足，尚未形成具有全国影响力的温泉康养品牌。最后，市场需求的波动性较大，温泉康养旅游的季节性强，导致部分温泉项目在淡季出现客流量不足的情况，影响了整体收益。

三、典型案例分析

（一）九华山庄温泉

九华山庄温泉康养度假村位于昌平区，是北京市规模最大的温泉康养旅游项目之一。九华山庄以高品质温泉水和完善的康养服务体系为特色，提供了温泉泡浴、中医保健、健康理疗、养生食疗等多样化服务，吸引了大量中高端游客。通过调查数据可以发现，九华山庄温泉的消费者主要集中在年龄为30~50岁的中年群体，占比达到60%，这些消费者以中等收入和较高收入人群为主，具有一定的消费能力。此外，有46.67%的消费者为家庭旅游者，这意味着家庭娱乐和亲子活动是九华山庄重要的需求来源之一。

（二）小汤山温泉

小汤山温泉以其悠久的历史和良好的疗养效果而闻名，是北京市最早的温泉康养基地之一。小汤山温泉项目充分利用了周边的医疗资源，与当地的医院、疗养院合作，形成了以温泉疗养为核心的医疗康养模式。有 57.78% 的消费者将健康养生作为选择小汤山温泉的首要原因，并且更倾向于结合健康和放松的服务项目，如中医养生、按摩理疗等，故提供针对性健康项目的提升是温泉未来的发展方向之一。

（三）顺义温泉

顺义温泉位于顺义区的温泉康养项目集温泉泡浴、休闲度假、疗养康复为一体。该项目依托当地的生态环境和文化资源，积极推动温泉康养与生态旅游的结合，打造出一系列特色鲜明的康养旅游产品。典型家庭旅游消费者偏好于以休闲放松和亲子活动为主的消费场景，有 46.67% 的消费者为家庭旅游者，这意味着家庭娱乐和亲子活动是顺义温泉重要的需求来源之一。

（四）成功经验借鉴

国内外的成功案例显示，温泉康养旅游项目的成功离不开优质的资源管理、创新的产品设计以及精准的市场定位。例如，日本的温泉旅游项目注重与当地文化的融合，形成了独具特色的温泉康养文化。匈牙利的温泉康养项目则注重疗养与旅游的结合，成功地吸引了大量国际游客。北京市的温泉康养项目可以借鉴这些经验，通过文化植入、产品创新等方式提升项目的竞争力和影响力。

四、北京市温泉康养旅游发展策略

北京市的温泉康养旅游发展潜力巨大，但要实现快速发展，需要在品牌建设、产品创新、政策支持等方面进行全面的提升和优化。通过品牌建设与推广、产品创新与优化以及政策支持与引导，北京市的温泉康养旅游将迎来新的发展契机，有望打造出具有国际竞争力的温泉康养旅游品牌，吸引更多国内外游客前来体验，进而推动旅游经济的发展和社会效益的提升。以下是北京市温泉康养旅游发展的一些策略建议。

（一）品牌建设与推广

1. 整合区域资源，打造国际影响力品牌

北京市应充分利用丰富的温泉资源，通过整合区域内的知名温泉项目，如九华山庄、小汤山等，打造具有国际影响力的温泉康养旅游品牌。品牌建设应注重区域特色与文化内涵的结合，打造出具有独特吸引力的旅游形象。

2. 多渠道营销推广

在品牌建设的基础上，建议与各类媒体、旅游平台展开深度合作，开展多渠道的营销推广活动。例如，可以通过主流社交媒体平台进行定期推广，发布温泉康养旅游的精彩视频和游客评价。同时，利用国内外重要的旅游展会，如中国国际旅游交易会（CITM）、世界旅游交易会（WTM）等，宣传推广北京的温泉康养品牌，以吸引更多的国际游客。

3. 运用大数据精准营销

通过大数据分析，了解不同客源市场的需求与偏好，开展精准营销。北京市可以与互联网公司合作，利用用户画像技术，进行定向广告投放，吸引特定群体，如中高收入家庭、退休人群、健康爱好者等到访。此外，依托“互联网+”等，可以推出线上预约平台，方便游客提前预订温泉康养服务，并根据不同用户的需求，推荐定制化的康养方案。

（二）产品创新与优化

1. 融合文化与科技，丰富康养产品

温泉康养旅游产品应结合北京的传统文化、科技创新等要素，推出更加多

样化和个性化的产品。例如，结合中医药文化，推出基于传统养生理论的特色康养疗程，如草本药浴、针灸推拿等项目，以吸引对中医药感兴趣的游客群体。

科技元素的融入也是提升康养产品吸引力的有效途径。可以利用虚拟现实（VR）、增强现实（AR）等先进技术，打造沉浸式康养体验。例如，游客在温泉理疗的同时，可以通过 VR 眼镜体验北京的历史文化景观，增强康养体验的趣味性和互动性。

2. 针对不同人群的产品开发

北京市应根据不同游客群体的需求，推出多样化的康养套餐。例如，为家庭游客设计“亲子温泉”套餐，提供适合儿童和成人共同参与的康养活动；为老年游客设计“夕阳红康养”服务，重点关注老年人的健康需求，如慢病管理、健康检测等。此外，还可以推出“女性康养”产品，结合美容、美体等服务，满足女性游客的个性化需求。

3. 与高端健康机构合作

为提升温泉康养旅游的整体水平，北京市可以与国内外知名的健康管理机构、高端医疗机构合作，引入先进的健康管理理念和服务，如基因检测、个性化健康咨询等，打造高端康养产品，满足高净值人群的需求。

（三）政策支持与引导

1. 政府支持政策的强化

政府在推动温泉康养旅游发展中应继续发挥积极作用。《“健康中国2030”规划纲要》中提出了发展健康服务业的重要任务，北京市可根据这一纲要，制定和出台一系列鼓励温泉康养旅游发展的政策措施。例如，通过税收减免、财政补贴等方式，鼓励企业加大对温泉康养项目的投资，推动温泉康养旅游产品的创新与升级。此外，北京市还可以参照《北京市文化旅游产业发展规划（2020—2025）》的相关要求，将温泉康养旅游作为重点发展方向之一，确保政策的连贯性和执行力度。

2. 基础设施建设的加强

温泉康养旅游的发展离不开完善的基础设施支撑。北京市政府应加大对交通、供水、能源等基础设施的投资，改善温泉旅游区的可达性和便利性。例如，升级改造通往主要温泉旅游区的公路交通，确保游客能够方便快捷地到达目的地。此外，还应加强温泉旅游区的配套设施建设，如停车场、医疗急救站、旅游咨询中心等，提升旅游区的综合服务能力。

3. 设立专项基金，支持温泉康养项目

为了更好地推动温泉康养旅游的发展，北京市可以考虑设立专项发展基金，专门用于支持温泉康养旅游项目的建设和推广。该基金可以用于资助新项目的启动、现有项目的升级改造，以及品牌推广活动等。这一举措不仅可以减轻企业的资金压力，还能有效促进温泉康养产业的快速发展。

4. 推动绿色和可持续发展

在发展温泉康养旅游的同时，北京市还应高度重视环境保护，推动绿色旅游的发展。可参考《北京市绿色发展规划》，制定温泉康养旅游的绿色发展标准，鼓励企业采用环保技术，减少温泉开发对环境的影响。同时，政府还应加强对温泉资源的管理与保护，确保温泉资源的可持续利用，推动北京市温泉康养旅游的可持续发展。

五、北京市温泉康养旅游的未来发展趋势

北京市温泉康养旅游的未来发展应紧扣时代脉搏，发展前景广阔，通过科技创新、生态旅游融合以及国际化标准的引入，全面提升其竞争力和影响力，发展更加多元化、国际化，为国内外游客提供独特而难忘的康养体验，同时，也为北京市的旅游产业注入新的活力。以下是北京市温泉康养旅游的三大关键发展趋势。

（一）科技与温泉康养的深度融合

1. 智慧温泉技术的引入

智慧温泉技术将成为提升温泉康养旅游体验的重要手段。通过物联网、大数据、人工智能等技术，北京市可以打造智能化的温泉康养环境。例如，游客可以通过智能设备实时监测健康数据，温泉度假区则根据这些数据提供个性化的康养建议，实现康养体验的高度定制化和智能化。

2. 虚拟现实技术的应用

虚拟现实（VR）和增强现实（AR）技术将在未来的温泉康养旅游中发挥重要作用。北京市可以在温泉度假区中设立虚拟体验区，游客在享受温泉的同时，可以通过 VR 设备体验不同场景下的虚拟旅游，如历史文化场景、自然风光等，丰富康养旅游的内容，增强游客的沉浸感和互动性。

3. 健康数据驱动的个性化服务

北京市的温泉康养旅游将更加注重健康数据的收集与分析。通过先进的健康监测系统，温泉度假区可以为每位游客提供个性化的康养建议，涵盖理疗方案、饮食建议等，确保游客能够在度假期间获得最适合的健康服务。

（二）康养与生态旅游的融合发展

1. “康养 + 生态旅游”模式的推广

随着环保意识的提升，温泉康养旅游与生态旅游的融合将成为一大趋势。北京市可以探索“康养 + 自然保护区 + 生态农业”的模式，将温泉康养与自然保护、生态农业体验相结合，打造出既有康养价值又具生态意义的旅游产品，满足游客对健康与自然的双重需求。

2. 绿色康养旅游的发展

未来，北京市的温泉康养旅游将更加注重绿色环保理念的贯彻。政府可以制定并推广绿色旅游标准，鼓励温泉度假区采用节能环保技术，减少对环境的影响。此外，通过绿色认证等方式，温泉度假区可以吸引更加关注环保的游客群体，提升整体旅游体验的质量。

3. 生态农业与康养服务的结合

北京市可以开发“生态农业 + 康养”模式的产品，满足游客对健康生活方式的追求。例如，在温泉度假区设立有机农场，游客不仅可以享受温泉康养，还可以参与有机农产品的采摘和制作，体验从健康饮食到康养服务的“一站式”健康生活。

（三）国际化与标准化的提升

1. 国际标准的引入与本地化

为了提升服务质量，北京市的温泉康养旅游将在未来引入国际标准，打造符合全球标准的康养旅游服务体系。政府和企业可以借鉴国际上成功的康养旅游标准，并结合本地实际情况制定相应的服务规范和质量标准，确保温泉康养服务能够满足国际游客的高标准需求。

2. 全球合作与国际游客的吸引

北京市将积极开展国际合作，与全球领先的康养机构和旅游组织建立合作关系，提升温泉康养旅游的国际化水平。通过参加国际旅游展会、开展跨国营销活动，北京市可以提高温泉康养旅游的国际知名度，吸引更多国际游客前来体验，推动旅游业的全球化发展。

3. 提升外语服务能力，优化国际游客体验

随着国际游客数量的增加，北京市的温泉康养旅游企业应提升外语服务能力，确保能够为不同国家和地区的游客提供流畅、周到的服务。可以通过外语培训和多语种服务设施的引入，优化国际游客的整体体验，进一步提升北京市作为国际温泉康养旅游目的地的吸引力。

六、结论与建议

北京市温泉康养旅游拥有得天独厚的自然资源和文化底蕴，经过多年的发展，已经具备了良好的基础和广阔的市场前景。随着品牌建设、产品创新和政策支持的不断推进，北京市的温泉康养旅游将在全国康养旅游产业中扮演重要的角色，成为推动行业发展的核心引擎。为了进一步加快北京市温泉康养旅游的发展步伐，提升其在国内外的竞争力和影响力，以下是几条建议。

（一）加强政策支持与引导

1. 政府应加大政策支持力度

北京市政府在推动温泉康养旅游发展中应继续发挥关键作用。通过加大政策支持力度，如税收减免、财政补贴、融资优惠等，激励企业加大对温泉康养旅游的投资。同时，政府应出台更多针对康养旅游的专项政策，鼓励企业在技术创新、服务质量提升等方面进行探索和实践，确保温泉康养旅游行业的持续健康发展。

2. 推动基础设施建设与配套服务

北京市的温泉康养旅游要实现可持续发展，必须依赖完善的基础设施。建议政府在未来几年内进一步加强交通、通信、医疗等基础设施建设，特别是在温泉康养旅游集中的区域，提升交通便利性和服务保障能力。此外，还应完善配套服务，如建立完善的医疗急救体系、康养服务网络等，提升游客的安全感和满意度。

3. 加强市场推广与品牌建设

为了提升北京市温泉康养旅游的知名度和影响力，政府和企业应联合开展大规模的市场推广活动。通过整合各类资源，打造一批具有鲜明特色和国际影响力的温泉康养旅游品牌，吸引更多的国内外游客。同时，借助互联网和社交媒体等新兴传播渠道，扩大品牌的传播范围，提高影响力，树立北京市温泉康养旅游在国内外市场中的领先地位。

（二）推动企业创新与市场竞争力提升

1. 加强产品创新与差异化发展

企业在温泉康养旅游的发展中扮演着至关重要的角色。为了适应市场需求的变化和提升竞争力，北京市的温泉康养企业应加强产品创新，探索温泉康养与文化、科技、健康等多元产业的深度融合。通过推出个性化、定制化的康养产品，如中医药康养疗程、沉浸式虚拟温泉体验等，满足不同游客群体的需求，提高市场竞争力。

2. 提升服务质量与客户满意度

温泉康养旅游作为一种服务密集型产业，其服务质量的高低直接影响游客的体验和满意度。北京市的温泉康养企业应不断提升服务标准，通过加强员工培训、引入国际先进管理经验、应用智能化管理系统等手段，打造优质的服务体系。通过提升服务水平，增强客户的忠诚度和口碑效应，进一步巩固市场地位。

3. 拓展合作与国际化发展

北京市温泉康养旅游企业应积极拓展与国际知名康养机构、旅游组织的合作，学习和借鉴国际上成功的康养旅游经验。同时，企业应不断提升自身的国际化水平，通过引进国际先进技术和服务标准，推动企业向国际市场拓展。通过参与国际展会、开展跨国营销活动等方式，提升品牌的国际影响力，吸引更多国际游客来北京体验温泉康养旅游。

（三）借鉴国内外成功经验与创新实践

1. 借鉴国内温泉康养旅游的成功经验

国内其他地区的温泉康养旅游在品牌建设、产品创新和市场推广等方面积累了丰富的经验。北京市可以借鉴这些成功经验，结合自身实际情况，制定有针对性的策略。例如，借鉴四川、云南等地在温泉康养与生态旅游融合发展中的成功模式，将温泉康养与自然景区、文化遗产相结合，打造出具有独特魅力的温泉康养旅游产品。

2. 学习国际康养旅游先进经验

国际上，许多国家在温泉康养旅游方面有着深厚的经验和成功的模式。北京市可以学习瑞士、德国、日本等国的温泉康养旅游发展经验，特别是在健康管理、服务标准、品牌塑造等方面的创新做法。通过引进和消化吸收国际先进经验，北京市的温泉康养旅游可以进一步提升自身的国际竞争力和服务水平。

3. 引导产业链上下游协同发展

温泉康养旅游的发展不能只依赖于单一企业的努力，还需要整个产业链上下游的协同合作。北京市应通过政策引导和市场激励，推动温泉康养旅游相关产业的协调发展。例如，推动温泉康养与健康食品、医疗服务、文化创意等相关产业的融合，形成完整的康养产业链，提高整体竞争力。

北京市温泉康养旅游的发展潜力巨大，通过加强政策支持、推动企业创新、借鉴国内外成功经验，北京市有望成为国内乃至国际领先的温泉康养旅游目的地。未来的发展需要政府、企业和社会各界的共同努力，以打造出更加丰富多彩的康养旅游产品，提供更加优质的服务，吸引更多的国内外游客来北京体验温泉康养之旅。这不仅将推动北京市旅游产业的转型升级，还将为首都经济的高质量发展注入新的动力。

北京市康养旅游发展研究报告

吕　宁　刘东泽[①]

一、背景与研究意义

全球人口老龄化问题的加剧与生活质量的提升，使康养旅游逐渐成为全球旅游产业的重要组成部分。现代社会的快节奏生活和日益增加的压力，促使人们对健康和幸福感的追求越发强烈，康养旅游应运而生。其形式从传统的温泉疗养拓展到现代健康度假村、瑜伽冥想中心及森林康养等，不仅服务于老年人群，也吸引了追求健康生活方式的年轻群体。随着健康理念的不断深化，康养旅游在全球市场的地位和影响力日益提升，成为促进旅游产业创新与融合发展的关键力量。

在政策层面，国家和地方政府高度重视健康产业的发展。2016 年 1 月，国家旅游局发布了《国家康养旅游示范基地标准》，提出将旅游与健康产业融合，打造综合性康养旅游目的地。党的十九大报告明确提出"实施健康中国战略"，强调人民健康是人民对美好生活追求的基础。国务院发布的《"健康中

① 吕宁，北京第二外国语学院旅游科学学院教授、院长，北京旅游发展研究基地常务副理事长，主要研究领域为旅游休闲经济与战略管理；刘东泽，北京第二外国语学院旅游科学学院旅游管理专业硕士研究生，主要研究领域为旅游休闲经济与战略管理。

国2030”规划纲要》进一步指出，要大力发展健康服务业，推动健康与旅游的深度融合。党的二十大报告也从“增进民生福祉，提高人民生活品质”的角度，阐述了发展康养事业的重要性，并提出健康产业将成为国民经济的重要支柱。2023年3月，健康中国行动推进委员会发布了《健康中国行动2023年工作要点》，通过健全工作机制和政策支持，进一步夯实了健康产业的发展基础。康养旅游也在“十四五”规划中得到了重点关注，政策的加持将促进行业的快速发展。国务院于2024年发布的《关于发展银发经济增进老年人福祉的意见》，为银发经济的发展开启了新篇章，而康养旅游作为实现“健康中国”战略的重要途径，成为推动经济高质量发展的关键力量。

北京市作为国家首都，积极响应国家政策，推动康养旅游基础设施建设、资源整合与市场推广，开发具有地方特色的康养旅游产品，努力发挥示范引领作用。北京市凭借丰富的自然资源、文化遗产和先进的医疗设施，为康养旅游提供了优越条件。山林、温泉、古迹和园林等资源为多样化的康养旅游项目提供了广阔的空间。在政策支持与市场需求的双重推动下，北京市康养旅游近年来取得了显著发展。

本报告深入探讨了康养旅游在北京市的现状与未来发展，涵盖康养旅游的概念、业态类型及未来趋势，为北京市康养旅游的发展提供了参考意见。理论上，本研究为康养旅游的模式探索提供了新视角，丰富了学术界对城市康养旅游产业的理解；实践上，本研究具有重要的应用价值。

二、康养旅游的业态类型

（一）康养旅游的概念与内涵

近年来，随着公众对健康问题的关注日益增强，康养旅游逐渐成为旅游市场的热点。康养旅游以促进身心健康和提升整体福祉为核心，结合旅游、康复、养生等元素，为游客提供有益的健康体验。在城市环境的恶化、工作与学习压力的增加、人口亚健康化与老龄化问题加剧的背景下，“健康 + 旅游”的理念逐渐深入人心，不仅有助于身体健康和心理愉悦，还成为提升整体生活质量的重要手段。在中国，康养旅游市场的发展得到了国家政策的有力推动。

康养旅游（Health and Wellness Tourism）在国内外的定义有所差异。国外通常将其分为“康”旅游（Medical Tourism）和“养”旅游（Wellness Tourism）。“康”旅游主要关注身心健康问题的治疗，人们前往特定地点接受医疗服务、手术或治疗，通过医疗干预改善健康状况；而“养”旅游则侧重于维持和提升个人健康，强调放松与身心平衡，常见的活动包括水疗、温泉、瑜伽及健康饮食等。在我国，根据《国家康养旅游示范基地标准》，康养旅游指的是通过养颜健体、营养膳食、修身养性等手段，使人在身体、心智和精神上达到自然和谐的状态。康养已不仅是生活质量的提升，而是生命质量的深度提升，体现了物质生活满足后对精神层面体验的进一步追求。

康养旅游是一种以健康和养生为核心目的的旅游形式，融合了旅游、健康管理、养生服务与医疗保健等多个领域。其目标是通过整合自然环境、文化资源和健康设施，为游客提供全方位的身心健康体验。康养旅游的形式多样，涵盖了传统的温泉疗养、健康度假村，以及森林康养、瑜伽冥想、运动康复和自然疗法等。随着人们对健康和生活质量的关注不断提升，康养旅游的受众群体从以老年人为主扩展到各个年龄层，成为现代旅游产业的重要组成部分。

（二）康养旅游分类及经典案例分析

1. 生态康养旅游

生态康养旅游业依托当地得天独厚的自然资源和优良的生态环境，不断深化对养生健康设施与项目的创新开发，旨在引领消费者迈向身心和谐的良好状态。其核心特质在于借助生态系统的支撑，融合体验式学习、观光游览及文化沉浸等多种方式，以实现身心的深度滋养与恢复。

该领域细分出几大核心板块，包括森林康养、气候康养、海洋康养及温泉康养，共同构建了其多元而丰富的业态框架。具体而言，森林康养聚焦于森林资源的深度挖掘，通过策划森林漫步、度假休养、健康疗养、抗衰老服务等活动，旨在促进身心的自然调适与提升。气候康养则依托独特的气候优势，实施多样化疗法，辅以个性化服务与产品，全方位优化个体的身心状态与社交互动。海洋康养则主打海洋元素的亲近体验，满足人们向往自然、探索蔚蓝之梦的需求。而温泉康养，则巧妙利用温泉的天然疗效，结合多元化资源，打造了一系列温泉理疗等特色体验项目。

广西巴马瑶族自治县

巴马瑶族自治县，享有“世界长寿之乡 · 中国人瑞圣地”的美誉，位于广西的西北部。该县地域辽阔，全县面积 1971 平方公里，居住着瑶族、壮族和汉族等 12 个民族。根据第二次至第五次全国人口普查的数据，巴马的百岁老人比例位居全球五大长寿区之首。该地大部分地区海拔 500~800 米，石山地占 30%，土山地占 69%，水面占 1%，该地区地势以中低山为主，气候温和湿润，属于典型的南亚热带至中亚热带季风气候。该地拥有充沛的阳光、适宜的温度，年平均日照 1531.3 小时，年均温度在 18.8~20.8℃，全年无霜期为 338 天，年均降水量约为 1600 毫米，空气相对湿度为 79%。当地空气中的负氧离子含量极为丰富，检测数据显示，其最高值可达每立方厘米 20000 个以上，比内陆城市高出几十倍。特殊的自然条件使巴马成为理想的养生胜地。2016 年 2 月，巴马被列为“中国国际养生旅游目的地”。2019 年 11 月，广西推动形成“三地两带一中心”的文化旅游新格局，并将原“巴马长寿养生国际旅游区”升级为“巴马国际长寿养生旅游胜地”，标志着巴马进入了新的发展机遇期。

2. 健康医疗旅游

健康医疗旅游是一种以疾病预防、护理及身体康养与修复为主题的旅游产业类型。该产业依托目的地的医疗保健设施和机构，利用其丰富的医疗资源，吸引游客进行医疗护理、体检、康复等健康相关的消费活动。因此，旅游目的地需要具备较高的医疗水平。健康医疗旅游的目标群体主要是亚健康状态者、患有常见病或老年病的人群，以及处于伤残或康复期的患者。

健康医疗旅游的主要形式包括医学治疗、康复疗养、医学美容和中医药康养。医学治疗涉及医疗服务、药品制造和医疗设备制造，重点是治病疗疾。康复疗养主要针对亚健康人群，涵盖健康检测、防病治病和康复护理领域，例如，中医养生、保健产品及休闲旅游等。医学美容通过医学手段改善人体外观及肤色，提升美感，延长游客在目的地的消费周期。中医药康养则以中医及中草药为主要资源，发展出中医养生馆、针灸推拿体验馆等，结合文化旅游，形成修学、养生和体验旅游的业态。健康医疗旅游的这些形式相互融合，推动了产业的跨界合作，丰富了产品供给，并促使传统旅游产业向高端产业转型升级。

博鳌乐城国际医疗旅游先行区

2013年2月28日，国务院正式批准在海南设立博鳌乐城国际医疗旅游先行区，并给予九项政策支持。该项目位于琼海市嘉积镇城区与博鳌亚洲论坛核心区之间的万泉河两岸，规划面积广阔，约20平方公里，重点发展国际医疗旅游服务、低碳生态社区和国际组织聚集地。其产业带动效应逐渐显现，促进了博鳌机场包机客流的增长，带动了博鳌地区的会展业及周边餐饮服务业的发展。园区内的项目增加了近2000个就业岗位，自2017年以来，先行区接待了约2万名就医人员，接待客商和游客约1.8万人次。园区涵盖世界级医院、国际组织基地、高端购物中心和特色体验居住区四大功能区，还包含由五个医疗养生组团组成的健康长廊，致力于打造以医疗服务为主导的新型产业园区。该园区吸引国际高端医疗及研发机构，重点发展健康检查、慢性病治疗康复、中医养生保健、整形美容及先进医疗技术研发与孵化，展现了健康医疗旅游市场的巨大潜力。

3. 休闲度假康养旅游

休闲度假康养旅游是提供休闲娱乐设施和个性化康养服务的产业。其主要消费群体是在闲暇时段参与康养活动的游客，他们通过亲近自然的体验来放松身心，提升身心健康。这类旅游的时长通常较长，属于旅居式康养，按停留时间可分为候鸟式和社区式。候鸟式指游客根据季节迁徙至气候宜人的地区，如海南的冬季康养或南方城市的夏季康养旅居。社区式康养则依托优良的生态和气候条件，与房地产项目结合，提供综合性的长期居住服务。休闲度假康养旅游注重长期居住和深度体验，强调与自然环境的和谐共存，以满足人们对健康和休闲的需求。

三亚亚龙湾国家旅游度假区

亚龙湾国家旅游度假区是我国唯一具备热带风情的国家级旅游度假区，拥有滨海公园、豪华别墅、会议中心、高星级酒店、度假村、海底观光世界、海上运动中心、高尔夫球场和游艇俱乐部等国际一流设施。

亚龙湾将现代旅游的五大要素：海洋、沙滩、阳光、绿色环境和清新空气完美融合。这里属于典型的热带海洋性气候，年平均气温为25.5℃，冬季海水最低温度为22℃，全年适宜游泳和各种海上运动。整个海湾面积达66平方公里，可容纳约10万人同时游玩。8公里长的海滩宽广平坦，沙质细腻洁白，这些优越的自然条件在国内极为罕见，可与全球知名的热带滨海度假胜地相媲美。

4. 运动康养旅游

运动康养旅游依托当地及周边的运动资源和大型赛事活动，游客通过参与或观赏体育赛事，结合休闲和养生设施，达到促进身体健康的目的。这一类型的旅游产业特点在于通过赛事或活动组织，吸引注重身心健康和追求高质量生活的游客。运动康养作为康养产业中的重要组成部分，结合了运动、旅游和医学，旨在通过日常锻炼、运动旅游和康复，达到健身、娱乐以及治疗的综合效果。根据康养效果，可以将运动康养细分为健身、健美、娱乐和医疗运动康养；从产业形式上看，运动康养业态包括体育场馆、运动旅游小镇以及赛事运营等内容。运动康养旅游不仅满足了人们对健康和休闲的双重需求，同时，也是康养产业的重要推动力。

重庆长寿世界级运动康养旅游目的地

“让寿城山水走向世界，让世界来宾同享长寿”是重庆长寿区的重点发展目标任务，致力于将世界级运动康养旅游目的地建设与乡村振兴有机结合，集思广益，突出“运动康养”的独特优势，打造“自然长寿”品牌，推动全域农、文、旅、产、城一体化发展，迈出了打造世界级运动康养旅游目的地的坚实步伐。

近年来，长寿区不断加大投资力度，完善公共体育设施，改造升级了长寿区体育中心，建成并投入使用了5个文化体育公园和8个社区健身中心，共建成2990个各类健身场所。同时，长寿区还常态化组织全民参与的特色群众体育运动，市民的运动热情和健康意识显著提升。数据显示，长寿区经常参加体育锻炼的人口比例已达到51.52%，国民体质合格率为93.4%。

品牌赛事是汇聚资源、推广城市形象的关键途径。近年来，长寿区连续举办了10届国际铁人三项赛、4届半程马拉松赛等知名群众体育赛事活动，目前已形成长寿湖龙舟赛、铁人三项赛、半程马拉松赛和菩提登山赛四大品牌赛事，每年吸引数万名游客前来参与。

5. 文化养生康养旅游

文化养生康养旅游依托目的地的自然环境与资源，通过整合文化与资源，提升生活品质，达到养生的目的。中国拥有丰富的文化资源与深厚的历史底蕴，为经济与社会发展提供了丰厚的养分。康养产业可以从道教、佛教、国学、中医药、武术、饮食文化等多个领域挖掘资源，将“养生”与“养心”有机结合。通过体验和学习这些文化，文化养生康养旅游能够满足人们对身心健康的追求，并为游客的康养体验增添文化内涵，进一步提升康养旅游的价值和品质。此外，文化养生康养旅游还起到了传承与弘扬中华传统文化的作用，推动文化和旅游的深度融合，促进当地经济与社会的协同发展。

黑龙江省九峰山养心谷森林康养

九峰山养心谷位于黑龙江省伊春市金林区，是国家4A级旅游景区。近年来，景区成功从单一的生态观光模式，转型为集“食、住、行、游、购、娱、养、研”于一体的综合性康养旅游目的地。

该景区的养生文化集中体现在“九养”理念上，包括情志养、环境养、运动养、饮食养、顺时养、经络养、睡眠养等多个方面。这种全面的养生方式，使游客在享受自然美景的同时，体验到健康的生活方式。九峰山养心谷如今以森林康养为核心，兼具林下经济、现代农业、药膳研发、研学教育、中药资源鉴赏和药用动植物科普等多种业态，成功转型为综合型康养景区，并入选国家林草局林下经济发展典型案例。其“森林＋康养”“森林＋中药”“森林＋农业”“森林＋养殖”“森林＋教育”“森林＋体育”和“森林＋旅游”的多元产业布局，受到了广大游客的广泛认可。

（三）北京市康养旅游的业态类型

1. 森林康养

森林康养指依托森林生态系统，利用优质的森林环境资源，发挥其康体保健功能，通过在森林中进行游憩、疗养、保健、养生、运动、认知与体验等活动，促进身心健康。自 2012 年起，北京开始探索森林康养，借鉴国际经验并出台多项政策，鼓励发展生态旅游与康养产业，推动“森林＋”新业态。2016 年 12 月，首届中国森林康养与医疗旅游论坛在北京召开，深入探讨了森林康养的实践与经验，强调其作为“健康中国”建设的重要组成部分，对提升人民幸福指数及推动林业产业创新发展具有重要意义。

北京市政府在 2018 年出台了《关于完善集体林权制度促进首都林业发展的实施意见》，明确提出合理利用林地资源，通过发展森林康养、森林科普教育和森林体验等活动，推动森林资源的有偿使用。2021 年，北京市在《北京市国民经济和社会发展第十四个五年规划和 2035 年远景目标纲要》中提出了“幸福晚年养老计划”，倡导京郊小镇的养老模式，其中，包括为老年人提供健康养护及森林康养服务。

2023 年 2 月，北京市文化和旅游局公布了 2022 年北京市森林康养旅游示范基地名单，共有9个乡镇入选，分别是丰台区王佐镇、门头沟区潭柘寺镇、房山区蒲洼乡、通州区西集镇、昌平区十三陵镇、平谷区大华山镇、怀柔区渤海镇、密云区太师屯镇及延庆区井庄镇。截至2023年6月，北京共有7家单位入选了第一批国家级森林康养基地和全国森林康养试点建设单位名单，入选单位包括上方山国家森林公园森林康养基地、北京红石山谷生物科技有限公司、九龙山国家森林康养基地、密云区半山温泉森林康养基地、密云区太师屯镇仙居谷森林康养基地、平谷区峨眉山森林康养基地以及密云区云峰山森林康养基地。

2. 温泉康养

北京市周边的房山区、延庆区等地拥有众多温泉度假村和疗养中心，为温泉康养旅游提供了丰富的资源。温泉因其被认为具有促进血液循环、放松肌肉、缓解疲劳以及改善皮肤健康的疗效，吸引了大量游客。游客可以享受温泉浴、按摩、泥浆疗法等服务，同时，参与瑜伽、太极拳等康体活动，全面放松身心。

昌平区素有“温泉之都”之称，历史悠久，温泉资源丰富。早在1500年前的《水经注》中就有关于昌平温泉的记载：“又东迳昌平县故城南，又谓之昌平水。”宋元明清时期，小汤山已是皇室贵族疗养的胜地，至今保留着乾隆皇帝的御笔“九华分秀”和慈禧太后浴池的遗址。小汤山温泉位于北京市昌平区东小汤山镇，是中国十大温泉之一，水温通常在40~60℃，最高可达76℃。温泉水中富含锶、锂、硒、偏硅酸等多种有益人体健康的矿物质和微量元素。自元代起，小汤山温泉成为皇家园林，是封建帝王的专享之地，历史悠久、底蕴深厚。　如今，昌平区的温泉产业蓬勃发展，九华山庄、红栌尚汤温泉、龙脉温泉等温泉度假区和民宿各具特色，形成了一个丰富多样的温泉旅游网络。自2004年起，昌平区每年举办温泉文化节，以推广其丰富的温泉资源和深厚的历史文化。2023年，第十八届昌平温泉文化节以“昌平汤泉，温暖相见”为主题，推出了“爱上昌平，泡汤之旅”的旅游线路。

根据携程平台的数据显示，2023年清明假期，温泉酒店的预订量中，“80后”和“90后”用户占据了近80%。这类群体更加注重身心健康，并逐渐对温泉养生产生兴趣，希望通过泡温泉缓解工作压力、放松身心、提升睡眠质量，并享受矿物质吸收和皮肤滋养的益处。同时，温泉度假也为他们提供了亲近自然、远离喧嚣的休闲方式，符合当代年轻人对绿色旅游和自然环境的追求。这为昌平区的温泉旅游带来了新的发展机遇，促使温泉度假区和酒店更加注重满足年轻群体的需求，提供更多创新和个性化的服务体验。

3. 医疗康养

中医药旅游是我国医疗康养的特色品牌，北京作为中医药高地，拥有自元朝以来悠久的皇家养生文化和宫廷茶饮膳食传统。这里汇聚了许多百年老字号中医药机构，以及各类特色医馆和博物馆，形成了丰富的康养资源。代表性资源包括北京中药炮制技术博物馆、广誉远中医药历史文化博物馆和北京温榆河公园的“温榆国风”区。该区种植了近百种中草药植物，兼具观赏和科普功能，其“杏林泉清”“紫花谷”“国花台”“方湖静赏”等景点展示了中医药文化的“医、药、典、养”四大特色，成为北京独具特色的中草药科普教育示范基地。

北京市拥有一流的医疗机构和专业康复中心，提供中医养生、针灸、按摩、物理疗法等多种康复医疗服务。根据《北京市2023年国民经济和社会发展统计公报》统计，截至2023年年底，北京市共有医疗卫生机构12518个，比上年增加307个。其中，医院765个，医院床位13.1万张，卫生技术人员34.3万人，包括13.4万名执业（助理）医师和15.3万名注册护士。全年医疗机构总诊疗人次达2.9亿人次，充分展示了北京市在医疗服务领域的强大实力。

北京市在中医药健康养老服务保障体系建设方面取得了显著成就，覆盖全市16个区，建成了200个中医养老联合体、27个区级综合养老服务圈、65个社区级养老服务圈和108个机构养老服务圈，初步形成了首都特色的中医药医养结合模式。为推广中医药康养旅游，联合市文化和旅游局遴选59家北京中医药文化旅游示范基地，精心设计13条融观光休闲、中医药康养于一体的中医药养生旅游线路。[①]

此外，北京市还积极加强中医药健康养老工作。2021年，北京市开展了第五批中医药文化旅游示范基地评审，评选出20个文化和旅游行业的科普体验资源点。2022年，中共北京市委和北京市人民政府发布了《关于加强新时代首都老龄工作的实施意见》，要求构建综合连续的老年健康支撑体系，推动优质中医药资源向社区和家庭延伸。

总体而言，北京凭借丰富的中医药康养资源和专业的医疗康复服务，已成为中医药旅游的热门目的地，吸引了国内外游客前来体验中医药的养生与康养文化。

三、北京市康养旅游发展现状

（一）老龄化驱动康养旅游兴起，市场潜力巨大

老龄化是中国未来长期面临的基本国情，也是康养旅游蓬勃兴起的重要推动力。银发族日益增长的需求正在为康养旅游市场注入活力。根据中国旅游研究院发布的《中国老年旅居康养发展报告》数据显示，2020年，我国康养旅游人数已达6750万人次。企查猫数据显示，截至2023年年底，康养旅游相关企业的数量已超过5000家。老年旅游正逐渐从福利事业转型为旅游产业，且从小众市场迈向主流市场。

北京市的老龄化趋势尤为显著。根据《北京市统计年鉴》数据，截至2022年年底，北京市常住人口为2184.3万人，其中60岁及以上的常住人口为465.1万人，占常住总人口的21.29%，65岁及以上常住人口330.1万人，占常

① 中华人民共和国国务院新闻办公室．北京举行“迎接新中国成立75周年”系列主题新闻发布会——北京卫生健康事业发展成效专场．（2024-08-22）[2024-09-07].http://www.scio.gov.cn/xwfb/dfxwfb/gssfbh/bj_13826/202409/t20240903_861295.html.

住总人口的 15.11%[①]，表明北京已经进入了中度老龄化社会。老年人对旅居康养的需求日益增长，旅居康养成为他们追求幸福晚年的重要选择之一。老年旅游的兴起为康养产业创造了巨大的市场机会。中国旅游研究院 2023 年发布的报告指出，老年旅游将成为老年产业中增长最快的领域，到“十四五”末期，我国老年人的国内旅游收入预计将达到 1.14 万亿元，展现了极大的市场潜力。面对庞大的老龄人口，北京市需要及时应对医疗、基础设施以及康养服务供给的压力。过度依赖老年群体的消费能力，也可能导致市场过于单一化，难以维持长远的增长。

（二）多种模式融合发展，满足不同健康需求

北京初步形成了以森林、温泉、中医药等资源为依托，结合运动休闲、康养度假、康疗旅游、养老度假和文化康养等多种模式综合发展的格局。

在森林康养领域，怀柔区和密云区凭借丰富的森林资源，打造了云蒙山、红螺寺等森林康养基地，提供生态疗养、森林浴、自然徒步等健康休闲活动，满足了城市居民和游客对自然康养的需求。云蒙山森林康养基地结合自然环境与中医理疗，推出特色森林浴疗法，吸引了注重身心健康的游客。温泉康养方面，小汤山温泉以矿物质丰富的天然温泉水闻名，已发展为集温泉疗养、健康管理、医疗康复于一体的康养综合体。除了传统的温泉浴疗，这里还结合现代医学技术，推出了水疗、泥疗、体检与健康评估等服务，吸引了中老年群体和追求高品质健康生活的游客。昌平区的九华山庄温泉度假村也是北京市温泉康养旅游的代表性项目。在中医药康养领域，北京凭借其传统医学中心的地位，推动中医药与康养旅游的深度融合。北京中医药大学附属东直门医院和广安门医院等权威中医院提供中医诊疗、针灸、推拿、药膳等服务，为游客提供全方位的健康调理。同时，多个中医药文化体验中心和养生文化村逐步兴起，如北京国医堂养生文化体验中心，不仅展示了中医药文化，还为游客提供个性

① 国家统计局 .《北京市统计年鉴 2023》[EB/OL].（2023-11-23）[2024-09-07].https://nj.tjj.beijing.gov.cn/nj/main/2023-tjnj/zk/e/indexch.htm.

化健康养生方案。在运动休闲与康养结合方面，顺义区的奥林匹克水上公园和怀柔水长城景区成功打造了集水上运动、户外休闲与康养度假为一体的旅游项目。游客可以在自然环境中进行皮划艇、游泳等水上运动，并通过瑜伽和冥想活动放松身心。

此外，北京在养老康养旅游方面也积极探索。昌平区的天通苑养老康复中心和房山区的中国老年大学养老基地提供专业养老服务，结合康养活动，吸引了大量老年群体前来疗养。这些项目注重日常护理与康复理疗的结合，满足了老年人对健康和舒适生活的需求。

通过整合多种资源与模式，北京的康养旅游产业正在向高品质、多元化和国际化方向发展，不仅为游客提供了丰富的康养选择，还推动了首都经济与社会可持续发展。

（三）传统模式制约康养旅游创新，发展瓶颈亟待突破

北京市的康养旅游产业虽然发展迅速，但创新驱动力不足，制约了产业的提升。康养项目过度依赖自然和医疗资源，缺乏新兴技术与创新体验。小汤山温泉仍然依赖传统温泉疗法，服务内容单一，缺乏现代科技的融入。中医药康养领域虽然具备东直门医院和广安门医院等优势资源，但创新不足，仍然停留在传统疗法框架内，缺乏与现代科技的结合。相比之下，国外康养项目已在技术应用方面取得显著进展。例如，日本箱根地区的温泉度假村广泛采用智能健康监测系统，其个性化健康管理更加完善。新西兰皇后镇通过虚拟现实技术提供沉浸式疗养体验，吸引了更多年轻游客。

北京市的养老康养项目尽管基础设施有所提升，但服务内容仍集中在基础护理和康复理疗方面。相较之下，瑞典的养老社区通过智能家居和健康监测设备提升了养老护理服务质量，减轻了传统模式的压力。技术的广泛应用为康养旅游带来了更丰富的服务和体验，北京的康养旅游在技术应用上的滞后限制了其市场竞争力。北京的康养旅游亟须加快推动服务创新和技术升级，以更好地满足游客的多样化需求。

（四）专业人才短缺困境，限制康养服务高质量发展

北京市的康养旅游产业在快速发展的过程中，面临着专业保健教练短缺的挑战，这一问题直接影响了康养服务的质量与产业的竞争力。全球范围内，认证健康与保健教练（Health and Wellness Coach，HWC）的兴起已成为医疗保健领域的重要趋势。尽管全球每年在医疗保健上的支出高达 8.3 万亿美元，慢性病的蔓延仍然严峻。[①]HWC 通过专业培训，帮助个体实现健康行为的改变，已被证明在降低心脏病和糖尿病风险方面具有显著效果。然而，北京在这一领域的发展仍然滞后，限制了康养旅游的整体服务水平。

北京多数温泉度假村虽具备优良的设施和资源，但由于缺乏足够的专业保健教练，无法为游客提供个性化健康管理服务。与之相比，国际上许多知名机构和保险公司，如新加坡的 The Coach Partnership、Wellness Coaching Australia，美国的 Aetna 和 UnitedHealth Group，已将健康教练纳入其护理团队，并通过数字健康平台提升个性化健康指导的效果。这些先进经验表明，健康教练在促进健康行为改变和提高健康管理质量方面具有重要作用。北京市在康养旅游领域必须加快引入和培养认证健康与保健教练，以满足不断增长的市场需求，提升服务质量。这不仅有助于改善康养项目的整体水平，还将增强北京康养旅游在国内外市场中的竞争力，推动行业的可持续发展。

四、北京康养旅游的发展趋势

（一）技术驱动的个性化健康管理

北京市作为中国的首都和经济中心，拥有庞大的中高收入人群，这为康养产业的融合发展提供了有利条件。随着经济和社会的不断发展，康养产业呈现出深度融合的特点，康养 + 文化旅游、康养 + 医疗、康养 + 体育等模式逐渐兴起，康养产品和服务的供给日益多元化，产业生态日趋完善。

① World health statistics 2023: monitoring health for the SDGs，sustainable development goals. https://www.who.int/publications/i/item/9789240074323.

在创新科学技术的推动下，北京的康养产业正向智能化、个性化方向发展。例如，阿里健康推出了天猫医药服务和支付宝的“未来医院”项目，利用互联网和智能手机技术为用户提供便捷的健康管理和医疗服务；腾讯的“腾爱医疗”战略则通过智能终端、医生平台、金融医保和健康大数据的融合，打造全方位的智能医疗服务。这些技术的应用为康养旅游中的健康管理提供了创新手段，使游客可以享受更为精准和个性化的康养服务。

金融和房地产行业也积极参与康养产业的布局。例如，泰康、中国平安等企业通过自建、投资并购和跨界合作等方式深入健康领域，满足人们对健康管理的需求。同时，万科、绿城、远洋等知名房地产企业也将目光投向了康养产业，探索“康养＋地产”跨界大健康项目，进一步丰富了康养旅游的服务内容。

此外，智慧健康养老领域的技术积累也为康养旅游带来了新的发展动能。互联网、物联网、人工智能、虚拟现实等新型技术在智慧健康养老中的应用，推动了康养产品的智能化、数字化和科技化。未来，北京将继续在国家和科技企业的支持下，打造更加智能和全面的康养服务，以满足广大游客，尤其是老年群体的多样化健康需求。

（二）多元化的康养需求推动市场细分

随着生活水平的不断提高，康养的概念已从传统的养老扩展为涵盖各个年龄段的“泛康养”模式。在北京，这种趋势尤为明显，不同人群的康养需求正在驱动市场细分和产品多样化。

儿童康养市场逐渐崭露头角，健康管理和基础保健成为家长关注的焦点。北京市内涌现出多种专注于儿童健康的产品和服务，涵盖了从营养管理到心理健康等各个方面。幼儿早教、儿童运动康养项目等也逐渐成为康养旅游的重要组成部分，满足家庭对儿童健康的全方位需求。青少年群体对康养的需求更加复杂，需要关注他们的身体健康，并重视他们的心理健康和社交技能的培养。北京市的康养市场开始注重青少年的个性化需求，推出了专门的心理咨询、情绪管理和成长辅导项目。这些项目通过体验式康养活动，帮助青少年应对学业压力和社会竞争，提升整体健康水平。母婴康养市场在北京也得到了快速发展，特别是针对孕妇和新生儿的专门服务。随着母婴健康意识的提高，北京市在产前护理、产后恢复、母乳喂养指导等领域涌现出许多高质量的服务机构。这些机构不仅提供专业护理，还通过社区活动和教育课程，帮助母婴群体提升健康管理能力。

在这些细分市场的推动下，北京市的康养旅游正在逐步转型，走向更具针对性和多样化的发展路径。这种趋势不仅丰富了康养旅游的内涵，也提升了市场的整体竞争力，为各类人群提供了更全面的健康服务体验。

（三）生态康养与可持续发展

在全球环保意识不断增强的背景下，生态保护与可持续发展将成为未来康养旅游的重要方向。北京市将加大对森林康养、温泉疗养等生态资源的保护和开发力度，确保在不破坏自然环境的前提下，实现康养旅游的绿色发展。例如，在森林康养基地，北京将推动生态疗养项目的发展，如森林浴、自然步道等健康活动，同时，严格控制游客流量，防止对自然资源的过度开发。

温泉疗养方面，北京将在现有项目的基础上，推动水资源的可持续利用，通过科技手段优化温泉水的管理和利用效率，减少资源浪费。此外，北京还将探索更多绿色康养项目，如自然疗法、生态农业体验等，将康养旅游与生态保护紧密结合，确保康养产业的长期可持续发展。

为实现这一目标，北京将进一步加强生态康养基地的基础设施建设，引入环保技术，推动绿色能源的应用，减少康养设施的碳足迹。通过这些举措，北京不仅能够为游客提供高质量的康养服务，还将成为生态康养旅游的标杆城市，体现康养与可持续发展相结合的全球领先理念。

（四）区域联动与协同发展

北京市康养旅游的未来发展趋势将聚焦于区域联动与协同发展。这一方向得到了《京津冀协同发展规划纲要》的政策支持，该纲要明确指出，北京、天津和河北应在产业结构优化、基础设施建设及资源共享方面实现深度合作。北京市康养旅游的发展，正是基于此政策框架，依托其丰富的医疗资源，与天津、河北的自然生态资源进行整合，形成区域内的综合性康养旅游圈。

依照国务院发布的《“十四五”旅游业发展规划》和北京市政府的《北京市国民经济和社会发展第十四个五年规划》，京津冀一体化已被确立为康养旅游的重点内容。北京市政府提出，将整合区域内的森林、温泉、中医药等康养资源，以北京为核心打造康养旅游网络，提升区域整体的服务能力和市场竞争力。通过这一资源整合，北京将成为康养旅游的中心枢纽，而周边的天津和河北则通过提供广袤的自然资源与生态环境，补充和支持首都的康养体系，形成具有竞争力的康养旅游圈。

北京市的政策行动进一步推进了区域联动的进程。2024 年 4 月，北京市民政局发布了《关于推进京津冀养老政策协同的若干措施》，其中，提出了建立养老机构等级评定、老年人能力评估结果互认机制，以及加强养老服务质量的协同监管。这些举措确保了京津冀区域内康养服务标准的一致性，为游客提供更具信任感和连续性的康养体验。北京市还进一步发布了《关于深化京津冀养老服务协同发展的实施方案》，该方案涵盖机制、项目、政策、人才、医养和行业协同等七个部分，明确推动北京的养老项目向河北及周边地区延伸布局。这意味着康养服务将在京津冀三地的协同下进一步优化，并为游客提供跨区域的无缝康养体验。

通过政策引领和区域协作，北京市将有效促进京津冀康养旅游一体化进程，推动康养项目的规模化与集约化发展。区域联动不仅有助于资源的高效利用，还将大幅提高整个区域的市场竞争力，满足日益增长的健康和养生需求。在这一趋势下，北京将依托强大的医疗和康养资源网络，与周边城市共同打造中国乃至全球康养旅游的标杆区域。

京津冀森林康养旅游发展战略与对策建议——以林栖谷森林康养旅游为例

吕　宁　曹小娟　刘东泽[①]

一、引言

近年来，随着公众对健康问题的日益关注，康养旅游逐渐成为旅游市场的热点。康养旅游以促进身心健康和提升整体福祉为核心，结合旅游、康复、养生等元素，为游客提供有益健康的体验。在城市环境的恶化、工作与学习压力的增加、人口亚健康化与老龄化问题加剧的背景下[1][2]，“健康 + 旅游”的理念逐渐深入人心，这不仅有助于身体健康和心理愉悦，还成为提升整体生活质量的重要手段。

在中国，康养旅游市场的发展受到了国家政策的有力推动。2015 年，国家提出“健康中国”战略，标志着中国进入“大健康”时代，其核心目标是通过改善医疗卫生服务和倡导健康生活方式来提升国民健康水平。这一战略为康养旅游的发展奠定了坚实基础，与“健康中国”的总体目标紧密契合，为大众

---

① 吕宁，北京第二外国语学院旅游科学学院教授、院长，北京旅游发展研究基地常务副理事长，主要研究领域为旅游休闲经济与战略管理；曹小娟，北京第二外国语学院 MTA 在读，在河北省廊坊市永清县人民政府供职；刘东泽，北京第二外国语学院旅游科学学院旅游管理专业硕士研究生，主要研究领域为旅游休闲经济与战略管理。

提供了更加丰富的健康管理、康复护理和养生养老等服务。习近平总书记在2022年指出："森林是水库、粮库、钱库和碳库。"随着中国生态文明建设和"健康中国"战略的深入推进，森林等自然环境对人们身心健康的重要性愈加突出。党的二十大报告中更是将"健康中国"列为2035年基本实现社会主义现代化的总体目标之一。森林康养旅游作为康养旅游的一个重要分支，具有停留时间长、消费潜力大、行业关联性强、重游率高等特点，不仅有助于刺激当地旅游经济的发展，还能优化现有的旅游产品体系，推动区域经济与社会的可持续发展。因此，森林康养旅游在当前和未来的发展中都具有重要的战略意义。

京津冀地区的森林康养产业具有显著的潜力和发展前景，有望在推动区域经济的绿色转型和全民健康水平方面发挥关键作用。林栖谷作为京津冀地区的代表性森林康养目的地，凭借其丰富的自然资源和独特的康养环境，吸引了大量游客。然而，随着市场的快速发展，林栖谷在管理和服务方面仍面临诸多挑战。为此，本报告以林栖谷为例，分析其发展优势及发展困境，提出切实可行的发展战略和优化建议，并探讨其对京津冀地区森林康养目的地发展的启示，以提升其在森林康养旅游市场中的竞争力，并为中国其他类似目的地提供参考。

二、全球森林康养旅游实践与中国路径

（一）国际森林康养旅游的探索与实践

在全球范围内，森林康养旅游的发展经历了三个阶段。第一阶段（1980年以前）由美国和德国等森林资源丰富的国家引领[3]；第二阶段（1980—2005年）则以日本、韩国为代表；第三阶段（2005年以后）森林康养旅游在多个国家和地区得到了广泛发展。

德国作为森林康养的先驱，早在19世纪40年代便在巴特·赫恩镇建立了首个森林浴基地[4]，并逐步形成了完整的理论与实践体系。20世纪30年代，苏联科学家Tokin发表了关于植物杀菌素的论文[5]，开启了欧洲对森林疗法的

系统研究。1962 年，德国科学家 KFranke 发现自然环境中的清新空气和某些植物挥发物对健康有益，这为森林康养疗法奠定了科学基础。德国发展了包括荒野性疗法[6]、克奈圃治疗[7]、园艺疗法、气候治疗[8]、海水疗法和矿物疗法在内的一系列与自然环境相结合的辅助疗法[9]，成为疾病辅助治疗的一部分，并纳入公务员福利体系。目前，德国已建成超过 350 个森林疗养基地，为全球林业、旅游业和医疗产业的发展提供了新理念。

美国作为世界第四大森林资源国，通过组建森林保健技术企业，确保森林资源健康并加以开发。美国的森林康养场所集旅游、运动与养生于一体，每年接待游客 20 亿人次[10]，为游客提供多样化的运动和养生体验。

日本在 1982 年提出“森林浴”（SHINRIN-YOKU）概念，将森林康养融入日常生活，其基地和步道遍布全国。日本建立了完善的基地评价认证标准和人才培养体系，并成立森林医学研究会，专注于疗愈效果研究。2007 年，日本推出了全球首个森林康养认证体系，严格审查环境和管理标准。

韩国的森林康养始于 1982 年，通过《森林文化 · 修养法》推动政策，构建了森林福祉体系[11]。1988 年，韩国建成首个自然修养林和多个养生基地，目前，已有 158 处自然修养林[12]。韩国还设立了专门管理机构，建立职业标准和培训体系，逐步形成了系统的森林康养理论。

（二）中国森林康养旅游的现状与发展趋势

1. 森林康养旅游的概念引入与界定

我国对森林康养的研究比较晚，王赵（2009）是首位对“康养旅游”进行解析的学者，他将其定义为一种在自然环境和人文环境中，游客因目的地的自然美景与康养文化的吸引，为满足调节身心、增强体魄和康复等需求，通过观光度假、登山徒步等不同形式参与的旅游活动[13]。自 2016 年起，中国正式开始引入和发展森林康养旅游。国家旅游局颁布的《国家康养旅游示范基地标准》首次明确了康养旅游的定义，指出康养旅游是通过一系列活动或干预手段，使人在身体和心理上达到和谐稳定状态的旅游形式[14]。同年，国家林业局在《林业发展“十三五”规划》中首次提出了“森林康养旅游产业”的概念，标志着森林康养这一概念正式进入国家林业发展框架。

2. 中国森林康养旅游的制定与标准化进程

国家和地方政府结合实际情况出台了一系列政策文件，统筹规划，积极推动森林康养旅游从单一的观光向康养和多业态并重的转型。

（1）中央政策文件

2016年，国家旅游局发布了《国家康养旅游示范基地标准》，旨在满足人民对更高质量健康生活的需求，推动旅游与健康服务业的深度融合，丰富康养旅游的内容，力求打造产业要素齐全、产业链完备、公共服务完善的综合性康养旅游目的地。同年，国家林业局发布了《关于推进森林体验和森林养生基地建设的通知》，强调了森林康养旅游的独特优势，倡导创新森林体验和养生基地的发展模式。这些举措在林业“十三五”规划中得到具体落实，促进了森林康养旅游的统筹发展。2017年，党的十九大报告提出了“健康中国”发展战略，为大健康产业的发展指明了方向。在此背景下，国家林业局进一步推进农业供给侧结构性改革，强调在保护现有资源的基础上，结合森林康养理念，推动森林小镇的快速发展，并形成独特的发展增长点和竞争力。2018年，森林康养产业与乡村振兴战略进一步融合。中央一号文件明确提出，要建设设施完备、功能多样的森林人家、康养基地和特色小镇，加快发展森林旅游产业，积极开发游憩休闲、健康养生、生态教育等服务项目。2019年，国家发布了《关于促进林草产业高质量发展的指导意见》和《关于开展国家森林康养基地建设工作的通知》，进一步强调了森林康养的推进工作，明确了基地建设的标准及发展模式，为产业发展提供了政策保障。2023年，国家林业和草原局印发了《“十四五”国家储备林建设实施方案》，再次提及要积极引导发展森林康养和森林旅游等产业。2024年，中央一号文件进一步强调大力发展森林康养和生态旅游等新业态，推动乡村的深度融合发展。这一系列国家政策的逐步推进，为地方政府和经营主体提供了广阔的发展空间和强有力的支持，成为森林康养产业快速发展的重要催化剂。

（2）标准化建设

2016 年，《国家康养旅游示范基地标准》正式实施，该标准规定了基地建设的基本条件和要求。2017 年，发布了《森林体验基地质量评定》《森林养生基地质量评定》《国家森林步道建设规范》和《生态露营地建设与管理规范》行业标准，旨在促进森林资源的有序合理利用，并通过政策引导其发展方向，推动森林康养及相关产业的健康发展，提供真正符合市场需求的服务和产品。同年，贵州省发布了森林康养基地规划技术与建设的地方标准，对基地的基本条件、设计规划、基础设施以及产品服务提出了具体规定。

2018 年，福建省发布了《森林旅游资源调查与评价技术规程》，明确了森林旅游资源调查的相关内容、评价流程和标准。2019 年，黑龙江省发布了《森林人家旅游服务规范》，对森林人家旅游的场地选择条件、基础设施及服务内容的品质提出了相关标准。2020 年，湖南省发布了《森林旅游示范市县评价规范》，明确了森林旅游示范市县的评价原则、方法和指标。通过制定相关政策和行业标准，加强了森林康养行业发展的规范性和标准化，这为提升森林康养旅游的发展质量提供了技术保障，也是技术水平和经济能力的综合体现。政策和标准的制定不仅引导了行业的发展方向，还促使行业进行重新定位，鼓励并引导相关企业参与，提升森林康养旅游的市场认同度和知名度，打造品牌。

三、京津冀地区森林康养目的地发展现状

近年来，京津冀地区的森林康养产业在“健康中国”战略和京津冀协同发展战略的指引下，取得了显著进展。这一发展不仅依托于区域内丰富的森林资源，还得益于政策支持和区域协同的深入推进。森林康养作为一种新兴的健康生活方式，吸引了大量来自京津地区的中老年群体，为区域居民提供优质健康服务的同时，也推动了绿色经济的发展。

北京市作为中国首都，凭借丰富的森林资源和政策优势，在森林康养产业中始终保持全国领先地位。全市森林覆盖率高达 44.9%，这些资源主要分布在市区周边和郊区，为发展森林康养奠定了坚实基础。北京市积极响应健康中国战略，将森林康养与城市健康发展相结合，通过建设多样化的康养基地，吸引大量居民和游客参与其中。目前，北京的森林康养产业已形成多个具有全国影响力的康养基地，如市郊和近郊的大型森林公园和生态保护区。这些基地不仅规模领先全国，项目的多样性和服务的专业性也备受好评，使北京逐步成为中国森林康养产业的典范城市。

天津市尽管森林资源相对有限，但在森林康养产业的发展方面也取得了显著进展。天津通过开发城市近郊的绿化带和生态公园，逐步建立森林康养基地。近年来，天津市森林覆盖率稳步提升，结合城市便利的交通和完善的服务设施，吸引了大量市区及周边居民参与康养活动。蓟州区的翠屏湖森林公园和蓟州湿地公园，通过引入森林浴和生态疗养等项目，成为天津市民短途康养的热门选择。天津市正在加速推进森林康养基地建设，力争在未来几年内进一步提升覆盖率和服务能力。

河北省则凭借其丰富的森林资源，成为京津地区养老和康养需求的重要承接地。2023 年 5 月 12 日，习近平总书记在河北考察并主持召开深入推进京津冀协同发展座谈会时，明确指出要“推动京津养老项目向河北具备条件的地区延伸布局”，为京津冀地区的森林康养产业发展提供了明确方向和强有力的政策支持。此外，《健康中国行动（2019—2030 年）》的实施，进一步推动了森林康养产业的规范化、规模化发展，激励京津冀地区积极探索将“绿水青山”转化为“金山银山”的有效途径。

作为能够辐射京津冀三地的重要康养目的地，林栖谷森林康养基地在区域发展中具有领军优势。因此，本报告将以林栖谷为例，分析其在发展中的优势与困境，并进一步探讨其对京津冀地区森林康养目的地发展的启示。

四、林栖谷森林康养目的地概况

（一）区位条件

林栖谷森林康养旅游目的地位于北京、天津和雄安新区的中心地带，地理位置优越，主要客源地为京津冀地区。林栖谷距离北京、天津和雄安新区均为60公里，具备得天独厚的区位条件。从交通出行角度来看，林栖谷享有便捷的交通网络。现已建成的京雄城际高速公路、京台高速公路、京张高铁、京雄城际、京哈高铁京承段、京滨城际和京唐铁路等交通路线，总里程达2575公里，实现了对北京、天津和雄安新区的全面覆盖。京津冀地区已基本形成半小时到一小时交通圈[15]，这为林栖谷吸引游客提供了便捷的通行条件。此外，林栖谷所在的京津冀地区地势平坦，大部分地区处于平原地带，交通基础设施发达，道路宽阔平坦，游客可通过自驾或铁路在一小时内轻松抵达目的地。

（二）气候特征

林栖谷位于东经116.5度，北纬39.32度，属于北温带季风气候区，四季分明，雨热同季。夏季气候炎热多雨，冬季寒冷干燥。春季干旱多风沙，秋季凉爽宜人。冬季常受偏北风影响，夏季则受偏南风影响。林栖谷森林地区因四季分明、雨热同季的气候特点，在不同季节对植被生长和游客活动均有显著影响。夏季的高温和湿度有利于植物生长，而森林覆盖则为游客提供了凉爽的环境，适合休息和活动。相比之下，冬季寒冷干燥的气候使植物进入休眠期，景观单调，可能减少游客数量。此外，低温也可能限制老年人和体弱者的户外活动意愿，从而影响游客数量和活动水平。

（三）旅游资源优势

林栖谷森林康养旅游目的地凭借其丰富多样的旅游资源，成为吸引游客的重要目的地。该地区不仅有广袤的自然林场和壮丽的自然景观，还具备独特的资源优势，包括高浓度的空气负氧离子、多样化的植被物种和丰富的地热资源。这些资源共同构成了林栖谷的强大吸引力。

林栖谷的空气负氧离子含量常年保持在每立方厘米6000个以上，达到国家标准的4倍，比北京市区高出15倍。负氧离子被誉为“空气维生素”，不仅净化空气，还能增强人体免疫力、提升情绪和睡眠质量、并促进新陈代谢。它还具有调节神经平衡、缓解压力和改善体力的效果。林栖谷的植被多样，森林覆盖率超过90%。丰富的植物种类不仅提升了生物多样性，还为游客提供了视觉享受和舒适的遮阳效果，提升了旅游体验。此外，林栖谷拥有丰富的地热资源，永清县的地热水资源储量达到7亿立方米，使其被誉为“中国温泉之乡”。已开发的温泉井井深达2200米，水温保持在40~60℃，水质纯净，富含矿物质，具有较高的医疗保健价值。这些资源为大规模温泉旅游开发提供了良好条件。

（四）产品开发现状

林栖谷充分利用其独特的自然环境和丰富的旅游资源，开发了多种特色旅游产品。目前，已建成的设施包括森林康养区、特色民宿、主题院落和竹林书院等，提供住宿、餐饮、社交、休闲、娱乐、医疗、护理和康养等全方位服务。除了温泉疗养和中医养生等项目，林栖谷还针对不同游客群体开发了多种特色活动，如针对亲子家庭的亲子运动和DIY活动，以及针对年轻群体的真人CS、射箭、垂钓和马术等运动项目。针对中老年人群，林栖谷提供包括管家式护理、24小时紧急医疗救助和文化活动在内的服务产品，满足他们的特殊需求。

林栖谷在发展历程中取得了显著的经济成效。根据景区提供的数据，2019年至2023年，景区游客接待量大幅增长，总量增幅达到50%。尽管2022年受新冠疫情影响，游客数量略有下降，但2023年游客数量再次增至20万人次，表现出强劲的增长势头（见图1）。景区累计纳税额在此期间接近1亿元，展示了其良好的经济效益。

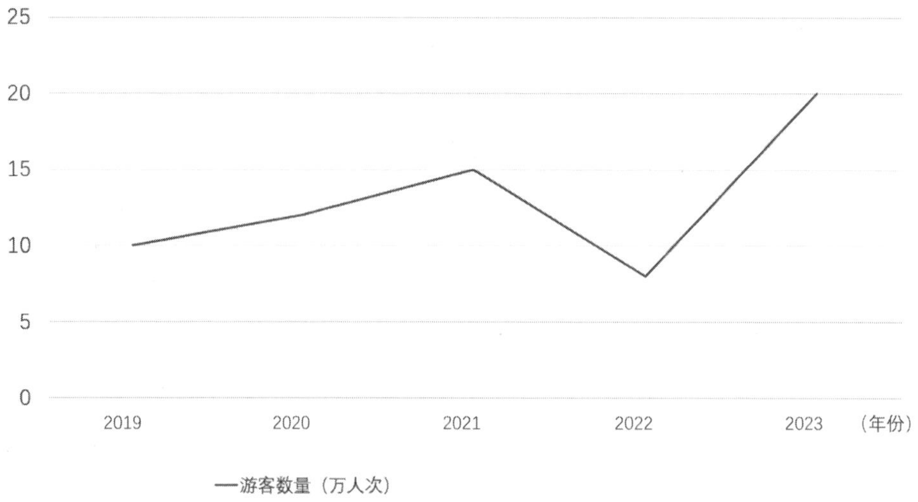

图 1　2019 年至 2023 年林栖谷游客数量统计

五、林栖谷游客人口特征与行为分析

本研究的数据通过线上（问卷星）和线下同步发放的方式收集。线下调查主要通过与永清县文化和旅游局局长、副局长及相关部门负责人面对面访谈，了解他们对林栖谷森林康养旅游目的地的综合评价，并邀请他们对调查问卷进行评分。线上调查则通过与林栖谷森林康养旅游目的地的管理层沟通，在微信群中发布问卷星链接，邀请景区管理人员进行评分。最终，共回收了 51 份管理人员调查问卷，问卷的有效回收率达 100%。这一高回收率表明，本研究的调查方法得到了受访者的广泛认可和积极参与，为林栖谷森林康养旅游目的地的评价提供了充分的数据支持和参考依据。

（一）游客人口特征解析

根据对林栖谷游客的问卷调查结果分析，游客的基本情况如下：女性占比 56.89%，男性占比 43.11%，反映出女性游客数量较多；年龄集中在 30~49 岁，占比 54.44%，这部分游客通常有较高的可支配收入和康养需求；在职业方面，私营企业员工和公务员、事业单位员工分别占比 26.44% 和 22.00%，农民游客占比仅为 2.22%；在学历方面，大专或本科学历的游客占比最大，为 58.89%；在收入方面，8001~10000 元收入的游客占比最大，为 30.22%，说明这部分游客经济基础较好，偏好价格适中的森林康养项目（见表 1）。

表 1　游客基本特征统计

	属性	游客量（人）	百分比（%）
性别	男	194	43.11
	女	256	56.89
年龄	18 岁以下	15	3.33
	19~29 岁	87	19.33
	30~39 岁	136	30.22
	40~49 岁	109	24.22
	50~59 岁	83	18.45
	60 岁以上	20	4.45
职业	公务员、事业单位员工	99	22.00
	国有企业员工	77	17.11
	私营企业员工	119	26.45
	农民	10	2.22
	学生	32	7.11
	自由职业者	55	12.22
	个体户	51	11.33
	离退休人员	7	1.56
学历	高中及以下	116	25.78
	大专或本科	265	58.89
	硕士及以上	69	15.33

续表

	属性	游客量（人）	百分比
月收入	5000 元及以下	115	25.55
	5001~8000 元	106	23.56
	8001~10000 元	136	30.22
	10001 元以上	93	20.67

（二）游客行为模式研究

根据调查问卷结果，本研究对林栖谷游客的旅游行为进行了分析，包括信息渠道、参与活动、旅游动机和出行方式，以更深入地了解其特征。

在信息获取方面，45.50% 的游客通过亲友了解到林栖谷，显示出该景区的良好口碑。31.78% 的游客依靠网络媒体获取信息，凸显了网络推广的重要性。19.78% 的游客通过线下活动得知景区信息，而通过旅行社获知的仅占 2.89%（见表 2）。整体来看，游客主要通过亲友、网络媒体和线下活动获取信息，旅行社推广效果较弱。考虑旅行社客户中有较高比例的中老年人，而这一群体对康养需求较大，林栖谷应加强与旅行社的合作，挖掘这一潜在市场。

在参与活动方面，48.00% 的游客曾入住 CCRC 康养区，41.78% 的游客选择主题院落，40.44% 的游客选择特色民宿，显示出林栖谷的住宿设施和康养环境对游客的吸引力。此外，28.67% 的游客参与了森・友荟活动，27.56% 的游客体验了温泉，26.22% 的游客享受了中医服务，25.78% 的游客参加了定向运动，其他活动参与度仅为 3.78%。可见，林栖谷的活动吸引力有限，需提高游客参与度（见表 2）。

在旅游动机方面，休闲度假、康体疗养、观光游览和运动探险为主要动机，商务活动和其他动机占比较小。

在出游方式方面，73.33% 的游客选择私家车，这与其客源地主要来自周边地区有关。14.67% 的游客选择铁路，8.67% 的游客选择飞机，显示远距离游客较少；2.89% 的游客选择旅游大巴，其他方式仅占 0.44%，这可能和景区与旅行社合作较少有关。

表 2　游客行为特征描述

游客行为特征	属性	游客量（人）	百分比（%）
信息渠道	亲朋好友	205	45.50
	网络媒体	143	31.78
	旅行社推荐	13	2.89
	线下活动宣传	89	19.78
参加的活动	入住 CCRC 康养区	216	48.00
	入住主题院落	188	41.78
	体验森林疗愈	200	44.44
	体验中医服务	118	26.22
	体验森・友荟	129	28.67
	体验特色民宿	182	40.44
	泡温泉	124	27.56
	参加定向运动	116	25.78
	其他	17	3.78
旅游动机	观光旅游	206	45.78
	休闲度假	254	56.44
	康体疗养	219	48.67
	运动探险	185	41.11
	商务活动	121	26.89
	其他	47	10.44

续表

游客行为特征	属性	游客量（人）	百分比（%）
出游方式	私家车	330	73.33
	旅游大巴	13	2.89
	火车、动车、高铁	66	14.67
	飞机	39	8.67
	其他	2	0.44

六、林栖谷发展困境与优化路径

（一）精准需求响应：提升游客满意度的路径

根据 ACSI 的研究，游客对旅游目的地的需求呈现多样化和广泛化趋势。林栖谷森林康养旅游目的地的服务供给未能充分匹配游客需求，主要体现在住宿设施、交通便捷性以及安全保障方面。林栖谷需采取系统性措施，全面提升服务水平，增强游客满意度。

住宿设施需全面升级。康养旅游需求上升，游客对住宿要求不仅限于卫生和舒适，更希望获得独特体验和个性化服务。林栖谷应优化木屋、民宿和康养社区等特色住宿形式，并引入智能化、数字化服务系统，如线上预约、无接触入住，提升服务效率，增强游客对目的地的整体感知；交通便捷性需优化。林栖谷应与地方交通管理部门合作，打造多元化交通网络，提升游客出行的便利性。通过提供实时交通信息和智能出行建议，进一步优化游客的出行体验；安全保障体系需全面构建。定期检查和维护基础设施，完善安全标识和指引系统，减少潜在安全隐患。借助科技手段，如智能监控和应急响应系统，提高安全管理水平，为游客创造安全的游览环境；餐饮服务需提升。结合康养旅游特色，发展具有地方特色的健康饮食选择，满足游客对健康和养生的需求。通过合理定价和透明服务体系，确保游客获得高品质餐饮体验，感受物有所值的消费。

（二）服务质量与游客忠诚度的双提升路径探讨

林栖谷森林康养旅游目的地面临着游客抱怨较多、忠诚度不高的挑战。调查结果显示，许多游客对林栖谷感到不满，导致他们的忠诚度并不理想。提升游客满意度对于增强忠诚度、减少抱怨至关重要。这表明，改善游客体验是解决这一问题的有效策略。此外，基础设施和产业建设的优化也不可忽视。

为提升游客满意度，林栖谷需要加强森林山产加工、科普宣教设施、通信和供电设施，以及餐饮场所的建设。通过建立现代化加工基地，充分利用当地资源，提高产品质量，促进本地经济。同时，设立科普展览馆和户外教育基地，结合自然资源与文化特色，推动生态保护和文化传承，支持可持续旅游发展。通信和供电设施的改进，尤其是清洁能源与节能技术的引入，将提高景区的便捷性和环保性。此外，提升餐饮品质和服务，尤其是发展本地特色餐饮，将显著增强游客的用餐体验。

在环境管理方面，优化医疗垃圾处理、污水处理设施和导引系统同样重要。通过建立先进的医疗垃圾处理中心和污水处理系统，确保景区环境安全。完善标识和智能化服务，则能提高游客的游览便捷性和整体满意度。

为了更好地满足多元化的游客需求，还须加强无障碍设施建设，优化垃圾处理和购物场所。通过增设坡道、扶手和无障碍通道，改善生活垃圾处理设施和购物环境，进一步提升服务水平。

（三）期望与体验一致性：提升满意度的策略

林栖谷当前面临游客期望与实际感知质量之间的显著脱节问题。根据ACSI研究数据，游客期望得分为3.12分（满分为5分），显示出游客对体验的期待与实际感知存在明显差距，从而影响满意度。为提升游客满意度，林栖谷需强化期望与体验的一致性，并通过加强宣传和发展冬季旅游实现这一目标。

在宣传方面，林栖谷应充分利用互联网、电视、报纸等多样化的媒体平台，全面展示其作为高端森林康养度假地的独特魅力。重点突出其森林、温泉、永定河故道等自然资源，以及康养休闲街、禅院、医美中心等设施，介绍森林疗愈、亲子观光、真人CS等多样化体验活动，引导游客形成合理期望。同时，通过强化“天然氧吧”体验和全包式服务理念，凸显其国家级森林康养基地的优势，提供定制化旅居计划和社群活动，营造温馨和谐的社区氛围。林栖谷的特色民宿，如树上木屋、温泉木屋等，也可与森林知识学习、乡村生活体验等文化项目相结合，进一步增强吸引力。

为了扩大影响力，林栖谷可邀请知名旅行博主或网络达人体验冬季项目，通过社交媒体分享感受，利用他们的影响力提升曝光度和口碑。参与旅游展会和活动，展示林栖谷冬季旅游的独特魅力，吸引更多潜在游客。

发展冬季旅游是提升游客感知质量的关键。由于冬季寒冷气候对游客体验的负面影响，林栖谷需通过多元化举措丰富冬季项目，如建设人造雪滑雪场，推广滑雪、滑冰等活动，利用地热资源开发温泉疗养，并举办河北传统踩高跷、冬季庙会、冰雪嘉年华等活动，吸引游客参与。此外，可改造冬季景区，打造冰雪景观和冬季花园等特色线路，为游客提供独特的观赏体验，并开发室内体验项目如工艺品制作和传统文化活动，丰富冬季游玩内容。这些措施将有助于消除季节限制，提升冬季旅游吸引力，增强林栖谷的整体竞争力。

（四）加强感知质量与管理评价沟通

林栖谷森林康养旅游地在游客感知与管理人员评价之间存在显著差异，这表明建设与规划过程中可能未充分考虑游客的实际需求。这种认知上的差异不仅影响了游客的感知质量，还直接导致了满意度的下降。因此，如何有效整合游客反馈并在规划中体现其需求，是提升满意度的关键问题。

住宿体验方面，游客和管理人员的评价存在明显差距。根据ACSI的调查数据，游客对住宿价格合理性和服务质量的评分分别为3.34分和3.32分，显示出较低的满意度，而管理人员对同类设施的评分为4.49分。这一差异反映了管理者和游客在对现有住宿和康养设施（如森林木屋、民宿和养老区）的看法上存在认知偏差。尽管林栖谷在设施建设上表现出较高的水准，但实际运营中未能完全满足游客的期望，说明在景区规划和执行阶段需进一步优化，充分考虑游客的需求。

环境质量方面的评价差异也同样显著。根据冬季游客调查显示，仅52.04%的游客对林栖谷的森林环境质量表示满意，而管理人员的评分则为4.8分。这种差异可能与林栖谷的温带大陆性气候有关，冬季寒冷干燥的气候对植被和野生动物的生存状况产生不利影响，从而降低了自然景观的观赏价值。虽然这些环境特征在北方地区较为常见，但其对游客体验的负面影响不可忽视，需要在景区的管理和规划中有所应对。

为解决这些问题，林栖谷需在感知质量和管理评价之间建立更为紧密的联系。深入分析游客在住宿、餐饮、交通和安全等方面的需求，有助于明确提升满意度的关键因素。通过将游客反馈整合到实际改进措施中，可以提高服务的针对性，增强游客的整体体验。

此外，管理人员需对景区的建设和运营水平进行全面评估，识别潜在的问题和不足。虽然管理者的专业评价对景区发展至关重要，但应结合游客的实际反馈，以实现更加全面的改进。通过将管理者的专业视角与游客的感知相结合，景区能够更精准地调整其服务策略，提升整体满意度。

在实际操作中，需加强对游客需求的系统性调研，深入了解他们的期望和偏好，对服务和设施进行有针对性的调整。这种基于数据和反馈的管理方法，将有助于优化林栖谷的服务质量，提升其市场竞争力和游客满意度。通过建立有效的沟通和反馈机制，景区能够更好地平衡管理目标与游客需求，促进双方的良性互动，实现持续改进和发展。

七、林栖谷的发展经验对京津冀地区的战略启示

林栖谷的发展经验为京津冀地区的森林康养目的地提供了多方面的战略启示，包括基础设施的完善、市场需求的精准把握和资源优势的有效整合。林栖谷的成功案例表明，充分利用地理优势和便利的交通条件是吸引游客的关键。京津冀地区的其他森林康养项目应优先考虑交通配套设施的建设，确保交通网络畅通，同时注重游客的便捷性和安全性。加强与公共交通系统的联动，提供便利的接驳服务，如景区直通车、专线巴士，进一步提升游客的出行体验。

林栖谷展示的资源优势和产品多样性为其他森林康养项目提供了宝贵借鉴。高浓度的空气负氧离子、丰富的植被物种和地热资源形成了市场竞争力强的康养产品，成功吸引了大量游客。京津冀地区的其他项目应深入挖掘和整合当地自然资源，打造差异化的旅游产品，如结合传统中医药资源的康养疗法和自然体验项目，以提升旅游吸引力和市场竞争力。

林栖谷的发展强调了提升游客体验的重要性。高质量的住宿、餐饮、康养和娱乐设施不仅提升了游客满意度，还增强了游客忠诚度，促进了景区的可持续发展。京津冀地区的其他森林康养项目在开发过程中应特别关注服务质量的提升。在基础设施建设方面，除提供基础康养设施外，还需注重细节提升，如无障碍设施的配备、智能化服务系统的引入，以及对服务人员的专业化培训，确保游客在每个环节都能享受高水平的服务。此外，丰富多样的娱乐项目和休闲活动也是提升游客体验的重要组成部分。林栖谷的多样化活动安排，如真人CS、亲子运动、温泉疗养等，吸引了不同年龄段的游客，提升了参与度和满意度。未来，其他森林康养项目也应注重开发丰富的娱乐活动，满足不同游客的需求。

林栖谷的发展揭示了一些需要改进的地方，为京津冀地区其他森林康养目的地的发展提供了参考。设施的安全性和服务质量问题影响了游客满意度，降低了游客忠诚度。这些问题提醒其他项目在规划和建设过程中，应更加注重基础设施的完善，特别是在安全设施的配置和服务质量的提升方面。在住宿

设施的设计和管理中，需考虑更多细节，如房间的舒适度、安全性和应急服务的配备。交通设施的优化和景区内道路的维护也是重点，以确保游客在出行和游览过程中感受到安全和便捷。气候条件对森林康养旅游的影响在林栖谷的发展中得到了体现，冬季寒冷导致游客数量减少，对康养旅游目的地构成挑战。京津冀地区的森林康养项目应探索冬季旅游的发展路径，提供更为多样化的活动和体验，延长旅游季节，提升游客感知质量。可以引入冬季特色活动，如冰雪运动、冬季温泉疗养、室内康养项目，吸引游客在寒冷季节前来度假。加强景区的四季景观规划，确保景区全年都能提供独特的自然和文化体验。

加强游客需求调研和管理者评价沟通对于优化景区发展规划至关重要。林栖谷的发展经验表明，只有通过了解游客需求，并在管理和规划中融入游客的反馈，才能提升游客满意度。未来的森林康养项目应建立完善的游客反馈机制，定期收集和分析游客的意见和建议，优化景区服务和设施。管理者应加强与游客的沟通，确保游客需求和期望在景区规划中得到体现。通过双向沟通和反馈机制，京津冀地区的森林康养产业将实现高质量发展，推动区域经济绿色转型和全民健康水平提升。

参考文献

[1] 王茜，王成，张中霞，等．夏季旗山森林公园福建柏林生态保健功能探索．生态与农村环境学报，2019，35（12）：1573-1581.

[2] 潘洋刘，刘苑秋，曾进，等．基于康养功能的森林资源评价指标体系研究．林业经济，2018，40（8）：533-57.

[3] 杨利萍，孙浩捷，黄力平等．森林康养研究概况 [J]. 林业调查规划，2018，（02）：161-166，203.

[4] 丛丽，张玉钧．对森林康养旅游科学性研究的思考 [J]. 旅游学刊，2016，（11）：6-8.

[5] Raymond U，Nicholas R，Matthew S，et al.Survival impact of multidisciplinary thoraciconcology care in a regional healthcare system[J].Journal of Clinical Oncology2020，38（15）：2004-2004.

[6] Russell K.What is wilderness therapy?[J].Journal of Experiential Education，2001，24（02）：70-79.

[7] Schencking M，Wilm S，Redaelli M.A comparison of Kneipp hydrotherapy with conventional physiotherapy in thetreatment of osteoarthritis.a pilot trial[J].Journal of Integrative Medicine，2013，11（01）：17-25.

[8] SchuhA.Climatotherapy[J].Experientia，1993，49（11）：947-956

[9] 索筠博 . 基于资源评价的森林康养基地规划设计 [D]. 北京：北京林业大学，2020.

[10] 刘照，王屏 . 国内外森林康养研究进展 [J]. 湖北林业科技，2017，（05）：53-58.

[11] 李祗辉 . 韩国森林福祉服务体系构建研究——基于韩国林业发展理念、机制与经验的分析 [J]. 林业经济，2021，43（04）：57-69.

[12] 何彬生，贺维，张炜等 . 依托国家森林公园发展森林康养产业的探讨——以四川空山国家森林公园为例 [J]. 四川林业科技，2016，（01）：81-87.

[13] 王赵 . 国际旅游岛：海南要开好康养游这个“方子”[J]. 今日海南，2009，12（12）：12.

[14] 王瑗琳 . 国内康养旅游服务产品的开发策略探析 [J]. 中国商论，2017，（34）：39-40.

[15] 张群琛 . 织密京津冀［N］. 北京城市副中心报，2023-10-08（004）.

江西温泉康养旅游的特色分析

曹秋香　侯满平　徐　凯　陈孟良　张淑敏①

一、温泉康养旅游的价值

随着中国经济腾飞，人们不再满足于温饱。以前人们考虑的是如何吃饱穿暖，而经济的快速发展，使人们生活变得更加富足，不再局限于口腹之欲，将目光转向了休闲娱乐和养生，这部分支出在人们生活中占比逐渐增大。在经历了诸多疾病困扰之后，人们的养生意识越发强烈。有没有一种活动既包含了休闲娱乐，又可以养生呢？那就是温泉。温泉疗养集二者之长，融合了旅游、休闲和养生保健功能，备受人们的青睐，已经成为现代社会人们追求健康生活方式的重要选择。从历史角度看，温泉养生的概念起源于秦朝，在唐朝达到盛行。这一传统休闲方式传承至今，随着人们生活的富足和对健康的重视，温泉旅游得到了蓬勃的发展。

温泉疗养从一开始的单一疗养功能，发展到集度假、观光、休闲娱乐、健

① 曹秋香，博士，副教授，东华理工大学地球科学学院，主要研究方向为矿物成因及旅游地学；侯满平，博士，博导，河北东方学院教授，北京第二外国语学院中国文化和旅游产业研究院特聘研究员，从事文化和旅游产业咨询及三农领域的研究；徐凯，硕士研究生，东华理工大学地球科学学院，研究方向为资源环境与经济；陈孟良（通讯作者，邮箱：mengliang_1980@163.com），河北东方学院讲师；张淑敏，河北东方学院副教授。

身、商务、康养等多种功能于一体的旅游项目。这一转变不仅反映了市场需求的变化，也体现了温泉旅游康养度假区对多样化、高质量、高档次的度假环境的追求。在“健康中国”的背景下，康养旅游成为人们追捧的热点，温泉康养目的地的设施服务、知名度提升以及特色优势成为保持其发展的重要因素。

（一）温泉康养的价值

温泉是一种可再生的地热资源，具有保健疗愈功效，温泉水的矿物质成分、泉水温度和流动时产生的能量能有效作用于人体，起到缓解疾病、促进循环、提高免疫力、美容养颜等作用。温泉的热量来源于地热，地热是来自地球内部裂变产生的一种能量资源，温泉主要凭借其温度、浮力、压力等物理效应，以及所含微量元素，共同作用于人体，对健康产生积极影响。这些因素共同作用，可以促进人体血气循环，疏通经络，增强体质。温泉中所含有的微量元素和泉质各异，对人体的影响也不尽相同，针对不同病症的疗效差异较大。温泉的使用方式多样，可分为泡浴法、吸入法、喷淋法和引用法，不同使用方法的功效也有差别。现代社会中，快节奏的生活和工作模式，使人们工作和生活压力增大，越来越多的人处于亚健康状态，人们急需缓解自身的压力，保持对生活的美好憧憬。温泉旅游可以使人们融入大自然中，放松身心，摆脱亚健康状态，起到修心养性助力疾病的康复作用。

（二）温泉康养的文化价值

温泉养生在中国有着悠久的文化历史，起源于秦朝，盛行于唐朝。古代温泉养生文化，帝王养生是精髓所在，如秦始皇的“骊山汤”，以及《水经注》中的“温泉治百病”等记载，都表明温泉康养不仅是人们对健康生活的追求，更是中华传统文化的重要组成部分。如今的温泉康养旅游不仅局限于温泉本身，还融合了中医药、岭南饮食文化等多种文化元素。这种文化与自然的结合，既保留了传统文化的精华，又赋予了温泉新的生命和发展空间，在自然环境中的温泉旅游，可以使人们更加真切地感受自然；在名刹古寺中的温泉，可以让人们感受到浓厚的宗教氛围。在温泉康养旅游发展过程中，通过整合，创新性地融入当地的传统特色文化，构建了别具特色的文化温泉，成为连接过去与未来，传统与现代的一座重要桥梁。

（三）温泉康养的经济价值

温泉旅游业的兴起与发展，不仅丰富了度假旅游产品，使娱乐活动多样化，提高了人们的健康水平，还促进了国民经济的发展，带动了地方经济的增长。温泉旅游已成为一种重要的旅游资源，能够带来可观的直接和间接的经济效益。大规模的温泉度假区不仅扩大了当地旅游业的规模，还可以通过"温泉+"的模式，将温泉元素融入传统旅游项目中，进一步扩大了旅游市场的规模。温泉康养产业通过与其他行业的融合，如医养、养老等，形成了多业态发展模式。例如，承德通过实施"温泉+"战略，打造了集温泉旅游度假、温泉医养康养、温泉养生养老于一体的全域旅游模式。这种模式不仅增加了温泉资源的利用价值，还促进了当地经济的转型升级。温泉旅游开发对推动地方经济增长、增加社会就业起到了重要作用。例如，贵州山地温泉康养旅游的发展不仅提升了旅游及相关产业的增加值，还为经济社会高质量发展提供了有力支撑。中国温泉旅游市场规模逐渐增大，2017年，温泉旅游总接待规模达7.69亿人次，总收入达2428亿元。在往后的几年中，随着市场需求的不断增长，温泉旅游行业将继续保持快速发展态势。

二、江西温泉康养旅游资源丰富

温泉（hot spring）是指从地下自然涌出的，泉口温度显著高于当地年平均气温的地下天然泉水，其含有对人体健康有益的微量元素。根据地质条件，温泉分为火成岩区温泉、沉积岩区温泉、变质岩区温泉三类。根据温泉的泉质划分，江西的温泉可以分为硫化氢泉、硅酸泉、碳酸氢盐泉、放射性氡泉、硫酸盐泉。按照对游客的服务特色可以分为温泉疗养院型、温泉主题公园型、大型戏水浴场型、温泉度假休闲型。

（一）泉质

1. 硫化氢泉

硫化氢泉是一种常见的温泉类型，其主要特征是泉水中含有较高浓度的硫化氢气体，泉水中总硫含量在 10mg/L 以上的温泉。硫化氢泉根据硫化氢含量可以分为弱硫化氢泉（<50mg/L）；中浓度硫化氢泉（50~100mg/L）；高浓度硫化氢泉（100~250mg/L）；极高浓度硫化氢泉（>250mg/L）。硫化氢泉的水质通常呈酸性或弱酸性，pH 一般在 6.5~7.5。

在地质学上，硫化氢泉的形成与火山活动、地质断裂和地下热流体的运动密切相关，通常位于火山地带或者是地质断裂带附近。除了硫化氢，硫化氢泉还含有其他矿物质，如钙、镁、钠、钾等，这些矿物质对人体健康有益。江西省会昌县筠门岭镇东南部的车心温泉、九江的庐山温泉、上饶婺源的江湾温泉、宜春市文塘镇的富硒温泉均含有较高浓度的硫化氢，属于硫化氢泉。

2. 硅酸泉

硅酸泉是一类较为特殊的温泉，指温泉中含有硅酸（H_2SiO_3）且含量大于 50mg/L，地下泉水中的硅酸主要表现形式为偏硅酸和正硅酸，泉水中含有较高浓度的硅酸盐矿物。硅酸泉的水质通常呈弱碱性，pH 在 7.5~8.5。

硅酸泉的形成与火山活动、地质断裂和地下热流体的运动有关，在高温高压的地下环境中，地下水溶解了岩石中的硅酸盐物质，随着地下热水的上升，这些溶解的硅酸盐矿物被带到地表，形成硅酸泉。硅酸盐矿物对人体皮肤有滋润作用，可以改善皮肤弹性和光泽，故硅酸泉也被称为“美人泉”。可缓解疲劳。江西赣州市寻乌县的灵石温泉、宜春市靖安县的九岭森林温泉、赣州市安远县的虎岗温泉、宜春市袁州区的温汤古镇温泉、宜春市奉新县的九仙温泉、宜春温汤古镇、九江市庐山的上汤温泉、吉安市遂川县的汤湖温泉均含有较高浓度的硅酸盐矿物，属于硅酸泉。

3. 碳酸氢钠泉

碳酸氢钠泉，也称为“小苏打泉”，是一种含有碳酸氢钠的弱碱性水。当不含有游离二氧化碳时，pH 通常大于 8.5，为碱性泉；当大部分碳酸氢钠与游离二氧化碳结合时，pH 一般在 5~7，呈弱酸性。

碳酸氢钠泉有泡浴法和吸入疗法，具有多种医疗作用，可调整人体酸碱平衡。江西九江市的庐山温泉、九江市武宁县的上汤温泉均属于碳酸氢钠泉。

4. 放射性氡泉

放射性氡泉，是指含有放射性元素氡的泉水，氡气含量在 3Bq（贝可）/L 以上的温泉。

氡，是一种惰性气体，由天然放射性元素如铀、镭的衰变形成的，能够溶于水，这些元素可能是自然存在于水中的，也可能是通过水体与含有放射性物质的岩石接触而溶解于水中。氡泉被誉为“泉水中的黄金”，能促进细胞新陈代谢，抗衰老，有镇痛作用，缓解疼痛，调节神经系统，改善睡眠，改善消化功能。江西九江市庐山地热温泉区和萍乡市武功山温泉君澜度假酒店的温泉是较为典型的放射性氡泉。

5. 硫酸盐泉

硫酸盐泉，是指固体成分整体含量大于 1g/L 的温泉。阴离子以硫酸根离子（SO_4^{2-}）为主，阳离子主要包括 Na^+、Ca^{2+}、Mg^{2+}，主要特征为泉水中含有硫酸钠、硫酸钙、硫酸镁、硫酸铝泉等成分，这些硫酸盐矿物赋予硫酸盐泉独特的物理及化学性质。

硫酸盐泉的形成通常与地质活动有关，尤其是与岩浆活动和地壳抬升密切相关。在火山活动或地壳板块的相互作用中，高温高压的条件促使地下的硫酸盐矿物溶解并随地下水迁移。硫酸盐泉因其独特的化学成分，被用于温泉疗法和水疗中心，通常具有促进血液循环、舒缓肌肉、加速新陈代谢等功效。江西永丰县的“江南第一硫泉”属于硫酸盐泉。

（二）游客服务特色

1. 温泉疗养院型

温泉疗养院型，是指温泉因其独特的水质、微量元素和温度而被用于医疗和康复目的，通常依托于天然温泉资源。

康复性景观设计是温泉疗养院设计的重要因素之一，这种景观不仅需要满足疗养者的听觉、视觉、嗅觉和触觉的需求，还应兼具净化空气、减少病菌、改善小气候等功能。温泉疗养院为了满足不同的疗养人群的需求，对温泉设施进行多样化的建设，提供多样化的服务。江西宜春市温汤镇的富硒温泉、宜春市明月山的天沐温泉、九江市庐山的醉石温泉、萍乡市芦溪县的安福武功山温泉山庄、宜春市明月山风景名胜区的地矿局山水温泉（矿疗）都属于温泉疗养院型温泉。

2. 温泉主题公园型

温泉主题公园型，是一种将温泉资源与主题公园概念相结合的旅游产品，其突出了主题文化的特征，具有较强的品牌号召力和吸引游客的潜质。

温泉主题公园的设计理念强调在开发项目时要做好策划，根据温泉资源的特点、自然环境、市场需求，做好自己的战略定位、形象定位、功能定位、主题定位。温泉公园在景观设计方面不仅要保持美观，而且要根据自然环境，创造出独特的温泉体验空间，这对于生态保护和可持续发展应是首要考虑的。江西九江市庐山的温泉、宜春市明月山景区的温泉、萍乡市武功山的温泉都是很好地利用自然环境而打造出的温泉。

3. 大型戏水浴场型

大型戏水浴场型温泉设施，通常指的是拥有大面积水域、提供各种水上娱乐设施的温泉，为游客提供了一个既可以享受温泉泡浴，又可以进行水上娱乐活动的场所。

2012 年提出，提供个性化和互动性的体验可以提高游客的满意度和回头率。在设计方面，大型戏水浴场型温泉设施通常会有多个功能性泡池，如具有强力水柱、坐冲、卧冲等多种水疗功能性的温泉泡池和冷泉泡池，满足不同人群的需求。江西九江市永修县的庐山西海国际温泉度假村、宜春市的明月山假日度假酒店、萍乡市武功山的温泉君澜度假酒店、赣州市的石城九寨温泉度假庄园、宜春市铜鼓县的汤里温泉、赣州市会昌县汉仙温泉小镇均设有大型水上乐园。

4. 温泉度假休闲型

温泉度假休闲型，主要是指将温泉资源与度假休闲旅游相结合，形成一种新的旅游业态，这种模式不仅包括传统的温泉沐浴和疗养功能，还融入了观光、娱乐、养生等多种旅游元素，满足了现代游客对于休闲度假的多元化需求。

温泉度假休闲型是一个多样化的温泉旅游项目，要包含多元化休闲娱乐、健康养生、高端商务会议功能、综合性设施，构建出属于自己的“温泉+”旅游产品体系。江西明月山维景温泉度假村、庐山天沐温泉度假村、汤里森林温泉度假区、庐山西海温泉度假村、上犹赣州天沐·阳明温泉度假小镇、婺源天禧温泉度假村、武功山蝶源国际温泉度假村都是温泉度假休闲型中有名的。

三、江西温泉康养旅游的优势与特点

温泉养生在秦朝便已出现，在唐朝盛行开来。温泉养生不仅是休闲娱乐的方式，更是中国传统文化的重要组成部分，在历史的长河中绵延传承。党的十九大提出了“健康中国”方案，使人们更加注重休闲与养生的结合，为康养旅游带来发展的契机，温泉康养旅游也应运而生。

江西省的温泉储量大、分布范围广，地热点总数排国内第七，是全国地热资源大省之一，地热资源总量居国内第十一位。由于温泉有独特的形成条件，使江西温泉资源主要分布在中部和南部的山地丘陵地区，全省已探明温泉80处，根据温度范围进行划分，高温温泉（60～82℃）16处、中温温泉（40～59℃）

有37处、低温温泉（25～39℃）27处。温泉中含有多种微量元素，如硒、偏硅酸、钾、锰、氡、锶、镁、硫、铜、锌、氟等，对人体健康具有很大的益处。

泡温泉可以加快身体血液循环，使肌肉关节松弛，缓解疲劳，帮助消灭体内的病菌，提高身体免疫力，温泉中的微量元素和矿物质可以滋养皮肤、抗衰老、修复损伤，使肌肤保持年轻健康。温泉中的微量元素可以渗入皮肤，提高代谢功能，排出体内废物，改善体质，江西温泉中含有的"硅氟"，对慢性疾病有一定的疗效；江西温泉中有"氡"，可缓解疼痛，调节神经系统，改善睡眠，促进肠道蠕动，改善消化功能。

江西温泉康养旅游业发展比较迅速，江西省拥有一级温泉旅游资源10个，二级温泉旅游资源10个，三级温泉旅游资源6个，比较著名的温泉（见表1）有车心温泉、婺源的江湾温泉、宜春的富硒温泉、赣州的灵石温泉、宜春的九岭森林温泉、赣州的虎岗温泉、宜春的九仙温泉、吉安的汤湖温泉、明月山的天沐温泉、庐山的醉石温泉、明月山的地矿局山水温泉、赣州的石城九寨温泉、宜春的汤里温泉、赣州的汉仙温泉、明月山维景温泉、庐山天沐温泉、上犹赣州天沐·阳明温泉，江西省内具有代表性且具有独特医疗保健效果的温泉资源主要包括庐山温泉和明月山富硒温泉，这两种温泉不仅在江西省内具有代表性，而且在全国乃至国际上也具有一定的知名度和影响力，宜春市也被称为"温泉之乡"。

表1　江西有名的温泉

温泉名称	微量元素	特点	康养价值	不适用人群
车心温泉	碳酸钙、硫黄、钙、钾、氡、偏硅酸、偏硼酸的氟、锶等	有极其丰富的温泉资源	对各种慢性疾病、神经衰弱有疗效	有高血压的患者不建议泡温泉
江湾温泉	氡、硅、锂、锌、硒、偏硅酸等	恒温性、清澈	提高人体免疫力、促进血液循环、加速新陈代谢	患有眼疾的人，如过敏性结膜炎、干眼症等
富硒温泉	硒、偏硅酸等	可饮可浴；富含硒；偏硅酸含量高	对慢性疾病有治疗效果	经期女性，孕妇

续表

温泉名称	微量元素	特点	康养价值	不适用人群
灵石温泉	硒、偏硅酸、钾、锶、锰、硫等	水源来自地下数千米深的深层泉源	缓解肌肉紧张和关节疼痛，改善睡眠质量，促进血液循环	对某些矿物质过敏的人群
九岭森林温泉	偏硅酸、硫、锌、锂、锶等	“城中村、村中林、林中泉”	壮骨骼、促生长，对皮肤和黏膜有洁净效果	有皮肤外伤、急性炎症、手术后休养者，孕妇
虎岗温泉	锶、锌、锂、硒、铜、钴等	有高温的泉水和丰富的矿物质含量	促进血液循环、加速新陈代谢，对慢性疾病有明显效果	有开放性伤口、严重皮肤病者
九仙温泉	锌、锶、铜、锂、硒、钴、硅、氟、硫黄等	有丰富的文化底蕴，如“后羿射日”“和尚盗宝”“九仙女下凡”等	具有显著的保健效果，对慢性疾病有显著疗效	有开放性伤口、严重皮肤病者
汤湖温泉	偏硅酸、氟、氡、锶、碘、硫等	恒温，水质优良	对亚健康状态的人体调理效果显著，泡温泉对女士美容养颜、对男士强身固体	有开放性伤口、严重皮肤病者
明月山天沐温泉	偏硅酸、氟、氡、锶、碘、硫等	是一个综合性的旅游度假村，娱乐项目丰富，服务好	对一些慢性疾病防治效果很好	有传染性疾病患者、大病初愈者
醉石温泉	氡、钙、镁、钾等	占地面积大，设施配备完善	对多种疾病有良好的保健作用	孕妇、哺乳期妇女、有开放性外伤者
地矿局山水温泉	硒、锶、氟、锂、偏硅酸等	属于多功能综合性疗养院，有丰富的医疗保健经验	改善心血管功能	孕妇、哺乳期妇女、有开放性外伤者
石城九寨温泉	氟、偏硅酸、氡、碘、锰、锂、锶等	泉水来自丹霞地貌红色砂砾岩中，是全国罕见的“双料温泉”	有显著的医疗保健作用	孕妇、哺乳期妇女、有开放性外伤者
汤里温泉	氯、硫黄、铁、锌等	森林覆盖率高，能让游客更亲近自然	改善呼吸系统功能，增强免疫力	有皮肤外伤、急性炎症、手术后休养者，孕妇

续表

温泉名称	微量元素	特点	康养价值	不适用人群
汉仙温泉	偏硅酸、氟、钙、镁、钠、钾、硫等	提供农旅体验，有较浓厚的神话背景	促进血液循环、缓解疼痛、改善皮肤状况等	孕妇、哺乳期妇女、有开放性外伤者
明月山维景温泉	硒、溴、碘、偏磷酸等	有完善的设备，多样的娱乐活动	对慢性疾病有一定疗效	孕妇、哺乳期妇女、有开放性外伤者
庐山天沐温泉	硫酸、钾、钙、钠、锌、锶等	有优良的环境，且有独特的冷雾降温系统	改善皮肤状况、缓解关节疼痛、促进血液循环等	孕妇、哺乳期妇女、有开放性外伤者
上犹赣州天沐·阳明温泉	硫酸、钾、钙、钠、锌、锶等	有全国首创的户外温泉水幕影院区	对皮肤有滋养作用，改善关节灵活性，促进血液传播	孕妇、哺乳期妇女、有开放性外伤者

四、江西温泉康养旅游存在的问题与改善措施

（一）存在的问题

早年间，江西虽然拥有众多的温泉资源，但是在开发及发展过程中缺乏总体规划，导致产品的层次较低，在市场上没有较大的竞争力，没有形成自己独特的品牌。随着时代发展，体系发展得到完善，这些问题逐步得到解决，但是新的问题也开始出现。

1. 旅游与文化结合还未完善

温泉养生本身就是中华传统文化的一部分，随着人们希望有更多的休闲与康养并重的项目可以选择，温泉康养旅游应运而生。独特的地理优势，使江西有着丰富的温泉资源，成为温泉康养旅游的受益者。古时候，江西便被称为“鱼米之乡”，特别是在宋朝，江西经济、文化繁荣，出现了大量的文人学者，“满朝文武半江西”便是宋朝时期对江西称赞。这表明江西有着璀璨的文化传承，但是并没有把温泉康养旅游与传统文化进行很好的结合，有些地方为了省

时省事，只是单纯地将其他地区的温泉康养模式进行简单的搬运、照抄，导致产品同质化严重，缺乏差异化和个性化，没有将当地特有的文化特色与温泉康养相结合，形成自己独特的温泉康养品牌，提升自己的知名度。因此，很容易造成游客的审美疲劳，给游客一种千篇一律的感觉，难以满足游客需求，提升不了游客的“回头率”。

2. 服务水平参差不齐

江西许多大型温泉度假区的人员都进行了较正规的专业培训和素质培训，这使大型温泉度假区更容易吸引游客。但一些规模略小的温泉康养旅游区由于对从业人员素质和专业培训不足，服务水平参差不齐，容易给游客造成较差的印象，影响游客的满意度。游客得不到满意的服务，便很难再光顾，这在一定程度上影响了当地的经济发展。一些温泉康养的工作人员专业储备知识不足，不能对温泉的不适人群进行及时提醒，发生相关事故的时候不能采取补救措施，且有小部分从业人员戴着有色眼镜看待游客，将游客进行区别对待，不注重自己的言行举止，没有很好的从业素养。部分温泉的管理部门对于游客提出的建议和意见选择充耳不闻，没有形成有效的改善和反馈，不进行反思，导致游客的流失。

3. 环境保护与可持续发展意识薄弱

温泉虽属于可再生资源，但如果不进行保护和合理利用，仍会造成不可逆的后果。部分温泉景区在开发过程中片面追求经济效益，过度开采温泉资源，忽视了资源的可持续利用，导致面临资源枯竭的风险。运营过程中，一些温泉景区对废水、废气、垃圾等污染物处理不力，造成周边环境的污染。部分游客在温泉景区中乱扔垃圾，工作人员没有及时清理。已经使用过的温泉水，含有皮肤碎屑、油脂、少量细菌真菌及洗涤剂，这些温泉水污染程度相对不高，但是水量较大。一些规模较小的温泉景区，没有专业的净化处理设备，只能直接排放，这既污染了环境，又造成了资源浪费。

（二）改善措施

1. 开展温泉与传统文化的“联名”

温泉康养是一个很好的旅游项目，但仅靠温泉康养难以完全抓住游客的心。可以挖掘和整合本地文化资源，深入调研江西各地区的传统文化、民间艺术、历史遗迹等，将这些元素融入温泉康养旅游产品的设计中，打造富有地方特色的文化体验项目。由于这种模式费时费力，政府可以对其进行补贴，以此来激发人们的热情，积极打造属于当地的独特品牌，吸引更多游客前来，带动当地经济发展。定期举办与温泉康养旅游相关的文化节庆活动，如温泉节、茶文化节、中医药文化节等，吸引游客参加，不仅带动温泉康养旅游，也带动其他相关产品的销售，增强旅游吸引力。与当地的文化机构、研究机构合作，共同开展温泉文化的研究和“联名”活动，提升江西温泉康养旅游的文化内涵和附加值。

2. 提升从业人员水平

“三分天注定，七分靠打拼”，先天的地理优势占据了一部分，其他大部分靠人来决定。有了良好的地理位置还不够，还需要从业人员良好的职业素养，才能让温泉康养旅游更加兴旺。当地可以通过与职业学校或培训机构合作，举办温泉康养旅游相关的培训班或研讨会，让从业人员学习相关的知识，提升从业人员的专业技能和服务水平。建立激励机制，设立优秀员工奖、服务标兵等荣誉，给予实质性的奖励，鼓励从业人员提升服务质量。建立完善的从业人员评估体系，定期对员工的工作表现进行评估，让游客对服务质量进行评分，领导提供具体的改进建议并制订后续培训计划。加强对从业人员的职业道德教育，培养诚信、敬业、负责的职业精神，提升服务行业的整体形象。

3. 增强环保意识和可持续发展意识

对于一些规模较小、没有完善污水净化处理体系的项目，政府需要对其进行整改，可以适当进行补贴，让温泉景区中装备污水处理装置和空气净化设施，避免直接排放对水资源的浪费和对土地的污染，在温泉景区设立环境监测站点，实时监测水质、空气质量等关键指标，监测环境的变化情况。实行严格的废弃物管理制度，建立分类收集、处理和回收体系，确保各类污染物得到合理处置。引入绿色认证和奖励机制，对于符合环保标准的温泉康养旅游企业给予绿色认证，可以通过税收减免、资金补贴等方式给予奖励，激励更多的企业参与环保行动。通过发放环保手册、设置环保标识等方式，提高游客的环保意识，鼓励他们在旅游过程中采取环保行为，如节约用水、减少垃圾丢弃等。

参考文献

[1] 孙晓生．温泉养生及其现代研究 [J]. 新中医，2011，43（12）：103-104.

[2] 王华，彭华，吴立瀚．国内外温泉旅游度假区发展演化模式的探讨 [J]. 世界地理研究，2004（03）：79-83+57.

[3] 李成红，轩福华．基于文本分析的温泉康养目的地形象感知 [J]. 现代商业，2021（10）：60-64.

[4] 叶周语，焦军，孔繁恺，梅立辰，俞双燕．江西省温泉资源分布与康养价值初探 [J]. 饮食科学，2019（02）：103-104.

[5] 孙晓生．试论温泉养生理论的中西汇通 [J]. 新中医，2014，46（12）：217-219.

[6] 李婉．温泉养生中医药项目开发研究 [D]. 广州中医药大学，2014.

[7] LB/T 070-2017，温泉旅游泉质等级划分 [S].

[8] 刘淇．温泉疗养场所景观规划设计研究 [D]. 西安建筑科技大学，2013.

[9] 叶周语，焦军，孔繁恺，梅立辰，俞双燕．江西省温泉资源分布与康养价值初探 [J]. 饮食科学，2019（02）：103-104.

[10] 侯满平，曹秋香．地学旅游发展中几个关键问题剖述 [J]. 东华理工大学学报（社会科学版），2020，39（04）：326-330.

[11] 王一晴．江西温泉旅游开发模式及其延伸业态研究 [D]. 南昌大学，2015.

[12] 邓燕萍 . 江西省温泉旅游产业发展的对策研究 [J]. 宜春学院学报，2011，33（06）：60-62.

[13] 罗青，刘春燕，秦金瑜，等 . 温泉旅游服务满意度研究——以宜春温汤镇为例 [J]. 市场论坛，2011（07）：78-80.

[14] 赵鹏，李云霞 . 温泉旅游景区发展循环经济初探 [J]. 经济问题探索，2007（10）：119-122.

山西省温泉康养旅游发展研究

董洁芳　李小丽　杨　阳　暴锐麟[①]

随着社会经济的发展和生活水平的提高，人们对健康的关注度显著提升。《“健康中国2030”规划纲要》提出，到2030年，促进全民健康的制度体系更加完善，健康领域发展更加协调，健康生活方式得到普及，健康服务质量和健康保障水平不断提高，健康产业繁荣发展，基本实现健康公平，主要健康指标进入高收入国家行列。在此形势下，康养旅游契合健康中国战略，市场需求日益旺盛。同时，中国已步入深度老龄化社会。截至2022年年底，65岁及以上的人口达2.01亿，占全国人口比重的14.9%。随着老龄化社会的来临，许多中老年人群体更加注重养生保健，温泉康养旅游因其天然的疗养效果而受到青睐。

新时代以来，我国出台多项政策促进康养旅游产业发展。2013年，国务院发布的《关于促进健康服务业发展的若干意见》提出大力发展健康服务业，推进医疗旅游、温泉养生等新兴健康服务业态与旅游业融合。2016年，国务院发布的《“健康中国2030”规划纲要》鼓励将健康与养老、旅游、体育等产业融合发展，推动康养旅游的创新和发展。2019年，《关于进一步激发文化

① 董洁芳，博士，硕士生导师，山西运城学院副教授，研究方向为生态旅游、乡村旅游、低碳发展；李小丽，硕士生导师，运城学院副教授，研究方向为遗产旅游与乡村旅游；杨阳，硕士，助教，研究方向为旅游企业管理；暴锐麟，硕士，研究方向为体育康养旅游。

和旅游消费潜力的意见》提出要促进康养旅游、体育旅游等新兴业态的发展，推动健康旅游示范基地的建设，并加大对温泉资源的保护与开发力度，以提升温泉旅游的质量和吸引力。2024 年，国务院印发《关于促进服务消费高质量发展的意见》，强调要激发文化娱乐、旅游、体育等改善型消费活力。这些政策的持续推动，不仅释放了康养旅游和温泉旅游的市场需求，同时也提升了康养旅游和温泉旅游的供给质量。

2020 年 4 月，山西省出台了《黄河长城太行三大品牌建设年行动方案》，指出将全力锻造黄河、长城、太行三大文旅品牌，同时大力发展康养旅游等新业态。2021 年，《山西省"十四五"文化旅游会展康养产业发展规划》提出将全力塑造"康养山西、夏养山西"品牌，康养产业已成为山西经济转型发展的支柱产业之一。山西省具有开发温泉康养旅游的天然资源优势。目前，发现地下热水点 230 余处，露头点约 500 个，大于 100℃的 2 处，大于 60℃、小于 100℃的约 15 处，大于 40℃、小于 60℃的约 30 处，其余多在 20~40℃。根据地热田分布的地貌单元，可将山西省地热资源分为两种类型：隆起山地区和沉积盆地区。如浑源县汤头温泉区，位于恒山隆起带东端与唐河断裂带复合部，温泉水温在 60℃以上。而忻州的奇村、顿村温泉，位于忻州盆地内部次一级的隆起与凹陷处，温泉水温在 40℃左右。据笔者统计，山西省目前已开发且尚在运营的温泉康养资源有 29 处。山西省传统旅游产业以历史文化和自然景观为主，但面临同质化竞争和游客需求多样化的挑战。温泉康养旅游作为新兴的旅游形式，能够有效弥补山西旅游产业的短板，推动旅游产品的多样化和高端化，助力山西旅游产业的转型升级。

一、山西省温泉康养旅游资源的现状与特点

（一）山西省温泉康养旅游资源概况

山西省温泉资源丰富，晋北、晋中、晋南均有分布，尤以忻州分布的温泉

最为集中。温泉原是指天然的裸露于地表的地下水。在本研究中，无论是人工挖掘的地下水还是天然裸露的地下水均统计为温泉。目前，山西省已开发的温泉康养旅游资源及各个温泉旅游目的地的客房数量，如表1所示。

表1　山西省温泉康养旅游资源

序号	地市	名称	客房数量（间）
1	太原	神堂沟温泉	73
2		凤凰温泉度假山庄	75
3		九龙国际养生汤泉	200
4		蓝水园温泉假日酒店	400
5		玉泉谷温泉	无
6		阳光温泉公馆	15
7	大同	天镇马圈庠	无
8		阳高孤山庙	150
9		浑源汤头	30
10		神泉古域火山温泉	115
11	忻州	原平大营	230
12		定襄汤头	47
13		奇村	330
14		盂县寺平安	220
15		顿村	350
16		北合索温泉	270
17	阳泉	阳泉盂县大汖温泉	220
18	吕梁	如金活水温泉度假村	18
19		军渡温泉	100

续表

序号	地市	名称	客房数量（间）
20	晋中	水蜜芭莎温泉水世界	243
21		崇宁堡温泉	179
22	长治	壶山温泉	176
23		九号汤泉度假酒店	101
24	临汾	曲沃万憬假日温泉会馆	36
25		临汾恒富温泉水世界	46
26	运城	圣王山庄温泉度假区	80
27		夏县南山底温泉（天沐、瑶台等）	260
28		万荣西滩温泉	92
29		新绛阎壁村温泉康养中心	无

从表 1 中可以看出，山西省温泉分布广泛，根据朱泽辉等人对于温泉的分类，将温泉分为大中型温泉旅游地、小型温泉旅游地、闲暇休闲型温泉旅游地、自然观光型温泉旅游地。山西省各类温泉旅游地数量依次为 3 个、16 个、6 个和 3 个。

（二）山西省温泉康养旅游资源空间分布

温泉旅游的高质量发展需要对温泉旅游地的开发状况及市场导向进行科学分类，而分类的前提需要深入认识温泉康养旅游资源的空间分布格局。在对 29 个已开发温泉旅游资源基本地理信息数据进行构建的基础上，利用核密度分析、叠置分析刻画山西不同类型温泉旅游地空间分布及集散状况。可为山西省温泉旅游地空间优化发展策略制定提供一定参考依据。

1. 核密度分析

核密度分析是一种非参数方法，用于估计随机变量的概率密度函数。利用核密度法对山西省温泉旅游地空间数据进行热点区分析，生成核密度图以直观地识别出山西省温泉的聚集区域。图 1 为山西省温泉分布及核密度图。

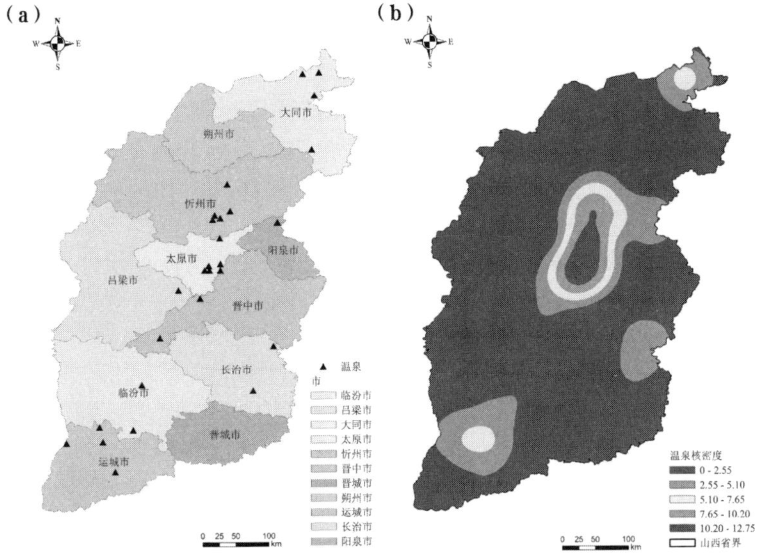

图 1　山西省温泉分布及核密度图

从图 1（a）中可以看出，山西省温泉主要集中分布在中部和南部地区，如忻州市、运城市。相比于中南部，北部地区如朔州市，温泉分布相对稀少。总体来看，山西的温泉分布很大程度上受地质构造、断裂带和地下水循环的影响。从图 1（b）核密度图中可知，山西省温泉分布可分为高密度区、次高密度区以及低密度区。太原市、忻州市为高密度区，温泉数量较多；运城市、大同市及长治市为次高密度区；其余地市为低密度区。山西省温泉资源在空间上呈现出明显的中部高、南北两头次高、中间低的分布模式。山西未来的温泉旅游开发和规划中应重点考虑这种分布规律。

2. 空间叠置分析

利用叠置分析进一步讨论山西省温泉分布与地貌、高程之间的关系，如图 2 所示。从图 2（a）可知，山西省地形起伏较大，山地丘陵众多。温泉主要分布在 687~1298 米，中等高度的地形上，少量分布在 1298~1647 米的高程范围内。

相对来说，低海拔区域（194~687 米）和非常高（1647 米以上）的海拔区域分布较少。图 2（b）显示，山西省地貌类型多样，平原面积稀少。79.3% 的温泉主要集中在中部和南部的平原和台地附近，靠近河流或地质断层带。通过此叠置分析可知，山西省温泉旅游开发可避免大起伏山地的开发困难，在地貌类型上具有较大开发优势。总体来说，山西省开发温泉旅游具有得天独厚的优势。中等海拔的平原和台地具有适宜的气候条件。结合温泉的独特疗效，可以开展多种健康养生活动。尤其是夏季，温和的气温和丰富的温泉资源使这些区域成为理想的康养和夏季养生目的地。此外，这些温泉往往位于风景优美的山地或丘陵地带，为游客提供了休闲、放松的良好环境，进一步增强了康养体验。

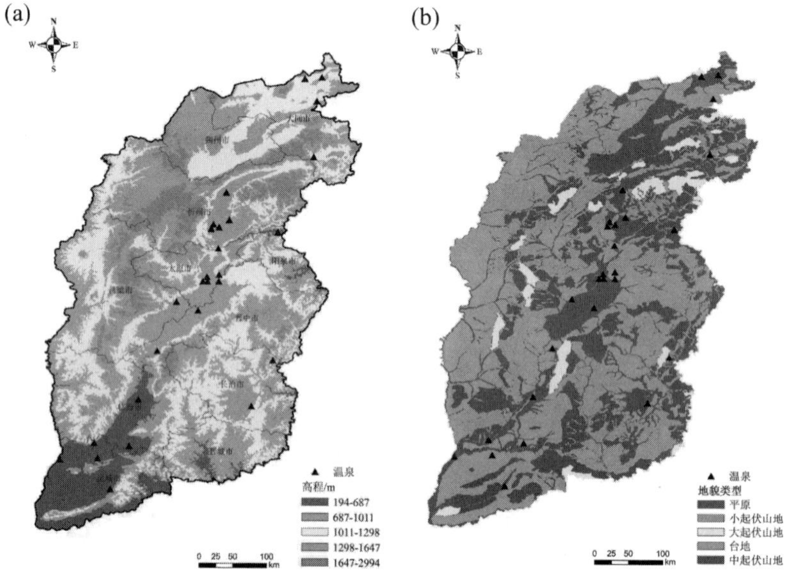

图 2　山西省温泉在不同高程、地貌上的分布情况

二、山西省温泉康养旅游的发展现状

（一）代表型温泉开发现状

1. 顿村温泉

顿村温泉度假村位于忻州市区北境的秦城乡顿村，区地热面积 13 平方公

里，温泉水温 50℃左右，富含氡、氟、硫化氢、硅酸盐等十几种矿物质，有极高的医疗、保健价值，被中外浴者称为“祛病泉”“不老泉”。顿村温泉含氡量居全国之首，属于硫酸钠钙类型，被誉为“华北第一泉”。

顿村温泉度假村的交通及区位条件较好，距离忻州 8 公里，太原 83 公里。紧邻大运高速公路和 108 国道。由顿村温泉度假村向东可达五台山、雁门关风景区，向西可到芦芽山风景区和黄河，向北直达大同云冈石窟，向南可到省会太原，是忻州市重要的旅游集散中心。

顿村温泉度假村目前开发良好，拥有各类宾馆 18 家，其中，有 5 家四星级标准酒店、1 家会展中心，其余为快捷宾馆和家庭旅馆。其他设施还包括温泉游泳馆、医院、学校、综合运动馆等。可接待规模为 20~1000 人不等的各类会议。

2. 奇村温泉

奇村温泉位于忻州市西北 20 公里金山脚下的奇村，泉眼深达 120~360 米，水温高达 43~84℃，含氡量达 83.6~127EMLU/L，为硫酸钙型，同时，含有硫化氢、硅酸等多种矿物质，故称为复合泉。奇村温泉被誉为“全国水质第一”“世界四大复合温泉之一”“蓝宝石泉”，能有效改善人体常见的多种皮肤问题。

2021 年，忻州市政府对奇村温泉综合开发项目进行招商，拟依托创建国家全域旅游示范区和云中河国家级旅游度假区，打造精品温泉康养项目。奇村温泉度假区民宿发展具有一定基础，南高村温泉民宿约 60 户，可接纳 500 余人住宿。此外，度假区内温泉医疗康养中心、水上体育、水上乐园、温泉别墅、特色餐饮等现代服务业项目也在建设当中。建成后，将给游客带来更加丰富的康养体验。

3. 大宋温泉

大宋温泉度假区位于山西省阳泉市盂县梁家寨乡寺平安村，泉眼深 100 米左右，出水温度 67℃，氡含量高达 1291Bq/L，在全国氡泉中名列第二，属于稀有珍贵的“高温氡泉”。此外，水中还富含氡、钠、钙、镭、镁等四十多种对人体有益的微量矿物质元素，对人体健康具有良好的疗养功效。

该度假区交通便利，距太原、石家庄仅2小时车程，距阳泉仅1小时车程。当前，度假区集温泉沐浴、休闲养生、水上乐园、生态旅游于一体，住宿、餐饮、娱乐、购物、会务等配套完整，准备申报国家4A级旅游景区。住宿、会议设施完善，拥有客房220余间，会议室10余个。度假区周边旅游资源丰富，东连著名革命圣地西柏坡，北靠佛教名山五台山，南接赵氏孤儿发源地藏山。

4. 夏县温泉

夏县温泉度假区位于山西省运城市夏县城东2.5公里的春燕山脚下，这里依山傍水，风景宜人。温泉水温在42~45℃，属高温弱碱性氯化钠温泉，水中含有硫化物、硫酸盐、氯化物、氟化物等矿物质，对多种疾病有疗效。

度假区内有山西省煤矿工人夏县温泉疗养院、天沐夏都温泉水疗中心、瑶台温泉等多家温泉服务中心，可提供水上娱乐、休闲餐饮、康养理疗等多种服务。目前，共有客房260间。其中，煤矿工人夏县温泉疗养院增设理疗、按摩、牵引等辅助治疗项目，设有皮肤科、骨科、内科、理疗科和门诊，可为康养旅游提供全方位的健康服务。天沐夏都温泉水疗中心则引入了现代化的水疗设备，以满足游客的多样化需求。

夏县温泉度假区的交通较为便利，地处秦、晋、豫三省交界的黄河金三角地区。距运城市30公里，距离太原市、西安市分别380公里和270公里。其周围分布着司马温公祠、堆云洞、泗交大峡谷旅游风景区等景点。解州关帝庙、舜帝陵、鹳雀楼、普救寺、永乐宫等名胜古迹距离该度假区也不远。

（二）市场需求分析

1. 温泉旅游市场总体需求

根据全球健康研究所（GWI）数据，过去十年，全球康养和温泉旅游市场波动显著。2012—2019年疫情前，全球康养旅游（包括温泉旅游）出行人数年均增长8.6%，在2019年达到了9.36亿人次。康养旅游支出年均增长7.3%，在2019年达到7204亿美元。温泉旅游年均增长率为4.6%，超过了同期全球 GDP 的增速。2020 年，全球疫情暴发，全球康养旅游支出锐减至 3510 亿美元，温泉旅游市场收入下降 39%。2021—2022 年，康养旅游开始复苏，支出年均增长 36%，出行次数年均增长 30%。2022 年，全球康养旅游出行次数增加到 8.194 亿人次。然而，温泉市场到 2022 年年底仅恢复到疫情前水平的 75%~90%，中国和日本恢复到疫情前的 48%~60%。疫情后，消费者更加注重健康，对温泉旅游的需求不断增长。GWI 预计，2022 年到 2027 年，温泉产业将出现持续强劲的增长趋势，年均增长 14.3%。2024 年后将超过疫情前水平。

随着中国旅游业高质量发展，人民生活水平及生活品位的提升，观光旅游逐步向休闲度假旅游转变，旅游产品不断更新。温泉旅游集旅游、休闲、会务、健身于一体，成为休闲度假的一大热点。在北京、广东、福建、辽宁、四川等温泉资源丰富的省份，近年来，温泉已经成为省内游增长最快的板块。中研普华研究院撰写的《2024—2029 年温泉旅游产业现状及未来发展趋势分析报告》显示，过去几年，温泉养生旅游市场年均增速超过 15%。2021 年我国温泉旅游收入为 2389 万亿元，2022 年，我国温泉旅游收入约为 2451 亿元（注：此为测算数据）。途牛发布的《2023 温泉游消费趋势报告》指出，2023 年 11 月以来，“泡温泉”“温泉门票”“温泉酒店”“私汤温泉”等关键词搜索量较 10 月同期增长超 2 倍。该报告还显示，南方用户温泉游热情更高，在其 11 月温泉游产品预订订单中，南方用户订单占比超过 70%。本地游、周边游仍受到温泉游用户的青睐，占比 47%，浙江、北京、黑龙江、江苏、广东等地用户更倾向于短途温泉游，出游多在周末。

2. 山西省人口结构变化

人口结构变化直接影响温泉康养旅游市场的需求。随着人口老龄化加剧，中老年群体对康养服务的需求增加，他们更倾向于选择有保健和疗愈功能的旅游方式，如温泉旅游。此外，随着生活水平的提高，年轻人群体对健康生活方式的重视也促进了温泉康养旅游市场的扩展。图 3 为 2013—2023 年山西省人口结构变化情况。

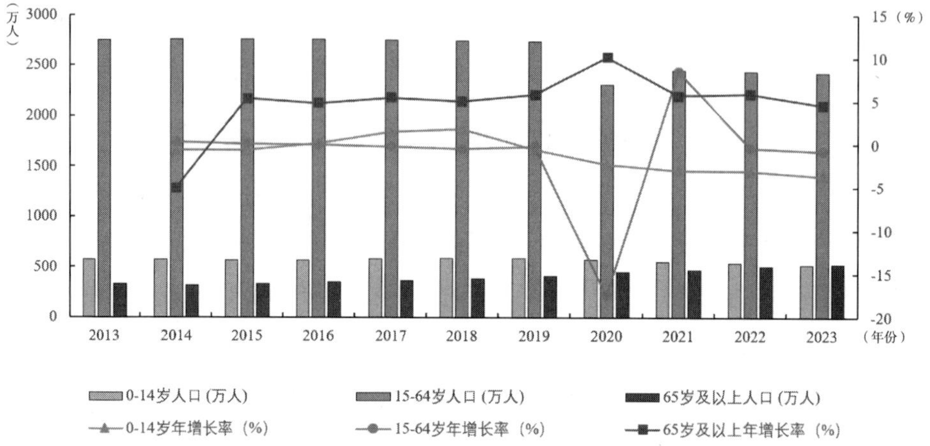

图 3　2013—2023 年山西省人口结构变化

从图 3 中可以看出，2013—2023 年，山西省 0~14 岁人口的数量相对稳定，约为 300 万，但年增长率在 2019 年后略有下降。15~64 岁人口自 2020 年后下降明显，约为 2000 万，年增长率趋于下降，这可能与采用七普数据有关。65 岁及以上人口的增长变化显著。2014 年以来，65 岁及以上人口持续增长，在 2020 年达到明显高峰，年增长率一度超过 10%。其占总人口比重从 2013 年的 7.58% 增至 15.20%。

山西省老龄化的加剧对健康养生产业提出新的要求。这种人口结构变化趋势将对健康养生产业，包括温泉康养产业产生重要影响。老年人通常更加关注康养、健康理疗等服务，而温泉因其独特的医疗和放松功能，正好契合了这一需求。因此，随着老龄人口的增加，温泉康养产业有望在未来迎来更大的发展机遇，成为重要的健康旅游形式之一。

3. 山西省居民收入水平变化

居民收入水平的变化直接影响温泉旅游需求。随着居民收入的提升，消费能力增强，对健康、休闲和享受型旅游的需求增加，温泉旅游作为康养和休闲度假的一种选择，逐渐成为中高收入群体的热门消费项目。图 4 为山西省 2013—2023 年居民收入变化情况。

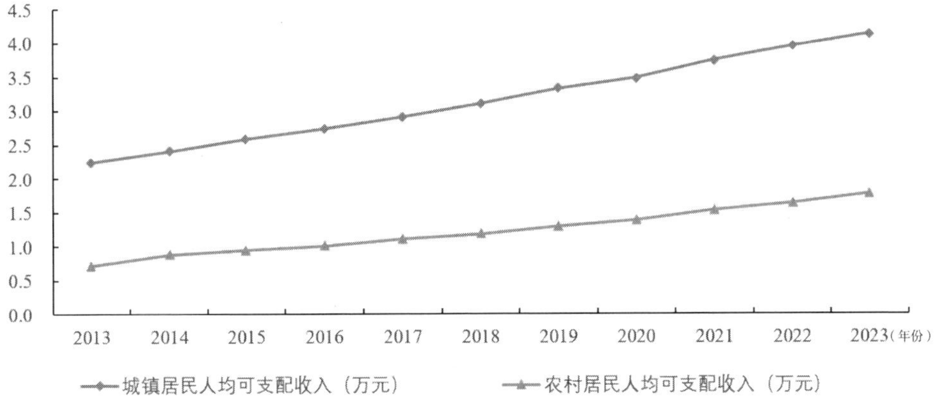

图 4　2013-2023 年山西省居民收入变化

图 4 显示，2013 年至 2023 年，山西省城镇和农村居民人均可支配收入均呈现稳定增长的趋势。城镇居民的人均可支配收入从 2.25 万元增长到 4.13 万元，年均增长率约为 6.29%。农村居民的人均可支配收入从 0.72 万元增长到 1.77 万元，年均增长率约为 9.56%。总体来看，农村居民的人均可支配收入增速高于城镇居民，城乡收入差距有所缩小。但农村居民的绝对收入水平仍显著低于城镇居民。城镇居民为温泉旅游消费的主体。

居民收入的持续增长会促使健康养生和休闲娱乐的需求随之增加。温泉旅游作为一种结合休闲和康养的形式，可以较好地满足人们对健康生活的高层次需求。山西省温泉数量较多，不同规模和发展基础的温泉产业可以根据不同消费群体推出差异化的产品，满足城乡居民的温泉康养需求。

三、山西温泉康养旅游面临的问题

（一）政府顶层设计不足，产业监管不到位

尽管国家关于康养旅游发布了一系列纲领性文件，可单独针对温泉旅游发布的指导意见仍较缺乏。缺乏对山西省温泉康养旅游发展进行系统性、针

对性研究，顶层设计不足。当前，山西省尚未出台温泉康养产业发展的总体规划及实施方案，这导致温泉产业规划和长期发展战略缺失。山西省的温泉资源点较为分散，整体统筹不足，容易导致环境保护、资源管理、土地使用等监管不到位，造成低水平重复建设、资源过度开发与生态环境破坏等问题。

（二）基础设施建设滞后，可进入性较差

由于山西省山地较多，地形起伏大，导致基础设施建设成本较高。当前，有些温泉资源很好，但基础设施落后，可进入性差。如壶关温泉、阳高孤山庙温泉、阳泉盂县大宋温泉、定襄汤头等，地理位置较为偏远，距离中心城市较远，交通条件较差。此外，部分温泉景区周边缺乏完善的配套设施，如住宿、餐饮和医疗服务，这导致游客在高峰期难以获得良好的体验。尤其是在游客数量较多时，设施不足的问题更加明显，直接影响景区的接待能力和游客的舒适度。

（三）温泉产品较单一，地域文化特色缺乏

首先，山西温泉旅游产品总体较为单一。很多企业对于温泉产品的理解还在温泉洗浴层面，没有深挖温泉的康养休闲功能，市场调研不足，产品定位不够清晰，缺乏品牌影响力。其次，从业人员服务意识缺乏，服务质量参差不齐。温泉旅游企业缺乏对服务人员的培训，服务人员自身水平有限，导致整体服务水平不高，影响游客体验。最后，温泉产品同质化严重，缺乏本土特色。山西晋北、晋中、晋南各地文化各异，如晋北以边塞文化、佛教文化为主要特色。晋中以晋商文化、宗族文化为代表。晋南则以黄河文化、关公文化和农耕文明为主。在温泉相关产品开发中，应体现地域文化，形成产品差异。

四、山西温泉康养旅游发展策略

（一）加强顶层设计，标准规范引导

山西省温泉旅游的高质量发展需要全面梳理资源与产品现状，明确市场需求，制定切实可行的发展规划。一方面，政府应发挥统筹和引导作用，组织相关部门和专家力量，制定山西温泉旅游发展规划和实施方案。该规划应包括资源的科学勘探与评估，明确哪些区域适合开发，哪些区域应重点保护，避免无序开发和重复建设。此外，还应根据不同区域的自然条件和文化特色，实施差异化开发策略，最大限度发挥资源效益。另一方面，制定地方标准是规范温泉康养旅游产业的重要措施。通过对温泉水质、设施建设、服务流程等方面进行标准化管理，确保产品质量，提升服务水平，引导企业走向专业化、规范化。同时，政府应支持温泉企业的品牌建设，如在忻州形成以奇村、顿村、合索为核心的温泉康养度假产业集聚区，鼓励其从单一的温泉体验向综合康养服务转型，推出融合传统康养与现代健康技术的项目，满足多层次消费需求。

（二）完善设施建设，提高可进入性

针对壶关温泉、阳高孤山庙温泉等偏远地区的温泉，在充分评估市场需求基础上，应优先考虑改善其交通条件，增加通达性等。在游客集中时段，可以增加更多公共交通线路，如定制旅游班车，方便游客前往温泉景区。通过提升交通可达性，降低游客前往这些地区的时间和成本。同时，大中型温泉景区周边应发展不同档次的住宿，提升品质和服务，打造特色酒店民宿；发展多样化餐饮服务，加强监管和推广美食文化；设置医疗服务点，与医院合作，加强工作人员康养知识培训，为游客提供全方位的服务保障。可以进一步引入智慧旅游系统，通过电子导览、在线预订、智能交通等手段，提升游客的出行和体验效率。此外，设立游客服务中心，为游客提供信息咨询、紧急救援等服务，保障游客的安全和舒适。

（三）打造产品特色，彰显地域文化

温泉旅游企业首先应深挖温泉的康养休闲功能，结合现代健康理念，开发多样化的康养产品。首先，不同温泉景区应明确定位，打造特色品牌，如融合中医理疗、芳香疗法、矿物质疗养等，将温泉浴与健康管理、休闲养生充分融合。打造特色温泉康养项目，以差异化服务吸引更多游客。其次，应加强对服务人员的系统培训，使其具有良好的沟通能力并具备基本的温泉理疗知识。此外，温泉旅游企业的工作人员还需要具备健康卫生保健常识和基本的应急处置能力。最后，注重地域文化的融合与展示。例如，晋北温泉可以与边塞文化、佛教文化结合，晋中温泉则可以与晋商文化结合，晋南温泉则可以融入黄河文化与关公文化，形成风情各异的温泉文化体验。通过这种文化差异化的产品设计，避免同质化竞争，增强温泉旅游的文化深度，提升品牌影响力。

参考文献

[1] 韩颖，白雪峰，张欣．山西省地热资源及其开发利用模式探讨 [J]. 中国地质调查，2018，5（5）：13-20

[2] 朱泽辉，刘家明，朱鹤，等．中国温泉旅游地的空间分布及其影响因素 [J]. 经济地理，2024，44（05）：190-201.

[3] 全球健康研究所（GWI），2023 年全球健康经济监测数据（2019—2022 年）https://globalwellnessinstitute.org/industry-research/2023-global-wellness-economy-monitor/.

[4] 董洁芳，王丽芳，邓椿．山西省康养旅游资源空间分布特征及其影响因素研究 [J]. 山西师范大学学报（自然科学版），2023，37（02）：58-66.

[5] 中研普华产业研究院，《2024—2029 年温泉旅游产业现状及未来发展趋势分析报告》，https://www.chinairn.com/hyzx/20240819/171459219.shtml.

[6] 杨俊秀．基于游客体验的忻州市温泉康养旅游提升研究 [D]. 西北师范大学，2023.

[7] 缪秀梅，陈烨天，米传民．基于 ISM 和在线评论的汤山温泉顾客满意度研究 [J]. 中国管理科学，2019，27（07）：186-194.

[8] 陆林，韩娅 . 文献综述视角下的国内温泉旅游研究 [J]. 安徽师范大学学报（自然科学版），2014，37（01）：74-78.

[9] 陈曦，黄远水 . 国内温泉旅游研究进展与启示 [J]. 旅游研究，2009，1（02）：31-35+40.

[10] 李美霞 . 温泉康养旅游恢复性环境感知对游客忠诚度的影响研究 [D]. 山西大学，2023.

论中国县域康养旅游发展战略①

张跃西　范文艺②

"良好健康与福祉"是2030年联合国可持续发展目标（SDGs）之一，健康治理已经成为一项国际责任和政府职责[1]。据世界卫生组织（WHO）健康调查：全球真正符合健康标准的人群仅有5%，25%的人群患有经医院诊断的疾病，70%的人群处于亚健康状态[2]。新冠疫情对人类社会各个群体的身心健康，都产生了广泛的重要影响，不同社会群体表现出不同程度的焦虑、抑郁、恐惧等心理反应，引发了社会公众对自身免疫力、卫生健康、疾病预防等的高度关注。

我国陆续颁布了《"健康中国2030"规划纲要》《健康中国行动（2019—2030年）》等政策文件；《中华人民共和国国民经济和社会发展第十四个五年规划和2035年远景目标纲要》中明确指出："要把人民健康摆在优先发展的战略地位""全面推进健康中国建设，坚持预防为主的方针，为人民提供全方位全周期健康服务"。康养旅游具有停留时间长、消费潜力大、行业关联性强、

① 此课题来源于北京第二外国语学院邹统钎教授主持的2023年文旅部《康养旅游示范地标准研究》项目的部分成果。

② 张跃西，浙江外国语学院"重要窗口"研究所所长、文化和旅游学院教授，硕士生导师。中国生态学学会旅游生态与生态旅游专业委员会委员、中国未来研究会旅游分会副会长、民进浙江省委会文化旅游专委会副主任。主要研究领域：康养旅游、重要窗口、生态文明；范文艺，浙江外国语学院文化和旅游副教授，比利时鲁汶大学访问学者。浙江省文旅厅拔尖人才。主要研究领域：旅游策划与规划、旅游目的地管理。

重游率高等特征，发展康养旅游对于刺激当地旅游经济发展、优化旅游产品体系，提升区域经济增长动力、调整传统业态结构都具有重要意义。国家有关部门也相继出台了《国家康养旅游示范基地标准》《森林康养基地质量评定》等相关标准，康养旅游小镇、康养旅游基地、森林康养基地的发展如雨后春笋[3]。我们研究认为，作为大健康产业的重要组成部分，包括健康、养生、体验、旅游等核心要素的康养旅游，是以健康为目的的养生体验与旅游的有机融合，是观光旅游、休闲旅游、体验旅游基础上的创新与发展，是“健康中国”战略背景下最高层次的旅游新业态。

目前，我国关于康养旅游的概念内涵及基本理论、国际化产业体系、技术创新与核心竞争力提升、发展模式及品牌铸造等关键内容研究成果欠缺，扶持政策的制定与实施缺乏基础理论支撑，而且对于国外康养旅游研究成果的吸收、借鉴和扬弃也处于模糊阶段。这些问题，迫切需要尽快解决。

一、建设县域示范区，加快推进康养旅游这一战略性新兴支柱产业

康养旅游是战略性新兴支柱产业。它融合了健康、养生与旅游等多个领域，具有巨大的市场潜力和广阔的发展前景。首先，随着人们健康意识的增强和生活水平的提高，康养旅游逐渐成为人们追求高品质生活的重要方式。这种旅游方式不仅有助于人们放松身心、缓解压力，还能提升身体素质和免疫力，满足人们对健康和美好生活的向往。其次，康养旅游作为新兴产业，具有强大的产业链整合能力。它可以带动相关产业的发展，如医疗、养老、体育、文化等，形成产业联动效应，推动地方经济结构的优化和升级。最后，康养旅游的发展还能促进就业和创业，为当地居民提供更多的就业机会和收入来源。同时，它还能推动地方文化的传承和创新，提升城市的知名度和美誉度。因此，康养旅游作为战略性新兴支柱产业，具有广阔的市场前景和巨大的经济潜力。政府和社会各界应加大对其的支持和投入力度，推动其健康、快速发展，为人民群众提供更加优质、高效的康养旅游产品和服务。

县域康养旅游示范区建设意义重大。“郡县治，天下安”。县域康养旅游示范区建设的核心目的在于通过示范区的建设，结合“全域康养旅游”创新及发展康养旅游平台、产业体系、发展模式和世界品牌，形成具有县域特色的康养旅游产业集群，有效满足人们对身心健康和精神愉悦的追求，推动区域经济的发展，并带动相关产业的协同发展。促进社会和谐：康养旅游的发展有助于促进社会的和谐与稳定，通过提供优质的康养服务，满足人们的身心健康需求，增强社会凝聚力。推动经济发展：康养旅游作为新兴产业，具有巨大的市场潜力和发展前景。通过示范区的建设，可以推动当地经济的转型升级，提升地方经济水平。提升生活质量：康养旅游为人们提供了一个追求健康生活的平台，有助于提升人们的生活质量和幸福感。加强生态保护：康养旅游的发展往往与生态环境的保护紧密相连，通过示范区的建设，可以促进当地生态环境的改善和保护。总的来说，县域康养旅游示范区的建设不仅有助于满足人们的身心健康需求，推动地方经济发展，提升县域核心竞争力，还有助于提升人们的生活质量，促进社会的和谐与稳定。

二、县域康养旅游示范区建设需要明确指导思想与战略定位

（一）指导思想

高举习近平新时代中国特色社会主义思想，贯彻新发展理念，以康养旅游示范县为目标，创新弘扬中医药养生文化，因地制宜，“只做唯一、只争第一”，县域统筹多元协同，推进大文旅、大健康和乡村振兴有机融合，打造具有地方特色的旅游品牌，提升知名度和影响力。坚持养生文化引领：强调以养生文化为核心，通过养生文化遗产的保护和利用，以及养生文化艺术活动的举办，提升旅游目的地的吸引力和文化底蕴。强化康养技术创新：充分利用高新技术、艺术手段美化环境，打造康养体验新场景，提升康养旅游景区艺术品位，提升旅游环境和服务的整体美感，增强康养旅游产业的体验感。壮大产业体系：

打造特色鲜明的康养旅游产业聚集区，鼓励发展原乡、旅居、民宿等多种旅游业态，丰富旅游产品供给，满足不同游客的需求。推动康养旅游示范县建设，旨在通过文化和旅游的深度融合，以及基础设施和服务的不断提升，促进旅游业与康养产业的融合发展与创新发展，实现经济、社会和文化的全面振兴。

（二）基本原则

坚持生态优先，绿色发展原则。这意味着在康养旅游示范县的建设过程中，我们要以空间优化、资源节约、绿色生态为基本路径，将生态优势转化为经济优势和发展优势。我们要注重环境的保护和资源的合理利用，通过合理有序的开发，推动低碳文旅、绿色消费，实现经济效益、社会效益、生态效益的相互促进和共同提升。

加强政府主导市场主体。政府部门应出台相关政策，加大扶持力度，引导社会资本投入，深化康养旅游产业融合发展，协同推进康养旅游示范区建设。统筹协调各方资源，优化环境，通过引入先进理念，不断创新服务手段，完善基础设施，提升服务质量，推动康养旅游示范县的建设，实现新的突破。注重技术创新推动旅游康养产业转型升级。康养产业的发展需要实现产业的融合，促进旅游康养服务业的创新发展。促进产业升级和消费升级，还能提升整体经济效益。

关注康养旅游产业社会效益和文化价值。发展康养旅游不仅有助于推动地方经济的发展，改善当地人民的生活品质，还能促进文化遗产的传承和保护。通过康养旅游，我们可以引导公众转变对健康养生的认知和观念，提高大众对健康养生管理的重视程度，同时，让游客们亲身感受到历史文化的厚重，增强对传统文化的认同感和保护意识。

综上所述，康养旅游示范县建设应坚持围绕生态优先、绿色发展、政府引导、产业融合以及关注社会效益和文化价值等原则，以实现康养旅游产业的可持续发展和全面提升。

（三）战略定位

明确县域康养旅游发展战略，因地制宜，突出特色，多元协同全方位系统推进，着力打造世界级康养旅游战略平台、构建康养旅游产业体系、创新发展模式、铸造民族世界品牌、强化保障措施与价值实现。值得注意的是，必须明确康养旅游的边界。相对于居家养生而言，康养旅游就是移动的养生。人们离开常住地到异地养生体验生活，才是康养旅游的主体。因而，我们不能以发展康养旅游的名义将高端医疗机构（特别是西医）布局到康养旅游基地或景区。如果这样做了，只会出现两种结果，要么这些医疗资源被闲置造成浪费；要么病人聚集，游客望而生畏。这显然有悖于我们发展康养旅游的初衷。

三、构建康养旅游战略平台与产业体系

（一）激活县域康养旅游优势资源

进行资源调查与科学评估，制订康养旅游发展规划。了解县域内康养旅游资源的种类、数量、分布及特点，评估其开发潜力和市场价值。这有助于确定哪些资源是优势资源，值得进一步开发和利用。根据资源调查与评估结果，结合县域经济发展战略和市场需求，制定康养旅游发展规划。规划应明确发展目标、定位、重点任务和保障措施，确保康养旅游发展的有序性和可持续性。在规划实施过程中，要注重资源整合与优化配置。通过政策引导和市场机制，将康养旅游资源与其他相关产业进行深度融合，形成产业链和产业集群。同时，加强跨部门、跨地区的协调与合作，打破条块分割和体制壁垒，实现资源共享和优势互补。

（二）构筑康养旅游世界级高端平台

康养旅游世界级平台，主要包括政策支持平台、资源整合平台、产品创新平台、产业协同平台、人才培训平台、营销推广平台等内容。比如，世界旅游

联盟康养旅游委员会，国家康养旅游协作区、“一带一路”国家康养旅游创意设计大奖赛、中国国际康养旅游产业博览会、中国国际康养旅游人才培训基地以及康养旅游智能化远程定制中心等。

（三）构建康养旅游产业体系

着力构建康养旅游产业体系。具体内容主要包括十大产业：（1）生态康养（森林康养、负氧离子、沉香、植物精气、风水）；（2）中医理疗（针灸按摩、刮痧足疗）；（3）药膳美食（食药两用，精准配方）；（4）水疗康养（温泉，熏蒸，SPA，桑拿）；（5）茶饮康养（养生配方茶）；（6）文化康养（禅修、辟谷、冥想）；（7）艺术康养（书画、手工艺）；（8）音乐康养（养生音乐，曲终病去）；（9）运动康养（养生体育，太极拳、八段锦）；（10）磁疗康养（电磁脉冲）。根据市场需求发展趋势，与时俱进及时拓展康养旅游新产品和新业态，不断壮大康养旅游产业规模，提高康养旅游产业技术水平和服务质量，提升县域康养旅游产业核心竞争力[4]。

四、创新康养旅游发展模式，铸造民族世界品牌

（一）创新发展模式

跨界融合模式：将康养旅游与其他产业进行深度融合，实施包括产教融合方式、产业组织形式及产业、产业链等在内的跨界融合。例如，体旅融合可以依托目的地的山地、水地等资源，开发山地极限运动、户外露营等旅游项目；文旅融合则可以通过挖掘项目地的风土人情、民俗特色等，为游客提供深度的文化体验；林旅融合可以利用森林生态环境，开发满足游客修身养性、疗养度假需求的康养旅游产品。

个性化服务模式：针对不同人群（男女老少、春夏秋冬、寒热虚实体质）的不同需求，提供针对性的康养旅游个性化服务。例如，针对老年人口，可以设计更符合他们身体条件和兴趣爱好的旅游线路和产品；对于女性市场，可

以推出养生美容、健康饮食等特色服务；对于商务市场，可以提供高品质的养生餐饮和生态养生场所。

智慧康养模式：利用现代科技手段，提升康养旅游的服务水平和体验。例如，通过大数据和人工智能技术，分析游客的消费习惯和需求，为游客提供更加精准的旅游推荐和服务；利用物联网技术，实现旅游设施的智能化管理，提高服务效率和质量。

社区参与模式：鼓励当地社区参与康养旅游的发展，实现共创共享。通过培训和教育，提高当地居民的旅游服务能力和意识，将康养体育、文化创意、林下种养等产业相结合，使其成为山地康养旅游产业发展的重要力量。同时，可以通过社区健身活动、康养文化展示等方式，增进游客对地域特色康养文化的了解和认同。

绿色发展模式：在康养旅游发展过程中，注重生态环境的保护和可持续发展。一方面，通过推广绿色旅游理念，引导游客和从业者树立环保意识；另一方面，通过加强环境监管和治理，确保康养旅游活动对环境的负面影响降至最低。

这些创新模式可以依据实际情况进行灵活组合和应用，以推动康养旅游行业的多元化、个性化和可持续发展。同时，政府、企业和社会各界也应加强合作，共同推动康养旅游发展模式的创新与实践。

（二）提升国际竞争力

创建中国主导的国际康养旅游组织，打造世界级康养旅游载体及国际交流机制。积极与国际康养旅游机构展开合作与交流，学习借鉴先进经验和技术，推动县域康养旅游向国际化、标准化方向发展。定期举办国际康养旅游论坛、展览等活动，吸引国际目光，提升县域康养旅游的国际影响力。打造国际知名品牌：通过精心策划和持续投入，塑造具有国际影响力的康养旅游品牌，提升县域康养旅游的知名度和美誉度。

利用线上线下多种渠道进行营销推广，包括社交媒体、旅游网站、国际旅游展会等，吸引更多国际游客前来体验。借助现代科技手段，如大数据、人工智能等，提升康养旅游的智慧化水平，为游客提供更加便捷、个性化的服务。促进康养旅游与中医、文化、体育及人工智能技术等相关产业的深度融合，形成产业链和产业集群，提升整体竞争力。

加强从业人员培训，提高康养旅游从业人员的专业素养和服务水平，确保游客能够享受到高质量的服务体验。完善服务设施，加强康养旅游目的地的基础设施建设，提升住宿、餐饮、交通等方面的服务水平，满足游客的多元化需求。着力拓展国际辐射连锁经营（比如，中国养生茶馆、中国药膳馆）、拓展国际市场（比如，发挥全球华人华侨的辐射功能）及打造自主国际康养旅游品牌（中国针灸馆）等，注重提升服务质量，全面提升康养旅游国际竞争力。

（三）塑造民族品牌形象

提升康养旅游服务质量，加强品牌建设和营销推广。明确康养旅游县域品牌定位、品牌标识设计及宣传推广策略等关键内容和方式。加强从业人员培训，提高服务水平和专业素养。完善旅游设施，提升旅游体验。加强市场监管，保障游客权益。通过这些措施，提升县域康养旅游的吸引力和竞争力。打造具有地方特色的康养旅游品牌，提升县域康养旅游的知名度和美誉度。利用新媒体和传统媒体等多种渠道进行营销推广，吸引更多游客前来体验。注重生态保护与可持续发展。在康养旅游发展过程中，要始终坚持生态优先、绿色发展的理念，保护好生态环境和自然资源。通过科学合理的开发和管理，实现康养旅游与生态环境的和谐共生。充分发挥县域康养旅游资源的潜力，推动县域经济的持续发展。

五、强化保障措施，推进可持续高质量发展

强化实施主体协同。要从“健康中国”和让中医药文化走出去“造福全人类”

的战略高度，充分发挥新时代中国特色社会主义制度优势，强化党委领导、政府主导、市场主体，社会参与的协同创新，“集中力量办大事”，全面推进康养旅游高质量、跨越式发展。

强化安全与危机管理。建立健全康养旅游安全与危机管理体系，包括旅游安全、食品安全、生态安全及旅游危机等。进一步细化康养旅游发展的实施步骤和方法，系统推进康养旅游安全与危机管理的技术培训、试点示范、评估改进、宣传推广等，确保康养旅游发展安全高效。

可持续高质量发展。坚持“绿水青山就是金山银山”理念，强化生态保护、资源利用、社区参与、共享发展等多元协同。建立康养旅游的监督与考核机制，实施定期评估、专项检查、社会监督等手段和机制，确保康养旅游可持续发展。

小结

综上所述，康养旅游是充分融合中医药文化、展现中华文明的高层次旅游产业形态、作为一种新兴的旅游形式和业态，也是中国极具国际竞争力的文化旅游产品，值得高度重视。建设县域康养旅游示范区，能够有效突破单个景区在区域统筹、空间资源及体制机制等方面存在的诸多局限。通过系统化推进康养旅游的战略定位、产业体系构建、高端平台搭建、模式创新、品牌铸造及保障措施落实，实现可持续高质量发展，打造“中国样本”，发挥示范引领作用，落实引领全球康养旅游发展潮流。

参考文献

[1] 池建．国民体质健康研究的思考 [J]. 北京体育大学学报，2009，32（12）：1-4.

[2] 柏方敏．森林康养对人体健康的促进作用 [J]. 林业与生态，2018，33（1）：17-19.

[3] 朱冬芳，钟林生，虞虎．康养旅游研究的国内外对比与展望 [J]．世界地理研究，2023，32（11）：167-180.

[4] 张跃西．养生旅游产品设计 [M]. 中国环境出版社，2015：109-116.

运城盐湖康养旅游开发研究

李剑锋　赵　媛　车海艳①　晋　迪

一、背景与意义

2023年6月，习近平总书记在山西运城考察时指出：盐湖的生态价值和功能越来越重要，要统筹做好保护利用工作，让盐湖独特的人文历史资源和生态资源一代代传承下去，逐步恢复其生态功能，更好保护其历史文化价值。[1] 为了深入贯彻习近平总书记视察山西系列重要讲话精神，山西省政府发布的《山西省"十四五"文化旅游会展康养产业发展规划》中明确了"康养山西、夏养山西"品牌定位，提出要以康养拉长文化旅游全产业链。山西省文旅厅印发的《2024年加快推进文旅康养集聚区、文旅康养示范区建设实施方案》中，进一步要求全省围绕"康养山西、夏养山西"品牌，突出太原、大同、运城三个旅游热点门户城市，依托优势资源培育打造具有地域特色的文旅康养产业[2]。运城市政府早在2020年开始全面停止盐湖工业生产活动，向生态保护、产业转型和全域旅游转变，并确定了"一核拉动，三带崛起，三区跟进"的文旅空间格局，将盐湖康养作为整个旅游IP的重点进行打造[3]。运城盐湖独特的人文及生态

① 李剑锋，博士，运城学院文化旅游系副教授，研究方向为乡村旅游与旅游文化；赵媛，博士，副教授，山西运城人，运城学院文化旅游系教师，研究方向为旅游经济；车海艳，陕西合阳人，运城学院讲师，研究方向为文化和旅游开发。

价值赋予了盐湖康养独有的特色，使其成为运城乃至山西康养旅游战略中的重要一环。

二、运城盐湖康养旅游资源及开发现状

（一）盐湖康养旅游资源

1. 大自然馈赠的多彩盐湖

运城盐湖位于山西省运城市盐湖区以南，又称盐池，沿中条山麓由东北向西南延伸，长约 30 公里，宽约 3 ~ 5 公里，总面积约 132 平方公里，是世界三大硫酸钠型内陆盐湖之一，其形成始于约 6500 万年前喜马拉雅构造运动时期，到新生代中新世晚期，由于青藏高原的隆起，运城盆地开始沉积，大量含盐类矿物质汇集与沉淀，形成天然盐湖。又因其含盐量高，人入水而不沉，故被誉为“中国死海”。大自然馈赠给运城盐湖丰富的矿藏资源，盐湖中富含硫酸钠、氯化钠和硫酸镁等主要矿物，以及溴、碘、钙、钾、硼、锂、钽等多种稀有元素。

在地质沉降过程中，运城盐湖形成了近 2000 米的淤积层，到了第三纪晚期，盐池地层断陷，地壳深处矿物质上侵，为盐湖黑泥增添了丰富的矿物质。到了新生代第四纪，随着各种微生物、矿物质的变化及长期淤积，形成了含有丰富微量元素的黑色泥膏，包括矿物元素、胶质物、有机物及其他分解物质，其，中对人体有益的矿物质及微量元素多达 30 余种，“运城盐池黑泥”也因此获地理标志产品保护。

2. 历史沉淀的池盐文化

运城盐文化就是围绕盐湖（盐池）有关的制盐、贩盐、运盐、制盐活动所形成的一系列历史悠久、底蕴丰厚的物质与精神文化。早在西周时期，这里开始大规模生产池盐，至唐代已经远销河南、河北、陕西及甘肃部分地区。这里因盐而得名，先后称“盐邑”“司盐城”“盐监城”“凤凰城”“运司城”“运城”等，

又因盐运被称为“盐务专城”。这里的神话传说、潞盐生产、盐政、盐运变迁等都是盐文化的一部分。

运城盐湖与中华五千年文明交相辉映。盐池所在的运城是古中国所在地，是史学家公认的中华文明发源地之一。运城盐池的开发利用，让中华民族告别了茹毛饮血的时代，为孕育华夏文明做出了重大贡献。从地域及文化渊源来讲，运城盐池与黄河共同滋养孕育了河汾文明、河洛文明，催生出璀璨的中华农耕文化和河东文化，它们构成了黄河文化的重要部分，成为河东文化、黄河文化的重要标识及民族记忆。炎黄时期的阪泉之战、涿鹿之战皆因盐而起，尧都平阳、舜都蒲坂、禹都安邑等说法均与盐池密切相关。后稷稼穑、嫘祖养蚕等农耕文化始源地稷山县距此不足百里。由此可见，历史沉淀的运城盐文化与黄河农耕文化的繁衍生息脉络一致，是中华五千年文明起源的重要构成。

3. 持续修复的盐湖生态

为了深入贯彻习近平总书记视察山西系列重要讲话精神，打好生态这张牌，运城市政府自 2020 年开始全面实施了“退盐还湖”工程，实施堤岸绿化工程、防汛加固等生态修复工程。政府通过疏通河道、打通内部水系、利用水循环控制盐湖湖水盐度变化，投资 8.975 亿元实施盐湖堤埝加固及生态修复工程，先后完成环湖绿道 15 公里的建设，实施绿化 93.27 万平方米，建成了 8 万多平方米的盐湖生态湿地公园，形成了以植物花园、林中探秘、户外微课堂等多主题于一体的生态景观，与池盐文化博览园、盐湖 22 号堤埝共同构成了集盐文化体验、旅游休憩漫步于一体的旅游地。

为了改善生态环境，运城市政府还实施了盐湖坡道绿化工程，经过改造后的盐湖北坡形成了总面积达 184 万平方米的生态公园，海棠、樱花等乔灌木花草错落有致，与逐渐恢复的盐湖遥相呼应。运城市政府还重点实施了南山新境广场生态修复工程，完成修复面积 220 万余平方米，植树 15 万株，打造了一个全新的旅游休闲度假社区。如今的运城盐湖水草丰盛、鸟语花香、生机盎然，湖中阡陌纵横、银岛万千、碧波浩渺。

（二）运城盐湖康养旅游产品

1. 盐湖康养城

2002 年，运城盐湖旅游开发公司开始对盐湖进行开发，并以盐湖康养城为核心打造康养基地与品牌。依托盐湖独有的黑泥、盐水和盐结晶资源，开发了死海漂浮、黑泥养生、矿泉水疗、矿盐理疗、盐雾清肺休闲养生项目。医用温泉是将 2121 米深处 68℃的地热水通过地热井释放出来，借助水的温度和丰富矿物质有效缓解身体不适，同时，能够改善皮肤，使皮肤富有弹性。盐水漂浮是指借助高密度的盐水浮力，游客可以悠闲地仰卧在水面上自由漂浮。由于盐湖湖水含有丰富的盐分，湖水密度高达每立方厘米 1.25 ~ 1.29 克，有着比淡水高出近三成的浮力。按照景区宣传，盐湖的盐水中含有人体必需的 6 种常量元素和 17 种微量元素，盐水漂浮时，水的强浮力及温热效应可以缓解肌肉紧张，增加肌腱伸展性，使游客身心放松，精力充沛。盐雾清肺是景区利用医学雾化疗法原理开发的康养项目，游客可进行体验，通过呼吸使盐雾进入呼吸道，产生杀菌抑菌作用。矿盐理疗是以含高浓度矿物质的矿盐与传统中医相结合的方法，让游客平躺在温热的矿盐之上，利用矿盐渗透性特性把各种有益元素和矿物质渗透到人体中，促进血液循环，从而达健康养生的效果。黑泥养生是将盐湖黑泥均匀涂抹全身，通过黑泥中的矿物质离子替换出汗毛孔和汗腺细胞氧化钠及其他污物，起到延缓皮肤衰老的作用，黑泥沐浴还可以清洁皮肤、去皱、杀菌，使皮肤变白、变嫩、更加光滑且富有弹性。

2. 盐湖旅游度假综合体

2020 年起，运城关公文化旅游发展有限责任公司对死海景区进行了升级改造，以原有康养城为基础，集合了盐湖文化、家庭休闲、研学教育、运动康养等功能，打造盐湖旅游度假综合体。在景区的景观设计方面，强化“盐”的主题性，对老旧建筑进行改造，优化功能布局。在环保方面，坚持可持续发展，采用集成式一体化污水处理工艺，努力做到污水“零排放”。在池盐康养方面，升级黑泥康养生态体验馆，将“医用温泉、盐水漂浮、盐雾清肺、矿盐理疗、黑泥养生”五大康养体验项目提质升级，通过场馆改造，电子设备嵌入，增设自助茶餐厅、高档SPA养生等提升康养体验层次。在娱乐体验上，增加无动力帆船体验项目，游客通过乘坐帆船，体验巍巍中条山与魅力盐湖美景融为一体的盛景。室外项目还将推出太空舱、热气球、沙滩、盐滩、研学基地，以及儿童室外游乐场等，致力将景区打造成集食、住、行、游、购、娱于一体的综合旅游胜地。

三、运城盐湖康养旅游市场机遇

（一）康养旅游市场潜力巨大

从社会发展趋势及发展现状来看，康养产业是现代服务业的重要组成部分，关系到我国国计民生及社会经济发展。2024年5月，习近平总书记肯定了旅游业日益成为新兴的战略性支柱产业和具有显著时代特征的民生产业、幸福产业[4]，旅游业与健康产业的关联度上升到了新的高度。回顾历史，从《“健康中国2030”规划纲要》到《“十四五”健康老龄化规划》，在政府政策的有力推动下，我国的康养产业政策逐步完善，康养产业也从单一的医疗体系完善向森林、温泉、气候、中医药等特色旅游康养资源转向和聚集。从全球人口形势来看，我国作为世界上老年人口规模最大的国家，也是世界上老龄化速度最快的国家之一，60岁以上人口比例将在“十四五”时期超过总人口的20%，进入中等程度老龄化社会，伴随而来的老年群体身体及心理健康问题更加突出[5]。为了解决这一问题，2022年国务院办公厅印发的《“十四五”国民健康规划》提出要促进健康、养老、旅游等产业融合发展，壮大健康新业态、新模式。与此同时，全国各省纷纷出台健康养老规划以及康养旅游发展规划。2021年印发的《山西省“十四五”文化旅游会展康养产业发展规划的通知》打出“康养山西、夏养山西”品牌口号，预计2025年山西康养产业品牌效应凸显，入晋康养游客超过150万人，建设康养小镇20个、康养社区50个、康养村落200个，文化、旅游、会展、康养四大产业成为现代服务业龙头产业重要组成部分[6]。

我国人口老龄化趋势以及政府“康养山西、夏养山西”品牌定位为山西康养旅游业带来了庞大的潜在消费市场，康养旅游业市场前景一片大好。

（二）区域旅游市场日渐成熟

运城盐湖地处山西南部，位于晋陕豫黄河金三角核心区域，南依中条山，与大西高铁、大运高速紧邻。运城区位条件便利，大运高速、运风高速、运三高速、闻垣高速、京昆高速、闻合高速等连接华北、贯通中原、直达西北，北上太原、南下西安、东去郑州都有高速公路直达，高速公路总里程603公里，位居全省第二。铁路方面，大西高铁贯穿大同至西安，向西南直达成都、重庆、贵阳、昆明，向西北直达兰州、西宁，向北直达石家庄、北京、哈尔滨，向东直达济南、青岛，交通十分便利，已经形成2小时高铁经济圈（太原、临汾、晋中、渭南、三门峡、西安）。北京、石家庄、成都等中心城市也在5小时高铁经济圈中。航空方面，运城机场现已升级为国际机场，现开通运城至北京、上海、广州、成都、重庆、沈阳、昆明、三亚、武汉等31个城市的31条航线，2023年，客运量达到219万人。

根据运城市区域交通条件以及中心城市分布，结合近年来入晋游客市场趋势，运城盐湖康养旅游市场总体分为三级市场。一级市场以晋陕豫黄河金三角为中心，向外延伸至太原、西安、郑州三个中心城市，形成一个2.5小时高铁经济圈。二级市场在一级市场经济圈之外，包括京津冀、长三角、川渝市场以及中原城市群、关中平原城市群，重点包括北京、天津、成都、重庆、武汉等中心城市。三级客源市场包括东北市场、西南市场和西北市场、珠三角等中远程市场。

（三）盐湖康养旅游独具特色

康养旅游经过多年的发展，主要呈现为生态养生、运动休闲、休闲度假、医疗保健、文化养生等康养方式，随着社会经济的发展又不断升级。《山西省“十四五”文化旅游会展康养产业发展规划》鼓励各地依据条件发展森林康养、温泉康养、运动康养、乡村休闲康养、中医药康养。从各地康养旅游发展现状来看，以上康养方式也是现在康养旅游市场的主要形式。盐湖康养旅游不同于以上任何一种方式，是一种介于温泉康养、中医药康养、运动康养之间的一种特有的康养方式。从全国范围来看，目前，市场上的盐湖康养旅游项目主要有茶卡壹号盐湖景区、四川遂宁大英死海景区以及部分规模较小的盐浴康养项目，包括新疆尉犁天然盐湖、新疆乌鲁木齐市东郊盐湖等，待建在建的盐湖康养旅游项目主要是盐湖股份控股准备建设的青海察尔汗盐湖小镇，其目标是打造世界级盐湖康养小镇。目前，盐湖康养旅游市场发展尚不成熟，同质竞争不激烈，盐湖康养旅游项目的分布具有明显的地理特征，四川、青海、新疆等地远离中部市场，与运城盐湖之间尚未形成替代与竞争关系。从盐湖康养旅游的体验方式来看，盐湖康养旅游的价值和体验相对于其他形式独具特色，盐湖漂浮、盐浴、盐疗、黑泥浴等具备一般康养方式所不具备的功效和体验。

四、运城盐湖康养旅游存在的问题

（一）文化内涵挖掘缺乏深度

“以文塑旅，以旅彰文”是党的二十大报告中提出的促进文旅融合的重要路径，文化的挖掘和提炼能够赋予旅游资源更深刻的文化内涵及旅游价值。盐与人们的日常生活密不可分，对社会经济文化有着不可替代的作用。盐的生产、贩运、销售、制度、艺术、饮食以及盐的崇拜等，都是在特定地域环境和社会经济背景夏形成的，是历史的积淀和文化的积累，与茶文化、酒文化、饮食文化一样，属于人类重要的精神与文化遗产。运城盐湖的形成早于人类文明的起源，其开发利用贯穿中华五千年文明史，黄帝大战蚩尤，尧都平阳、舜都蒲坂、禹都安邑、舜耕历山、后稷稼穑等传说以及西侯度遗址、合河遗址等新旧石器时代古人类文化遗址，都分布在这片盐湖大地上。“南风之薰兮，可以解吾民之愠兮。南风之时兮，可以阜吾民之财兮”，《南风歌》是中国历史上最早的、流传最为广泛的与运城盐湖关系密切的诗歌[7]。经过整修升级的运城盐湖景区在场馆建造、康养设施、功能布局上有了较大程度的提升，但是在文化内涵的挖掘上仍然停留在原有阶段，在整个运城盐湖景区，关于盐文化的展示、标识、装饰缺少特色，即便是盐湖漂浮、盐浴、黑泥浴等康养项目也缺少相应的价值分析和展示。

（二）康养旅游产品不够丰富

依据《国家康养旅游示范基地标准》中的表述，“康养旅游即是通过养颜健体、营养膳食、修心养性、关爱环境等各种手段，使人在身体、心智和精神上都能达到自然和谐的优良状态的各种旅游活动的总和”[8]。这意味着康养旅游不应只局限于养颜健体，营养膳食、修身养性、关爱环境等都是康养旅游的重要形式。盐与美食具有天然的一致性，纵观中华民族发展史，盐的使用与美食文化相互成就，盐与饮食健康也有着密切的关系。另外，在近几年的盐湖生态修复过程中，盐湖生态公园、沿湖生态绿道、南山新境等设施环境优美，闲逸舒适，是康养养生的重要资源。但是现有的运城盐湖康养旅游体系仍局限于原有的盐湖景区，局限于盐湖漂浮、盐浴、黑泥浴等传统项目，尚未形成完整的食、住、行、游、购、娱一体化康养旅游产品体系。

（三）康养旅游品牌塑造不足

品牌是一个产品价值与内涵的浓缩，是产品形象的集中体现，在当今消费不断升级的背景下，品牌的建设与打造关系到产品的竞争力和吸引力，关系到企业的生死存亡，尤其是旅游企业，品牌与流量成为当下最流行的网络用语。运城盐湖，又称“中国死海”，早在20年前就确立了“中国死海”的品牌定位。在目前的国内旅游市场上，“中国死海”并不具有唯一性，四川遂宁大英死海，茶卡盐湖等都以“中国死海”自称，在市场影响力上，茶卡盐湖的知名度更大，旅游体验价值更高，旅游市场更火爆。另外，“中国死海”更多的是指湖水密度大，人入水而不沉，在旅游项目上更多地体现为死海漂浮，与盐湖康养旅游的定位有所偏差。从运城盐湖康养旅游产品体系来看，受温度、湖水清洁度等环境的影响，死海漂浮项目更多的是指室内漂浮，与人们想象中的大海畅游也有较大差别。除了品牌定位，旅游形象宣传是旅游企业能否成功的关键因素，目前的运城盐湖康养旅游宣传的力度及影响力远远不能满足企业发展需求，企业宣传渠道及宣传投入缺乏可持续性。

（四）康养旅游客观环境条件较差

基于康养旅游的功能和目的是使人在身体、心智和精神上都能达良好状态，国内康养旅游产品在产品类型、环境感知及康养体验上都有较高要求，森林氧吧、天然温泉、舒适气候、旖旎风光、甜美空气等客观环境条件不可或缺[9]。运城盐湖生态在退盐还湖过程中取得了重要进展，但是运城盐湖在形态上一直呈现出条块分割局面，不同位置的湖水质量相差较大。目前，盐湖康养体验中心仍以原有布局为主，整个景区位于运城盐湖的中心位置，由于湖水藻类生态及湖底淤泥等原因，这里的湖水腥味和臭味极大影响了游客体验，这也是室外死海漂浮项目一直未能得到游客认可的重要原因。另外，由于湖水盐度及矿物质含量较大，整个盐湖康养体验中心呈高碱性，其室外环境很难通过绿化和植被来改变。夏天的高温、腥臭的湖水以及光秃秃的景区与人们憧憬中的大海、温泉、氧吧形成巨大反差，严重影响了游客体验。

五、运城盐湖康养旅游开发对策

（一）文化内涵提升康养价值

盐湖漂浮、盐浴、黑泥浴等可以使人身体放松、经络疏通、肌肤细腻，盐文化则可以使人愉悦，提高精神满足度。目前的运城盐湖康养旅游需要更多的文化价值挖掘，从而赋予盐湖康养更高层次的体验。现有的康养体验馆可以通过场馆设计、宣展、雕塑、软硬件设施以及虚拟现实技术等将盐文化叙事与盐湖康养融合打造。还可以在现有场馆的基础上，扩建新的盐文化主题公园，例如，可以打造“盬盐春秋”主题馆，以盐雕、盐城等创意形式展现运城盐湖历史变迁；设立"璀璨河东"主题馆，将河东深厚的历史文化、古圣先贤、名人轶事以及与盐相关的诗歌等借助各种盐艺术产品进行展示。为了增加更多的体验性，可以设计盐文化互动体验馆，设置与盐文化相关的互动体验项目，如模拟制盐过程、盐文化主题游戏等，让游客在参与中感受盐文化的独特魅力。还可以定期举办与盐文化相关的节庆活动、文化展览等，进一步丰富游客的游览体验，提升盐湖康养旅游的价值与体验内涵。

（二）项目整合打造康养品质

运城盐湖景区与青海、新疆盐湖旅游资源有所不同。除了已经修复的北坡环湖绿化、盐湖生态湿地公园等地的，盐湖景区南岸与中条山融为一体，这里不仅有斥资打造的南山新境休闲项目，还有承载着历史记忆的王范乡村旅游休闲基地。这两处充满乡韵，环境优美，地势较高，视野开阔，兼具森林氧吧和乡村休闲功能，能有效弥补盐湖康养体验中心周围环境的缺陷。纵观国内康养旅游目的地，任何品牌的打造都不能拘泥于一个景区、一个乡村甚至一个项目。运城盐湖旅游品牌的打造需要将现有资源充分整合，从而实现资源产品互补，也可通过康养体验中心在中条山下重新布局，进一步实现盐湖的生态修复，打造集森林氧吧、乡村休闲以及盐湖养生为一体的运城盐湖康养旅游产品体系。

（三）产品创新丰富康养体验

养生一词源于《庄子·内篇》上，生即生命、生存、生长之意思，养即保养、培养、养护之意[10]。古人在《黄帝内经》和道家文化影响下，更加侧重于饮食养生和中医养生。从人类社会的发展来看，饮食与食盐自古以来就密不可分，如果说盐疗、盐浴是对身体机能的外部治愈，饮食养生则是对身体机能的内部调理，二者相辅相成。运城地处河东大地，与河南三门峡及陕西渭南毗邻，也是最早被称为中国的地方，其饮食文化集晋、陕、豫于一体，上下五千年贯穿整个中华文明史。深挖饮食文化，推动饮食创新，打造河东盐韵美食养生项目，可以进一步增强产品吸引力，丰富游客的康养体验。另外，运城是我国重要的中药材生产与加工基地，中药康养也是运城市康养旅游战略的一部分，中药康养与盐湖康养、饮食康养互为补充，具有叠加效应。运城盐湖康养产品体系需要进一步加大研发力度，研究和论证三者之间的科学关系，创新产品体系，构建集盐湖、中药、饮食于一体的康养产品体系。

（四）重塑形象打造康养品牌

2023 年 6 月，习近平总书记考察运城，运城盐湖旅游热度持续高涨，七彩盐湖形象深入人心，2024 年五一假期期间，运城市一度登上全国小众旅游排行榜第二位，但是由于运城盐湖景区一直处于整修升级状态，盐湖康养形象反而被弱化。鉴于康养旅游强于观光旅游的体验性，运城盐湖康养旅游形象应当得到体现，当地政府、企业可以在七彩盐湖、中国死海基础上进一步提炼口号，突出七彩盐湖、盐韵康养主题。围绕以上主题打造“七彩盐湖、盐韵康养文化旅游节”，开展短视频及文创产品设计征集、盐湖康养形象设计大赛等活动强化效应。制作运城盐湖康养特色的宣传片、影视短片等，加大在 B 站、微博、微信公众号、抖音号等新媒体平台的投放力度，打造全方位、多渠道新媒体传播矩阵，实现包括视觉、嗅觉、味觉、听觉和触觉在内的营销体系，实现康养品牌的最大传播效应。

参考文献

[1] 新华社 . 从“一池雪”到“七彩光”——山西运城千年盐湖变身记 [EB/OL].（2023-06）. http://www.news.cn.

[2] 山西省文旅厅等 .2024 年加快推进文旅康养集聚区、文旅康养示范区建设实施方案 [EB/OL].（2024-03）.https://www.ctnews.com.cn.

[3] 运城市文化和旅游局 . 运城市全域旅游总体规划（2020-2030）[R]. 运城：运城市文化和旅游局，2020.

[4] 新华网 . 习近平对旅游工作作出重要指示强调 着力完善现代旅游业体系加快建设旅游强国 推动旅游业高质量发展行稳致远 [EB/OL].（2024-05）.http://www.xinhuanet.com.

[5] 国家卫生健康委等 . 关于印发“十四五”健康老龄化规划的通知 [EB/OL].（2022-02）. https://www.gov.cn.

[6] 山西省人民政府 . 关于印发山西省“十四五”文化旅游会展康养产业发展规划的通知 [EB/OL].（2022-09）.http://www.lvliang.gov.cn.

[7] 王丽芳，李剑锋 . 河东盐池文化及其旅游开发研究 [M]. 北京：中国社会科学出版社，2015：7.

[8] 科技教育司 . 旅游行业标准 LB/T 051-2016 国家康养旅游示范基地 [EB/OL].（2020-12）. https://zwgk.mct.gov.cn.

[9] 任宣羽 . 康养旅游：内涵解析与发展路径 [J]. 旅游学刊，2016，31（11）.

[10] 王燕 . 国内外养生旅游基础理论的比较 [J]. 技术经济与管理研究，2008（3）.

案例篇

九华山庄——创新“温泉+”模式 培育康养旅游新质生产力

张 辰 谢育宏[①]

“燕北小汤山有尘寰仙境焉，曰九华山庄是也……汤泉兮可以疗身心百病，信大道兮无私无偏。扬九华兮百世，跻康乐兮万年。”这是国学大师文怀沙先生笔下的九华山庄。

九华山庄成立于1997年，占地面积2000亩，位于北京市昌平区。其主营业务涵盖康养社区、健康医疗、温泉度假、酒店会展，同步拓展冰雪运动、研学教育、休闲农业等产业板块。九华山庄聚焦全龄阶层的健康管理和服务需求，致力于成为国内领先的康养文旅产业运营商，为不同年龄阶段的客户打造一站式的美好生活体验。

一、来自中国温泉之乡，铸就京城温泉旅游名片

作为北派温泉的代表，北京小汤山温泉历史悠久。早在1500多年前，北魏地理学家郦道元所著的《水经注》中就有相关记载。自元代起，小汤山温泉便被称为“圣汤”，专供历代皇家帝王专享。清代康熙、乾隆时期，在此修建汤

---

① 张辰，北京九华集团总经理、北京健康管理协会副会长、全联旅游业商会康养文旅产业分会副会长、北京第二外国语学院MTA产业导师；谢育宏，北京九华集团市场推广部总经理。

泉行宫，乾隆帝更是御笔题词“九华分秀”。1997 年，九华山庄在汤泉行宫旧址旁，打造出占地近百亩，集汤泉、药浴、游泳、桑拿、按摩、餐饮、娱乐等项目于一体的皇家园林式建筑群落——九华汤泉主题公园。2012 年，九华山庄正式被国家地热协会首批认证为“地热温泉”企业。经过二十多年的经营发展，九华温泉已经成为京城温泉旅游的一张名片，深受海内外宾客的喜爱。

自 2022 年起，九华山庄开始创新温泉开发思路，不断丰富温泉产品组合，相继推出六国、六朝、十二生肖、十八胡同、御花园、燕京八景等不同文化主题的精品私汤产品，营造多元化、沉浸式的高端私汤体验。其中，六朝私汤，一汤一朝一气象，以中国汉、唐、宋、元、明、清六大朝代温泉文化为基础，设计打造出“新国潮”主题私汤套房；六国私汤，一院一国一风情，撷取中国小汤山、希腊科斯岛、印尼巴厘岛、冰岛蓝湖、俄罗斯索契、日本草津这六个国家地区的温泉特色，浓缩在 100 多平方米的独立私汤庭院中，让宾客足不出户便可领略世界各地温泉胜地的风采；十二生肖私汤以中国十二生肖为主要设计元素，打造室内精品亲子私汤；十八胡同私汤和御花园私汤以老北京胡同和四季百花为主题，打造北京中轴线上的精品私汤四合院；燕京八景私汤，以北京历史文化地标景观为主题，让宾客在沐浴私汤的同时感受浓郁的老北京文化韵味。

二、创新“温泉 +”模式，助推康养文旅融合发展

近年来，国内温泉产业朝着个性化、复合化方向发展，尤其是随着我国老龄化问题的加重以及中产阶层的崛起，人们对健康服务和健康消费的需求与日俱增。温泉产业凭借其独有的康养价值，逐渐成为行业创新和时代发展的新风口。

（一）“温泉 + 养老”，打造养老产业和银发经济高端业态

目前，我国养老产业正处在快速发展的新阶段。尤其是《“十四五”规划

和2035年远景目标规划草案》将“养老”纳入国家顶层战略统筹规划，养老产业开始迈向新的发展高度和历史阶段。

2012年，九华集团整合原有温泉、医疗、酒店、康乐等优势资源，引入专业的医养服务体系和养老运营理念，以“全程医养”为核心，以“文化养老”为特色，创造性地向市场提供租住式的全医护型温泉养老公寓，并通过“颐、康、养、乐、为”五要素的颐养服务体系，为长者打造“养不老、不怕老”的幸福颐养生活。

目前，北京九华康养社区一期已有1096套公寓投入使用，二期156套风吕别墅养老套房也已向市场推出，受到在住业主和外部市场的一致好评。近年来，九华康养社区相继被授予“北京金口碑品牌养老机构”“中国医养结合十大品牌”“中国养老十大品牌”等品牌荣誉。

（二）“温泉+酒店”，构建休闲商务会展新场景

酒店会展行业，是现代服务业的重要组成部分。会展酒店行业通过强大的产业辐射力和整合效应，能在特定的时间、空间内能形成大量高端消费人群的聚集。这对于承载地来说，不论是推进产业融合、激发消费潜能，还是提升经济效益，都有着不容小觑的作用和价值。

2001年，九华就创造性地提出京郊温泉开会办展模式，形成了以会展带动旅游，以旅游促进会展的良性互动。九华国际会展酒店是集住宿、会展、餐饮、温泉、康乐、购物等多重功能于一体的超大型酒店，拥有1231套不同规格的精品客房、4000个就餐席位、40余间专业会议室、23万平方米的会展空间。截至目前，酒店已成功接待超过1万家国内大型企事业单位，以及世界500强企业，是中央国家机关及北京市政府采购定点单位。

（三）“温泉+医养”，定制化的温泉度假疗养计划

虽然与瑞士蒙特勒、西班牙瓦伦西亚、日本箱根等发达国家地区相比，我

国的温泉医养产业还处在初级发展阶段，但不可否认的是，这种把温泉的健康养生价值与传统医学中的体检、医疗、康复、疗养等功能深度结合的方式，正在成为国内康养旅游消费的新选择。

九华医院成立于2002年，是国内率先在公立医院之外面向健康人群开展专业体检服务的医疗机构，医院建筑面积16000平方米，对外提供健康体检和医疗诊治服务。在体检方面，全新改造升级的体检中心拥有6条并行检线，可同时接待350人进行全科体检，开业至今已累计接待受检客户超过200万人次，是北京健康管理协会的副会长单位；在医疗方面，作为北京市医保定点医疗机构，现设有内科、外科、中医科、口腔科、康复医学科等门诊科室，未来将着力打造老年友善医院，构建更加全面的医康养护服务体系。

区别于传统的单体体检机构，九华健康体检中心位于占地2000亩的康养文旅综合体内。依托九华集团丰富的产业结构，体检客户在身体检查的同时，可以一站式体验温泉养生、酒店住宿、餐饮娱乐、体育运动等高品质配套服务，畅享度假般的健康之旅。

此外，九华健康体检为贵宾客户定制VVIP高端专属服务。院方通过详细全面的检前问诊，为VIP客户量身定制私人体检计划，最长可提供三天两晚的全面体检服务，可以一站式满足成功人士和社会名流的健康体检和休闲度假需求。

（四）温泉+运动，加速体育旅游产业圈建设

在加快建设体育强国和文旅产业提质升级的两大国家战略背景下，发展体育旅游行业，成了促进文旅行业转型升级，开展全民运动健身的双赢法宝。

在温泉资源的基础上，九华山庄园区内拥有九华运动中心、网球中心、世纪星国际冰雪运动中心、无动力乐园、高尔夫训练场、森林步道等优质休闲体育项目，极大地丰富了体育旅游的业态支撑。

温泉和运动休闲业态的有机结合，不仅满足了城市一家三代的康养度假需

求，还促进了体育旅游产业链条的多元化、体系化发展。2021年，九华山庄被北京市体育局与北京市文化和旅游局联合评定为“北京市体育旅游精品项目”。

三、康养文旅融合发展，打造行业旗舰标杆

随着我国旅游产业迈入高质量发展阶段，“慢生活”“深体验”“健康游”成了当今市场旅游消费的主要特点，代表着一种全新的消费态度和产业趋势。

目前，九华山庄与北京第二外国语学院正式建立战略合作关系，建立校企合作平台。双方以课题制的形式全程合作，深度挖掘温泉文化内涵，探讨文旅产业高质量发展。未来，九华山庄将从旅游消费市场的个性化、品质化需求出发，以“温泉＋”模式延伸产业链条，通过整合内外部的康养文旅资源，加强品牌合作，强化内容输出，持续联通九华山庄园区内各个业态的产品、空间、价值观和生活方式，打造国内康养文旅融合新IP，为昌平区乃至全国打造康养文旅综合体的创新样本。

小汤山镇温泉酒店林立
小汤一瓢独领“桃园”赛道

冯　凌　刘玉玲[①]

一、小汤山镇温泉资源环境与历史条件

（一）历史渊源

北京市昌平区的小汤山镇素有中国温泉之乡的美誉，历史悠久，源远流长。根据《昌平文史》载：小汤山，孤峰峙立，卵石如麟，通称汤山，实为三座孤立之山，最高峰海拔50.1米。其西较大，三峰形似笔架者称大汤山；山麓多泉，沸如汤也，人不及近，古视沸水为汤，故而得名。

南北朝时期，著名地理学家郦道元在《水经注》中对小汤山温泉记载道：“湿水又东，经昌平县，温水注之，疗疾有验。”当时人们已经知道这里有温泉资源，并用于疗疾。这是小汤山温泉最早的文字记载，距今已有1500多年的历史。辽代，契丹人在小汤山设“汤池院”，萧太后于泉池中沐浴。元代将此温泉称为“圣汤”。明中期辟为皇家禁苑，明武宗也曾在此洗浴。清廷入关后，康熙五十四年（1715年）在此建汤泉行宫，在泉旁开凿荷花池，供皇帝、达官

① 冯凌，博士，北京第二外国语学院旅游科学学院教授，国家全域旅游示范区验收标准课题组专家，主要研究方向为旅游规划与政策，旅游影响与可持续旅游；刘玉玲，北京第二外国语学院旅游科学学院硕士研究生，研究方向为生态旅游。

显贵洗浴。晚清时，慈禧太后多次到汤泉行宫沐浴，称其为京畿之“一盆金汤”，每次到此期必吃当地特产金边藕。此藕口感清脆，有清热舒心、生津止渴、提神醒脑之功效。

近代以来，印度著名诗人、诺贝尔文学奖获得者泰戈尔访问北京时，在徐志摩、林徽因等友人的陪同下，兴致勃勃地来到小汤山温泉，下榻于汤山饭店。汤泉沐浴，山野春色，给诗人留下了美好的印象。新中国成立后，在此建有小汤山疗养院，毛泽东、周恩来等党和国家领导人先后多次到此视察。郭沫若游小汤山时，曾即兴赋诗一首《念奴娇·咏此泉·小汤山》。20 世纪 50 年代初，在汤山饭店和汤山公园的旧址上，建起华北军区疗养院等，后几经调整，这里的多所疗养院合并，改称“北京小汤山疗养院”。

2003 年春天，北京“非典”横行，故决定在小汤山兴建占地 2.5 万平方米的“非典”定点医院，仅用七天时间就投入使用，被世界卫生组织称为“世界医疗史上的奇迹”。全国七分之一的“非典”病人在此地收治，作为抗击“非典”的“主战场”，酝酿了疫情防控的“小汤山模式”，在公共卫生事件的应对上扬名中外。

（二）区位条件

小汤山镇，作为北京市内著名的温泉胜地，其区位优势显著，位于北京的正北方向，与故宫、天安门同在皇城中轴线上，是中轴线延长线上的重要节点。同时，这里也是北京的龙脉所在，这一地理位置赋予了小汤山温泉得天独厚的区域优势。其优势不仅体现在北京市整体与局部的地理布局上，还涵盖交通网络的便捷性和独特的地形条件。

从北京市整体来看其区位，小汤山镇距离昌平卫星城东南约 10 公里，南距亚运村 17 公里，东距首都机场 16 公里，这种相对中心的地理位置使其能够辐射并吸引周边地区的游客，成为北京市民休闲度假的首选之地。

在交通方面，小汤山镇的交通网络四通八达，为温泉旅游的发展提供了有力保障。立汤路与沙顺路交织而过，六环路贯穿镇区，形成了便捷的公路交通网络。此外，还有多条公交线路，如 912、845、803、949 等直达市区，为游客提供了多样化的出行选择。便捷的交通条件不仅缩短了游客的出行时间，也提升了旅游体验，使小汤山温泉能够吸引更多远距离的游客前来体验。

地形方面，小汤山镇地势相对平坦，但又不乏起伏的山丘，形成了独特的自然景观。小汤山镇还拥有优美的自然环境，镇内温榆河水系的八条主要支流自西向东流经，人均公共绿地面积高达 35 平方米，林木覆盖率和农田林网化率高，绿化程度显著。这种良好的生态环境不仅提升了游客的旅游体验，也为温泉旅游的发展提供了良好的生态环境支撑。

（三）温泉资源

温泉水质医疗价值高：小汤山因山麓有温泉而得名，独特的地热资源是其温泉旅游的核心竞争力。温泉水源自元古界雾迷山组灰岩裂隙，小汤山地热水为重碳酸钠钙、部分为重碳酸硫酸钠钙型水，水温大部分在 40~60℃，最高可达 76℃，富含多种矿物质和微量元素，如锶、锂、硒、偏硅酸等，总矿化度每升大于 800 毫克，具有很高的医疗价值。pH 在 7.38~7.94，溶解性总固体量在每升 400~500 毫克，其中氟含量每升 5.04~8.70 毫克，达到医疗热矿水“命名矿水浓度”标准；偏硅酸含量每升在 23~59.79 毫克，也达到了医疗热矿水“命名矿水浓度”标准，属氟、偏硅酸医疗热矿水，具有医疗热矿水开发利用的水质条件。

温泉热储丰富：在小汤山热田 86.5 公里的范围内，分布着 3 个层位的热储：蓟县系雾迷山组、铁岭组和寒武系热储。雾迷山组热水含 Na、HCO_3 最多，含 Ca、SO_4 最少。寒武系热水与之完全相反，相对而言含 Na、HCO_3 最少，含 Ca、SO_4 最多。铁岭组热水处在两者中间。概括来说，雾迷山组热水的阳离子更趋热水特性，即 Na 最多、Ca 最少；但寒武系热水的阴离子更趋热水特性，即 SO_4 最多、HCO_3 最少。

地热资源开发充分：截至2004年年底，小汤山地热田已钻地热井71个，其中：现用生产井41个、待用井21个、观测井2个、回灌井3个、废井4个。年平均开采量达377.5万立方米。其中，供暖用量每年75.3万立方米，占20%；洗浴用量每年15.2万立方米，占4%；医疗用量每年16.7万立方米，占4%；生活热水用量每年45.1万立方米，占12%；休闲娱乐用量每年29.5万立方米，占8%；农业种植温室用量每年104.4万立方米，占28%；水产养殖用量每年91.2万立方米，占24%。累计开采量已达7358.76万立方米，是北京地区地热资源开采量最大、开发程度最高的地区之一。

二、新老温泉度假区交相辉映

得益于政策支持，昌平区温泉资源得以高度开发，温泉地热资源利用量处于北京前列，具有较大的经济、社会效益特征，显示出雄厚的实力及发展远景。近年来，昌平区温泉集中地带受到投资商的追捧，盲目开发情况突出，大大小小的温泉旅游企业林立，温泉度假市场竞争激烈。

（一）经典温泉案例

典型的温泉度假酒店当属龙脉温泉与九华山庄，二者为早期温泉酒店的佼佼者，自有其成熟的运营模式与资源优势，如今仍在小汤山镇的温泉市场中占据着一席之地。

龙脉温泉：度假村总占地280亩，地处故宫中轴线上，近长城、十三陵、蟒山、银山塔林、雪世界滑雪场等。龙脉温泉豪华行宫是以明清建筑为主要风格的建筑，作为小汤山第一家温泉度假村，在老北京人心中的认知度可是最高的，具有良好的本地口碑。室外茗汤温泉会拥有隐藏于翠绿竹林中的温泉汤池20余个。拥有与众不同的熔岩温泉，把桂林的天然熔岩和北京的温泉结合，熔岩造型奇特，为消费者提供在溶洞中泡温泉的奇特享受。由于占地面积广，度假区内设有400米专业跑道，提供标准的马术培训、专业骑师陪练。为马术需求市场提供场地与产品。作为举办大型会议的温泉酒店，还配备有设施齐全的大小会议室30多个。

九华山庄：九华山庄温泉康养度假村位于昌平区，是北京市规模最大的温泉康养旅游项目之一。古典园林庭院式宾馆，同时也是一家集商务会议，休闲娱乐和医疗保健为一体的温泉度假型涉外四星九华山庄级酒店。九华山庄贵宾楼酒店是中国养生和休闲文化的集大成者。会馆内拥有40余间豪华VIP包间，可为宾客提供温泉SPA、各式按摩、康复理疗等多种专业保健养生服务。会馆中还配备有豪华健身房、游泳池，以及霓裳歌舞总会等时尚运动娱乐设施。九华温泉浴乐水会包含室外温泉区、室内游泳馆。室外温泉区蒸腾上升的热气会让你恍如置身梦境，“不慕天池鸟，甘做温泉人”。室内4道游泳池设施先进，水质优良、水温适宜，让您畅享运动之乐。另有儿童戏水池，有专人看护，健康安全，是孩子们专属的欢乐水世界。

通过调查数据可以发现，九华山庄温泉的消费者主要集中在年龄为30~50岁的中年群体，占比达到60%，这些消费者以中等收入和较高收入人群为主，具有一定的消费能力。此外，有46.67%的消费者为家庭旅游者，这意味着家庭娱乐和亲子活动是九华山庄重要的需求来源之一。区别于其他温泉度假区，九华山庄设有国际一流的体检中心、配备全国知名的医疗专家和临床经验丰富的专业医护人员，提供细致而专业的身体检查和健康咨询，吸引老北京人前来度假康养。综上所述，九华山庄以高品质温泉水和完善的康养服务体系为特色，提供了温泉泡浴、中医保健、健康理疗、养生食疗等多样化服务，吸引了大量的中高端游客。

随着年轻一代在市场中掌握了更多的话语权，面向都市青年的温泉度假村应运而生。这些温泉度假村更加注重私密性与个性化。以民宿模式进行温泉酒店的经营正在抓住新一代消费者的眼球和钱包，以御林汤泉和益泉花园为典型代表。

御林汤泉度假村酒店：位于北京市昌平区小汤山现代农业科技示范园西

区，是一个集旅游、观光、康体休闲、会议、采摘于一体的京郊温泉旅游区。酒店自2008年开业以来，凭借其独特的温泉资源和个性化的服务，吸引了大量年轻游客前来体验。酒店内设有商务中心、洗衣、送餐服务、叫醒服务、旅游服务以及英语服务员等，确保年轻游客在享受温泉的同时，也能满足商务、休闲和娱乐的多元化需求。此外，酒店还注重保护游客的隐私，提供电子门锁等安全设施，让年轻游客在享受温泉的同时，也能感受家的温馨和安全，为年轻游客提供了一个远离城市喧嚣、亲近自然的理想场所。

益泉花园酒店：酒店以民宿（度假村）的形式运营，注重个性化服务和私密性体验，深受年轻游客喜爱。其内部设有独栋的温泉小院，有中式、日式和欧式可以选择，私密性好，同时，亲近花草和小动物。情侣二人世界可以选择温泉标间、温馨三口之家可以选择温泉套间、朋友欢乐Party和温泉四合院。益泉花园酒店的温泉客房均设有独立淋浴间、免费洗漱用品、吹风机、空调、24小时热水供应等设施，确保每位游客都能享受舒适、私密的泡汤体验。

（二）新老温泉用户体验比较

以九华山庄为代表的传统老牌温泉度假村，历史悠久，占地面积大，经营范围广、经营规模大，客户多为团体客户。其设施完善，拥有多种温泉和娱乐设施，适合各年龄段人群。功能多样，集商务会议、休闲娱乐和医疗保健于一体，能满足游客的不同需求。但同时，由于泡池数量多，成为公司团建和开会等活动的热门选择，导致游客密集，可能影响泡温泉的舒适度和私密性。这也对水质与环境维护提出很高的要求，据部分游客反馈，游客密集时水质较差，环境不够整洁，影响泡温泉的体验。部分游客反应服务质量参差不齐，度假村卫生打扫不彻底、工作人员态度不佳等。

以益泉花园酒店为代表的新型温泉休闲会所位于小汤山现代农业科技示范园内，环境优美，将自然风光与现代农业融为一体，提供独特的温泉体验和多样化客房选择，如竹篱小院温泉标间、温泉套间和温泉四合院等，满足不同游客的房型需求。注重个性服务，实行贵宾式服务：提供餐饮、娱乐、观光、采摘、垂钓等贵宾式服务，增加游客的度假乐趣。但相比老牌温泉度假村，知名度相对较低，本地认可度不足，需要更多宣传和推广来吸引游客（见表 1）。

表 1　新老温泉对比总结

	传统温泉度假	新型温泉酒店
优势	1. 规模大 2. 功能多样 3. 经营范围广 4. 文化底蕴厚重	1. 自然风光与现代农业结合 2. 多样化客房选择 3. 贵宾式服务 4. 独特设计
存在的问题	1. 水质与环境不佳 2. 服务质量参差不齐 3. 人群密集，私密性差	1. 知名度相对较低 2. 人力成本高 3. 价格与定位不够明确

综上所述，九华山庄和益泉花园酒店各有其独特的优势和存在的问题。对于游客来说，选择哪家酒店应根据个人需求和偏好来决定。同时，酒店方面也应不断改进和完善服务设施，提升游客的满意度和忠诚度。

小汤山镇的新老温泉度假区交相辉映，各自以其独特的魅力和竞争优势吸引着不同细分市场的游客。老温泉度假区以其悠久的历史文化底蕴和成熟的服务体系赢得了广大游客的青睐；而新温泉度假区则通过创新设计、个性化服务和多元化活动不断吸引年轻游客的目光。未来，随着旅游市场的不断发展和消费者需求的日益多样化，小汤山镇的温泉度假区将继续保持其独特魅力，为游客提供更加优质的温泉度假体验。同时，也期待更多新的温泉度假项目能够涌现出来，共同推动小汤山镇温泉旅游产业的繁荣发展。

三、小汤一瓢——独领风骚的“桃源美宿”

疫情期间，温泉市场略显低迷。在北京的喧嚣之外，隐匿于昌平区小汤山镇一隅，2020 年，悄然出现一片现代都市人梦寐以求的“桃源美宿”——小汤一瓢。作为北京卫视《我的桃花源》栏目中璀璨的明珠，这里是对陶渊明笔下“桃花源”的现代诠释，以其独有的韵味和细致入微的服务，吸引着国内外青年市场。

（一）管家式服务，重塑奢华体验新标杆

在小汤一瓢，每一位宾客都是独一无二的贵客。从踏入门槛的那一刻起，一场精心策划的尊享之旅便悄然展开。管家团队具备专业的服务技能，提供专人一对一服务，无论是行李搬运，还是入住引导，都力求做到细致入微。而且，他们怀揣着对美好生活的深刻理解，24小时待命，以敏锐的洞察力捕捉宾客的每一个细微需求。从精心挑选的欢迎饮品，到根据个人口味定制的晚餐菜单，乃至深夜送上的一杯安神茶，每一处细节都彰显着对宾客的关怀与尊重。小汤一瓢的管家式服务，不仅是对传统服务模式的超越，更是对高品质生活追求的极致诠释，让顾客每次入住都成为一段难忘的旅程。

（二）私汤秘境，缔造核心竞争力

小汤一瓢精心打造27间私汤小院和6套温泉别墅，其私汤体验是不可复制的核心竞争力。每一间客房都如同一个独立的小世界，摒弃了公共汤泉的设计，保障了高度的私密性，使园内充满了艺术与自然的和谐之美。客房内特色私汤的设计更是别出心裁，多数客房还设有室内外双私汤，宾客在享受温泉的同时，能饱览窗外四季变换的美景。泡池造型各异，有的融入古典园林元素，有的则采用现代简约风格，每一次浸泡都是一次视觉与心灵的双重洗礼。因此，小汤一瓢以它独有的魅力和服务，成了都市人心中那片向往的“桃源美宿”，吸引着人们在这里暂时忘却尘世的烦恼，沉浸在温泉的怀抱中，进行一场关于自然、艺术与心灵的深度对话。

（三）产业融合，打造多元化休闲新体验

小汤一瓢不断探索产业延伸的边界，致力于为宾客提供更加丰富多元的

休闲体验。草坪聚会区域，不仅满足了家庭出游、朋友聚会的需求，更成为举办各类主题活动的理想场所。

草坪活动：院内草坪如茵，仿佛是大自然特意为小汤一瓢铺设的绿色地毯。宾客可以在此漫步、休闲、野餐，感受大自然的清新与宁静。别墅东侧那片占地面积上万平方米的草坪营地，更是户外活动的理想之地。这里不仅环境优美、草坪开阔，还配备了齐全的设施，无论是携宠遛娃、休闲娱乐，还是举办星空音乐会，宠物友好日，浪漫草坪婚礼派对，小而精的定制服务让每一次活动都充满了欢声笑语与温馨感动。

旅拍摄影：小汤一瓢聘请了经验丰富的摄影师团队，他们技术精湛，擅长捕捉自然美景与人物的情感。无论是室内私汤的静谧时光，还是户外草坪的欢聚场景，都能在他们的镜头下展现出独特的魅力。小汤一瓢提供专业的旅拍服务，支持古风、现代、二次元等各种拍摄风格的拍摄活动，让宾客在享受美好时光的同时也能记录下这些珍贵的瞬间。专业的妆造服务会根据宾客的面部特征和拍摄风格，为其打造精致的妆容和发型，满足个性化需求。在拍摄时间的预约上，注重弹性灵活，宾客可以根据自己的行程安排，提前预约旅拍服务，并协商拍摄时间。小汤一瓢会确保在宾客入住期间，为其安排最合适的拍摄时段，确保最佳的拍摄效果。

小汤一瓢提供的旅拍服务，是其在传统温泉住宿体验基础上的一大创新亮点。这项服务旨在为宾客打造个性化、专业化的摄影体验，让宾客在享受温泉度假的同时，留下难忘的视觉记忆。这种全方位的体验无疑会大幅提升客户的满意度和忠诚度。在竞争激烈的温泉度假市场中，小汤一瓢通过提供独特的旅拍服务，实现了与竞争对手的差异化竞争。这种创新的服务模式不仅吸引了更多年轻、追求个性化的消费者，也提升了小汤一瓢的品牌形象和市场地位。同时，作为一项增值服务，旅拍服务不仅提升了宾客的住宿体验，也为酒店带来了额外的收入来源。随着旅拍服务的不断完善和推广，其有望成为小汤一瓢新的利润增长点。

温泉酒店通过开展旅拍服务和开办草坪派对，实现了产业延伸和消费多样化的目标。这些举措不仅满足了顾客多样化的需求，还提升了酒店的品牌形象和市场竞争力。未来，随着旅游市场的不断发展和消费者需求的不断变化，温泉酒店还可以继续探索更多创新的产业延伸和消费多样化策略。

（四）社群互动，构建平台营销新矩阵

在当今数字化浪潮中，社群互动已成为品牌构建与市场推广不可或缺的一环。小汤一瓢温泉民宿，凭借其独特的温泉体验、管家式服务以及创新的旅拍服务，已在市场中树立了良好的口碑。为了进一步巩固市场地位，提高品牌影响力，小汤一瓢积极构建社群互动平台，形成新的营销矩阵，以吸引更多目标客群，提升品牌忠诚度。

1. 建立多元化社群平台

通过社群互动平台的建立和内容营销的深入实施，小汤一瓢逐步构建起一个以用户为中心、多平台联动的营销新矩阵。这个矩阵不仅涵盖了线上线下的全方位互动，还实现了用户数据的高效整合和利用，为品牌的精准营销提供了有力支持。小汤一瓢在社交媒体的布局上，覆盖微信、微博、小红书、抖音等热门平台，打造全方位的线上社群生态。每个平台根据其特性和用户群体，定制差异化的内容策略，确保信息的精准传达和高效互动。创建官方公众号，定期发布温泉养生知识、季节特惠信息、住客故事等内容，增强用户黏性；同时，利用小程序提供预订、活动报名、用户评价等便捷服务。聚焦年轻消费群体，鼓励用户通过小红书等平台分享穿搭指南、拍照技巧、旅行攻略等内容，鼓励用户生成 UGC（用户生成内容），形成口碑传播。

2. 社群管理与运营

小汤一瓢注重社群的精细化管理和运营，确保社群的健康发展和持续活跃。制定明确的社群规则，引导用户文明交流，维护良好的社群氛围。与 KOL 建立合作，与旅游、美食、摄影等领域的意见领袖合作，邀请他们体验小汤一瓢

的服务并分享给粉丝，提高品牌影响力。利用数据分析工具，对社群活动的效果进行评估和优化，不断提升社群互动的效果和转化率，维护社群平台。

3. 形成社群文化竞争力

小汤一瓢深知社群互动的重要性，因此，积极利用社交媒体平台构建自己的社群生态。通过发布高质量的内容、举办有趣的活动、回应用户的反馈，小汤一瓢成功吸引了大量忠实粉丝。在社群中，宾客们不仅可以分享自己的旅行体验、交流心得，还能参与各种有趣的挑战活动，赢取丰厚的奖品。这种基于共同兴趣和价值观的社群互动，不仅增强了宾客的归属感和认同感，也为小汤一瓢带来了源源不断的口碑传播和市场影响力。未来，小汤一瓢将继续深化社群建设，打造更加紧密、活跃的社群文化，让每一位宾客都能在这里找到属于自己的“桃花源”。

（五）宠物关怀，彰显品牌温暖新形象

小汤一瓢为携宠顾客提供全面细致的宠物关怀服务，酒店不仅为宠物准备了必要的用品如笼子、睡垫、喂食器，还贴心准备了清洁小礼包和零食，这些细节体现了酒店对宠物及其主人的深切关怀。这种全方位的服务不仅消除了宠物主人的后顾之忧，也提升了宠物在旅途中的舒适度和幸福感，是吸引携宠旅行者的关键。携宠入住需收取一定的清洁费用（如 100 元 / 只），这一费用设定相对合理且透明，既覆盖了酒店因宠物入住可能产生的额外清洁成本，也避免了隐性消费带来的不满。同时，也向宠物主人表明酒店对维护整体住宿环境质量的重视。此外，考虑到其他住客的权益，酒店对于携带宠物入住做出房型限制（如榻榻米房型不能携带宠物）、餐厅区域禁入以及泡池区域禁入等规定，这既是对其他住客的权益和舒适度的负责，也确保了宠物的健康和安全。这些明确的规定有助于减少潜在纠纷，提升住客的满意度和忠诚度。

在日益激烈的市场竞争中，小汤一瓢酒店通过提供宠物友好服务，成功打造了差异化的竞争优势。这不仅能吸引那些热爱宠物的旅行者，还能在社交媒体等平台上形成口碑传播，吸引更多潜在客户的关注。

（六）小汤一瓢成功经验总结

首先，小汤一瓢强调了融合与创新的重要性。通过将日式温泉文化与中国风建筑设计相结合，小汤一瓢以其独特的品牌特色，吸引了大量追求高品质休闲体验的消费者。这启示温泉行业在发展过程中应注重文化的融合与创新，以差异化竞争赢得市场。

其次，小汤一瓢注重服务品质与细节，如提供漂浮下午茶、由五星级酒店甜品师制作的精致点心等，这些增值服务不仅提升了顾客体验，也增强了品牌的吸引力。温泉行业应以此为鉴，不断提升服务质量，打造全方位的休闲体验。

最后，小汤一瓢的成功还离不开精准的市场定位和目标客户群的锁定。针对追求轻奢时尚度假体验的消费者，小汤一瓢提供了个性化的服务方案。温泉行业在发展过程中也应明确市场定位，针对不同客户群体推出差异化产品，以满足多样化的市场需求。

综上所述，小汤一瓢的成功为温泉行业在融合创新、注重服务品质与细节把控、精准市场定位等方面带来了启示，这些都将推动温泉行业迈向更高水平。

策划编辑：段向民
责任编辑：赵　芳
责任印制：钱　宬
封面设计：温　泉

图书在版编目（CIP）数据

中国康养旅游发展报告．2024 / 邹统钎主编；王欣，侯满平，张健康副主编．-- 北京：中国旅游出版社，2025．5．--（中国旅游蓝皮书系列）．-- ISBN 978-7-5032-7569-2

Ⅰ．F592.3

中国国家版本馆 CIP 数据核字第 20257GN948 号

书　　名：中国康养旅游发展报告（2024）

主　　编：邹统钎
副 主 编：王　欣　侯满平　张健康
出版发行：中国旅游出版社
（北京静安东里 6 号　邮编：100028）
https://www.cttp.net.cn　E-mail:cttp@mct.gov.cn
营销中心电话：010-57377103，010-57377106
读者服务部电话：010-57377107
排　　版：北京数启智云文化科技有限公司
经　　销：全国各地新华书店
印　　刷：三河市灵山芝兰印刷有限公司
版　　次：2025 年 5 月第 1 版　2025 年 5 月第 1 次印刷
开　　本：720 毫米 ×970 毫米　1/16
印　　张：15
字　　数：203 千
定　　价：59.80 元
ＩＳＢＮ　978-7-5032-7569-2